유당 신태관 일가 유물

留堂 申泰寬 一家 遺物

Seok Juseon Memorial Museum
Dankook University

石宙善紀念博物館

Seok Juseon Memorial Museum
Dankook University

간행사

오늘날 문화는 부가가치의 새로운 원천으로 각광받고 있습니다. 더불어 문화 콘텐츠 산업은 미래 산업으로 급부상 중입니다. 단국대학교 석주선기념박물관은 바로 이러한 문화의 보고(寶庫)입니다. 4만여 점에 이르는 소장 유물은 문화 콘텐츠 자료로써의 가치가 매우 높아 우리 대학뿐만 아니라 우리나라의 보배라 자부합니다.

올해 우리 대학교에서는 또 하나의 자랑거리를 내놓게 되었습니다.

2013년에 신태관 후손이 기증한 1,000여 점의 복식과 유물을 중심으로 석주선기념박물관 민속복식 분야에서 "보령 양반의 벼슬살이 - 유당 신태관 일가 유물"展을 개최합니다. 평산 신씨 신숭겸의 31세 손인 유당(留堂) 신태관(申泰寬:1839~1913) 공의 가문에는 선대로부터 전해오는 각종 문헌과 민속 복식류가 보관되어 있었습니다. 후손들은 이 유물들을 석주선기념박물관에 기증하였고, 이들 중에서 복식과 전적류 200여점을 선별해 구한말 관리의 출신으로부터 퇴직하기까지의 관직 생활 일대기를 재현하였습니다.

해마다 특별전을 개최하고 전시 유물 도록을 발간하는 작업은 단국대학교가 전통문화를 계승하고 발전시키는 중심에 서고자 하는 사명감에서 시작되었습니다. 이를 현대인의 눈높이에 맞추어 대중적 이해도를 높이고자 하는 노력의 결과물이기도 합니다.

조상의 소중한 유산을 고이 간직하여 오신 고(故) 신장순(申長淳:신태관의 현손)님과 귀중한 유물을 석주선기념박물관에 기증해 주신 신장순님의 부인 김계순(金稽舜) 여사와 자제분들께 감사의 말씀을 드립니다.

지원금을 후원해 전시의 완성도를 높인 경기도와 용인시 관계자들께 깊이 감사드립니다. 또한 유물이 수증되기까지 노심초사 힘을 보태신 정영호 전(前) 석주선기념박물관장님을 비롯하여 특별전 준비를 위하여 노고를 아끼지 않으신 박물관 관계자 여러분들께도 진심으로 감사드립니다.

2014년 5월

단국대학교 총장 장호성

인사말

조선말기 궁내부 특진관을 지내셨던 신태관 할아버지께서는 유당공(留堂公)으로 불리셨으며, 영조시대에 세마불사(洗馬不仕)의 기개를 보이셨던 신광복(申光復) 할아버지의 증손자이십니다. 개인적으로는 4대조 할아버지이신 신태관 할아버지의 유물을 정리하고 복원하여 전시까지 하게 되니 대단히 가슴 벅차고 영광스럽습니다. 그 동안 미처 손길이 미치지 못했던 유물들이 정성스레 정리·복원되었고, 특별전이라는 형식으로 여러분들께 선보일 수 있게 되었기 때문입니다.

이번 특별전이 개최되기까지 많은 분들께 큰 도움을 받았습니다. 먼저 특별전을 위해 재정적인 지원을 해 주신 단국대학교 장호성 총장님과 용인시의 관계자 여러분께도 감사한 마음을 전합니다. 아울러 유물의 인수로부터 이를 정리하고 복원하는 작업을 지휘하신 정영호 전(前) 박물관장님과 특별전을 위해 복원과 전시에 애정을 갖고 임해주신 담당 학예연구원들께 감사를 드립니다. 또한 저희 가족의 유물전시에 관심과 애정을 갖고 직접 걸음 하시어 관람하시는 분들께도 미리 고개 숙여 감사드립니다.

전시된 유물에 혹시 흠결이 있다면 그것은 저희 후손들이 보존에 만전을 기하지 못한 탓입니다. 박물관의 협조와 노력 그리고 정성에는 부족함이 없었습니다. 비록 한 가문에 전승된 소량의 유물이지만 이것을 통해 역사를 돌아보고 우리의 정체성을 확인하는 데 일조할 수 있기를 기원합니다.

2014년 5월

후손 대표 홍익대학교 상경대학교수 신동익

Seok Juseon Memorial Museum
Dankook University

인사말

석주선 기념박물관의 민속복식 분야는 1981년 석주선기념민속박물관(石宙善紀念民俗博物館)으로 출발한 이래 매년 특별전과 학술발표회를 개최한 바 있으며, 어느덧 올해로 33회 특별전을 맞이하게 되었습니다.

올해는 "보령 양반의 벼슬살이 - 유당 신태관 일가 유물"展으로 진행됩니다.
박물관에서는 2013년 3월과 4월에 걸쳐 구한말 궁내부 특진관을 지낸 신태관 일가의 유물을 후손들로부터 기증받았습니다. 신태관의 현손(玄孫)이신 고(故) 신장순(申長淳)님과 부인 김계순(金稽舜) 여사께서는 자제분들과 상의하여 집안 대대로 보존해온 선조의 유물들을 아무런 조건 없이 기증하여 주셨습니다. 선조의 유산을 금전으로 논할 수 없다는 후손의 말씀은 고(故) 난사(蘭斯) 석주선(石宙善:1911~1996)께서 평생 동안 수집하신 유물을 우리 대학에 아낌없이 기증하셨던 순간을 떠올리게 합니다.

금년 3월 박물관장으로 새로 부임한 본인은 석주선 박사께서 관장으로 계시던 기간에 박물관의 연구원 생활을 했던 인연이 있기에, 부임 후 첫 번째 행사로 민속복식 분야의 전통을 이어가는 데 남다른 감회를 느낍니다. 기증자의 숭고한 뜻을 헤아려 좋은 결실을 맺게됨을 영광스럽게 생각하며, 기증 유물이 가치를 빛낼 수 있도록 매진할 것을 약속드립니다.

끝으로 부모님의 기증 의사를 흔쾌히 받아주신 자제 동효(東孝), 동선(東善), 동익(東翊), 동희(東喜)님께도 감사드리며, 유물을 정리하고 전시하는 데 힘써주신 학예연구사 및 직원 여러분의 노고에 감사의 뜻을 전합니다.

2014년 5월

단국대학교 석주선기념박물관장 박경식

일러두기

1. 이 책은 석주선기념박물관 민속복식 제33회 특별전 <보령 양반의 벼슬살이 - 유당 신태관 일가 유물>展(2014년 5월 9일 ~ 2014년 7월 8일) 전시 도록이다.
2. 본 도록은 2013년 유당 신태관의 3세손 고(故) 신상순(申長淳)님과 부인 김계순(金稽舜)님이 기증한 유물에서 선별한 210점이다.
3. 유물 중 서지류의 크기는 세로×가로를 기본으로 하였다.
4.

목차

Contents

Seok Juseon Memorial Museum
Dankook University

Seok Juseon Memorial Museum
Dankook University

유당(留堂) 신태관(申泰寬:1839~1913)의 본관(本貫)은 평산(平山)이요 자는 공오(公五)이며 석만(錫萬:1802~1875)의 아들이다. 고려 초기의 무신(武臣)인 신숭겸(申崇謙)의 30세손이며, 사간공(思簡公) 호(浩:1432 졸)의 17세손이다. 19세기 중반에 근기(近畿) 지역의 비중 있는 재야세력(在野勢力)을 형성했던 봉서(鳳棲) 유신환(兪莘煥:1801~1859)의 영향을 받은 온건개화파(穩健開化派) 계열로 구한말(舊韓末) 퇴임 후에는 선조들이 묻혀 있는 충남(忠南) 보령(保寧)에서 말년을 보내었다. 1878년(고종15, 무인) 정시(庭試) 병과(丙科)에 합격하여 40세의 늦은 나이로 출사(出仕)한 이래로 이조 참의, 장례원 소경, 궁내부 특진관 등의 관직을 거쳤다. 그의 맏아들 신정균(申政均1864~1931)도 아버지와 비슷한 시기에 관직을 거쳤다. 18세의 이른 나이인 1882년(고종19, 임오) 11월에 문과(文科) 병과(丙科) 제48인으로 급제하여 가주서(假注書)에 임명된 이후 친군좌영군사마, 진도부사, 장악원 정(正), 병조정랑, 통례원우통례, 태의원소경, 비서원 승(丞) 등의 직책을 역임하였다.

이 가문에는 다른 가문과는 차별화된 문헌(文獻)과 관직 생활을 하며 입었던 관복류가 잘 보존되어 있다. 민속 복식 유물과 유문이 대략 1,000여 점에 이르는 것을 보면 그 가문이 300여 년 동안 유지해 온 체계 있는 거대문벌(巨大門閥)임을 자랑할 만하다는 점에서 차별성을 갖는다. 게다가 그 내용들은 한결같이 선조를 위하는 후손들의 마음이 곳곳에 서려 있는 것이어서 주목해 볼만한 가치가 있다.

1800년 경의 『평산신씨세보(平山申氏世譜)』, 『파보(派譜)』, 『족보(族譜)』 등 18질에 해당하는 방대한 분량의 족보가 보관되어 있으며, 신태관과 아들 신정균의 관직 입문을 알 수 있는 문과(文科) 합격 교지(敎旨)와 시지(試紙), 전 생애를 모은 관직교지는 『승전원일기承政院日記』와도 일치되는 귀중한 자료이다.
선대의 문집과 관련된 『동양가승(東陽家乘)』 6책은, 평산신씨의 가계와 문헌(文獻)을 살피는 데 중요한 자료가 되며, 신민일(申敏一)의 『화당선생집(化堂先生集)』 3책은 300년 이상된 유일한 필사본이다. 『가장기영첩(家藏耆英帖)』은 누대에 걸친 계 모임의 당시 상황을 그림으로 모사하여 현장감을 돋보이게 한 귀중한 자료이다. 그 밖에도 『수산선생유고(修山先生遺稿)』, 『선고(先稿)』, 『유당공간의(留堂公簡意)』, 『유당공척독(留堂公尺牘)』, 『경전(敬傳)』 등은 그 후손들의 선조에 대한 정성과 자부심이 한껏 느껴지는 서책들이다. 그리고 『유당공훈제(留堂公訓題)』는 후손들에 대한 그의 유언을 담고 있으며, 유당이 남긴 시문집 『유당일고(留堂逸稿)』는 그가 격변하는 당시 상황을 감내하면서 느끼는 정서를 수많은 시(詩)로 남겼다.

유당 신태관 일가의 유산

留堂 申泰寬 家系 遺產

신태관과 신정균이 관직에 있으면서 입었던 것으로 보이는 조복(朝服), 제복(祭服), 상복(常服:단령), 군복(軍服), 국상복(國喪服: 천담복) 등의 관직자의 의생활을 보여주는 중요한 자료이며, 보존되어 온 관복들은 의복뿐만 아니라 관모, 허리띠, 신 등의 부속품까지 관복 일습으로 전해지고 있다.
평산신씨 사당공파에서 간직하여온 유물들은 단순히 한 가문이 세월의 흐름 속에서 그저 축적해온 것이 아니라 선조와 후손간에 애호(愛護)와 존모(尊慕)하는 마음의 소산이며, 후손에게 전수(傳授)하고자 하는 깊은 애정에서 발로된 것이라 할수 있다.

이와 같이 평상신씨 사간공파 가문에서 대를 이어가며 보존해온 유물은 신태관의 현손 고(故) 신장순(申長淳)님과 부인 김계순(金稽舜) 여사, 그리고 자제인 동효(東孝), 동선(東善), 동익(東翊), 동희(東喜)님의 결단으로 단국대학교에서 기증받을 수 있었다. 금관, 조복 등의 복식 유물이 가정에서 보관 시 훼손이 심해질 것을 우려한 후손이 복식 전문 기관인 석주선기념박물관에 기증 의사를 타진하여 2013년 3월 20일에 복식 유물 전체를 기증받았다. 이어서 4월 8일과 4월 12일에 걸쳐 가문에서 간직하여온 전적류 일습을 기증받게 되었다. 1,000여 점의 방대한 유물의 선별 작업은 아직 진행중이며 후손 집안의 사정으로 복식과 전적류 200여 점을 우선 선별하여 세상에 미리 선보이게 되었다.

平山[東洋]申氏 世系

가계도

始祖 숭겸崇謙(壯節公) ?~927

……

10世 연衍(朝奉郎公)

11世 중명仲明
부인 樂浪郡夫人 金氏

12世 군평君平(御史公)

13世 혼琿
부인 豊川任氏

14世 호浩(思簡公) ?~1432
부인 開城王氏

15世 경원敬源
부인 星山李氏

16世 원우元祐
부인 陽川許氏

17世 영석永錫(監察公)
부인 陽川許氏

18世 수授(社稷署令公)
부인 完山李氏

19世 준미遵美 — 정미廷美(判書公) — 광미光美 — 계미繼美 — 성미誠美 — 순미順美 — 홍미弘美
정미廷美 부인 全州李氏

20世 묵默 — 점點 — 암黯(贊成公)
묵默 부인 順天金氏

21世 공일恭 — 관일寬 — 민일敏 (化堂公) 1576~1650
공일恭 부인 昌寧成氏
관일寬 부인 坡平尹氏
민일敏 부인 海州尹氏

22世 상恦(忠貞公) 1598~1662 — 경憬 — 성渻 — 회懷 — 외 3명
상恦 부인 海州尹氏

23世 명규命圭(執義公) — 명기命基 1630~1688
명규命圭 부인 宜寧南氏

24世 전銓 — 임鉦 — 유鍒 — 구銶(參判公) 1646~1690 — 외 4명
구銶 부인 漢陽趙氏

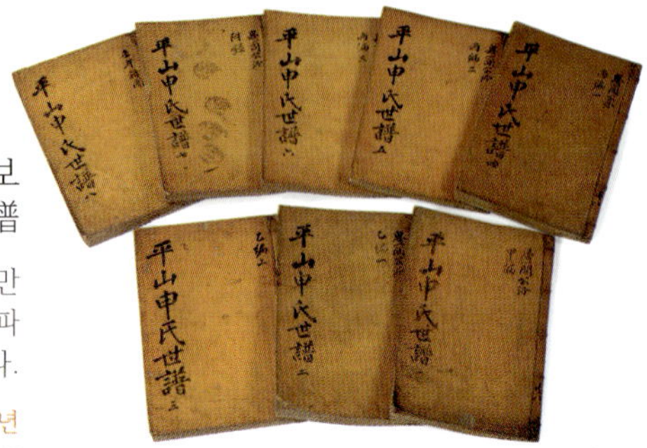

평산신씨세보
平山申氏世譜

시조 숭겸(崇謙)부터 29세 석만(錫萬:1802~1875)까지 사간공파 중심으로 기록되어 있다.

1800년
인쇄본, 8책 | 34.2×22.5㎝

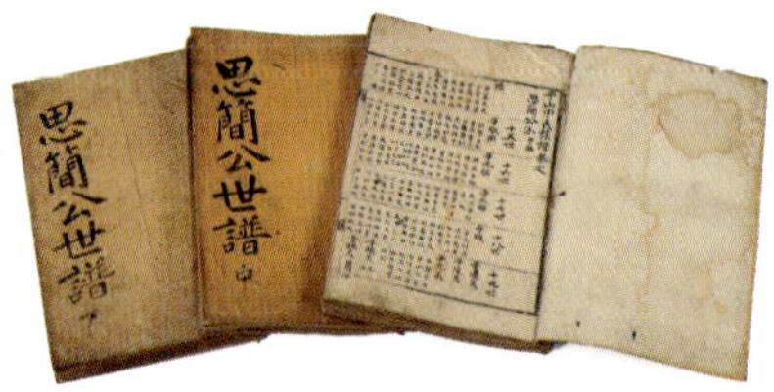

사간공세보
思簡公世譜

평산신씨 사간공파(思簡公派)의 세보. 14세 사간공 호(浩:1432 졸)부터 29세 석만(錫萬:1802~1875)까지 기록되어 있다.

1800년
인쇄본, 3책 | 32.2×21㎝

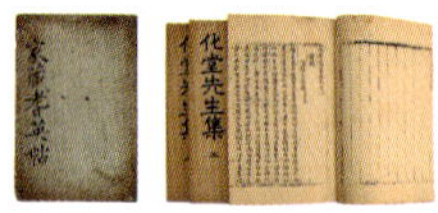

世				
25世	사영思永(丞旨公) 1670~1736 부인 咸豐李氏	사경思敬	사주思周	
26世	준晙(判書公) 1690~1771 부인 全州李氏	휘暐		
27世	광익光益(參判公)	광복光復(修山公) 1721~1780 부인 龍仁李氏	광건光健(判官公)	
28世	재로在魯(丞旨公) 1764~1809 부인 杞溪兪氏, 始興姜氏			
29世	석만錫萬(協辨公) 1802~1875 부인 全州李氏			
30世	태관泰寬(判書公) 1839~1913 부인 淸風金氏			
31世	정균政均(丞旨公) 1864~1931 부인 迎日鄭氏	성균性均	행균行均	영균穎均
32世	현세鉉世(參奉公) 1882~1943 부인 碧珍李氏			
33世	장순長淳 1925~2011 부인 金海金氏	대순大淳		
現	동효東孝	동선東善	동익東翊	동희東喜

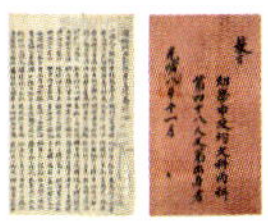

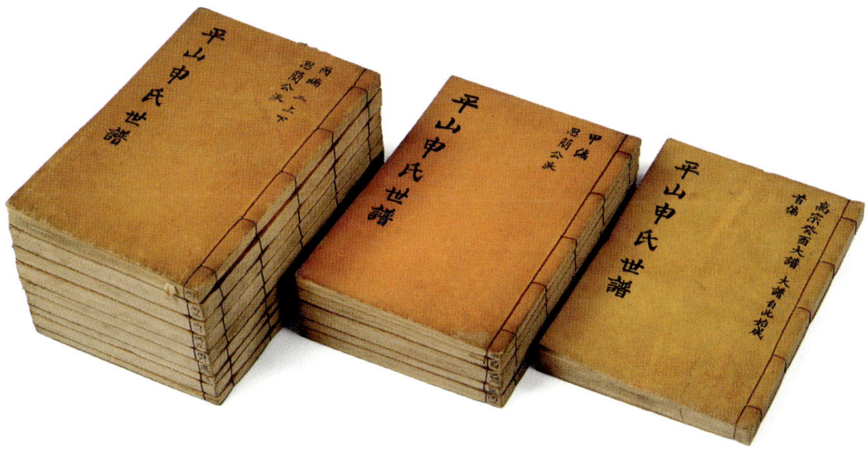

평산신씨세보 平山申氏世譜

시조 휘 숭겸(崇謙)부터 31세 정균(政均:1864~1931)까지의 기록. "1873년(고종10)에 대동보 착수. 평산신씨 대동보가 이때 비로소 완성되었다[高宗癸酉大譜 大譜自此始成]"라는 기록이 겉표지에 있다. 휘 정균의 아래 칸에 32세 현세(鉉世: 1882~1943)가 추가로 기록되어 있으며, 수편(首偏)과 갑편(甲偏)에 묘도(墓圖)가 그려져 있다.

1873년
인쇄본. 13책 | 33.3×22㎝

Seok Juseon Memorial Museum
Dankook University

서

書

Historical Manuscript

01

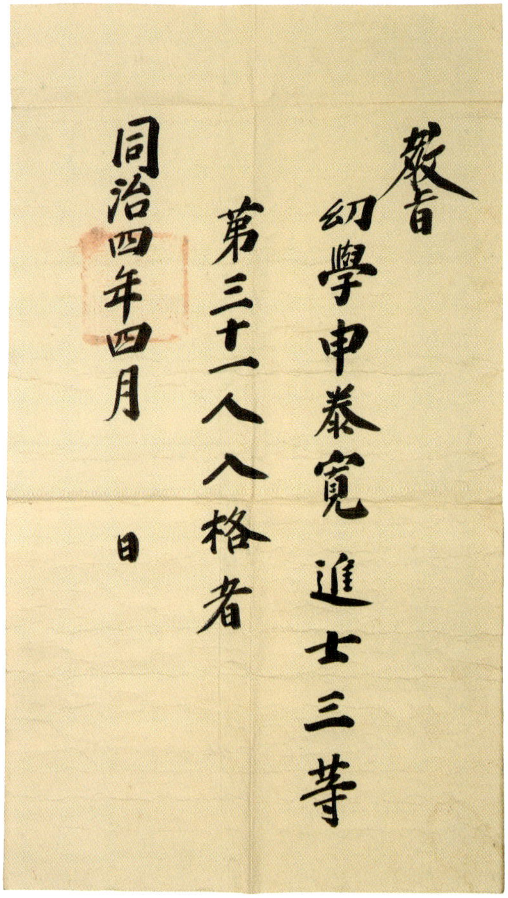

신태관진사백패교지申泰寬進士白牌敎旨

White Certificate Given to Sin Tae-gwan for passing thehe Erudite Examination

유학(幼學) 신태관(申泰寬)이 1865년 4월에 진사시(進士試) 삼등(三等) 제31인으로 입격하고 받은 합격증.

敎旨
幼學申泰寬進士三等
第三十一人 入格者
同治四年(1865) 四月 日

1865년 4월
紙本墨書 | 45×78㎝

신태관진사시권申泰寬進士詩券

Sin Tae-gwan's Exam Scroll for the State Examination

유학 신태관이 1865년(을축) 4월 진사시 3등 제31인으로 입격한 시험 답안지.

1865년 4월
大好紙本墨書 | 78×176㎝

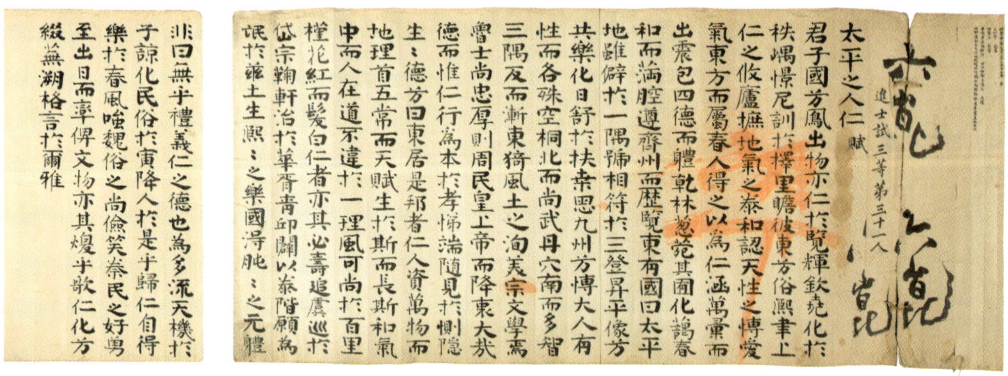

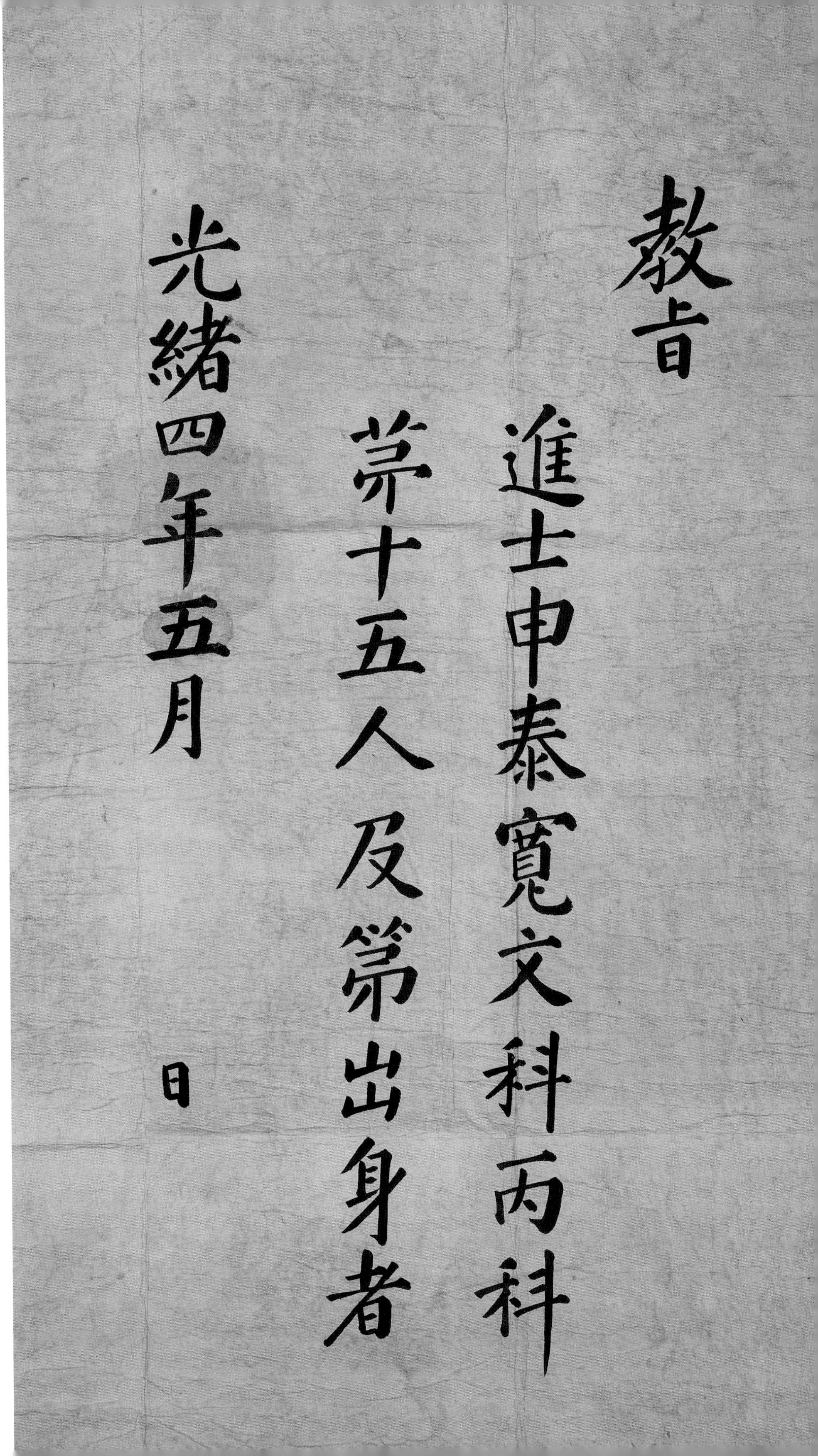

教旨
進士申泰寬文科丙科
第十五人及第出身者
光緒四年五月 日

신태관홍패교지申泰寬紅牌敎旨

Red Certificate Given to Sin Tae-gwan for passing the he Erudite Examination

진사 신태관이 1878년(고종15, 무인) 5월에 문과(文科) 병과(丙科) 제15인으로 급제(及第) 출신(出身)한 데 내린 합격증. 『승정원일기』의 기록과도 일치한다.

敎旨
進士申泰寬文科丙科
第十五人及第出身者
光緖四年(1878) 五月 日

1878년
紙本墨書 | 89×63㎝

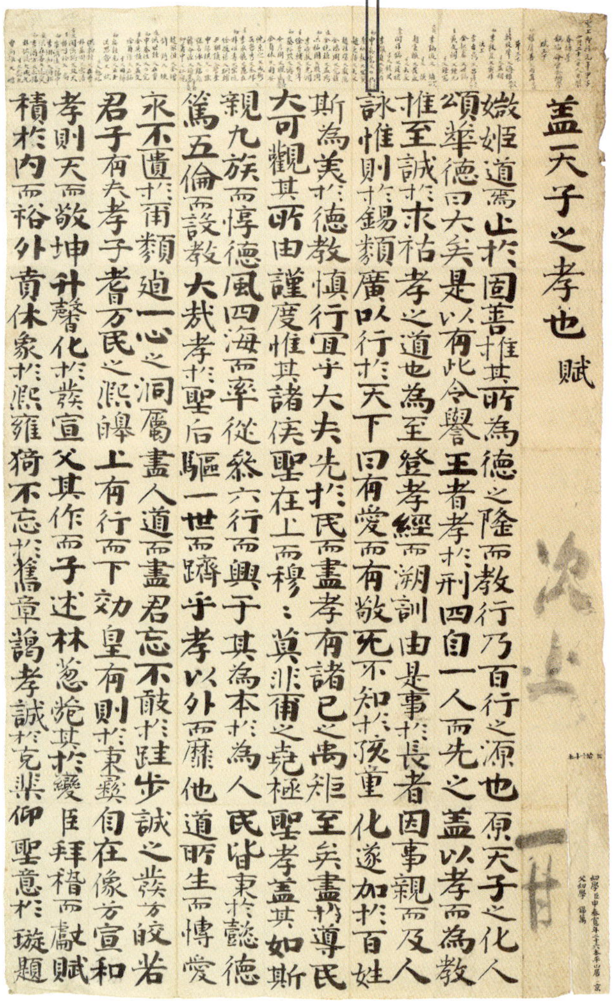

신태관시권申泰寬詩券

Sin Tae-gwan's Exam Scroll for the State Examination

유학 신태관이 1864년(고종1. 갑자) 4월 22일, 춘당대에서 실시 한 인일제(人日製)에서 차상(次上)을 받은 시권.
시지 상부에 부상으로 『주서백선(朱書百選)』을 받은 사실이 기록되어 있다.

1864년
大好紙本墨書 | 126×78㎝

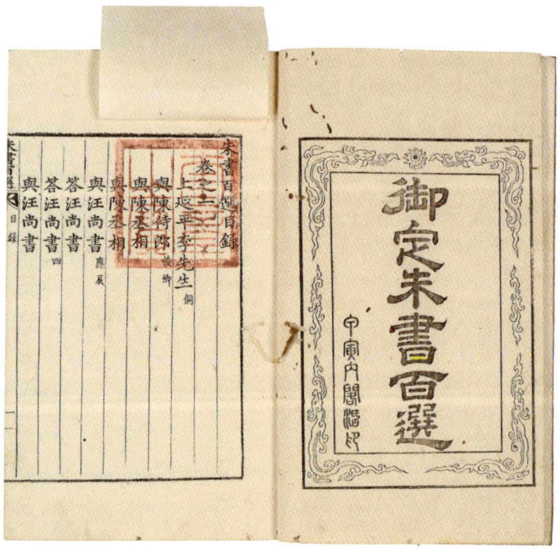

어정주서백선御定朱書百選

100 volume Zhu Xi Collection revised by King

신태관이 1864년(고종1.동치3) 4월에 춘당대(春塘臺) 인일제(人日製)에서 차상(次上)에 뽑혀 하사받은 책. 『승정원일기(承政院日記)』 1864년(고종1, 동치3) 4월 22일(임진) 조에 "차상 유학 신태관(申泰觀) 등 10인에게 각각 『주서백선(朱書百選)』 1건을 사급하라."는 기록이 있다. 이 책은 조선조 제22대 정조대왕이 주자(朱子)의 서간문(書簡文) 100편을 선정하여 간행한 책으로, 규장각에서 관장하였다.

1864년
목판본, 3책 | 36×23㎝

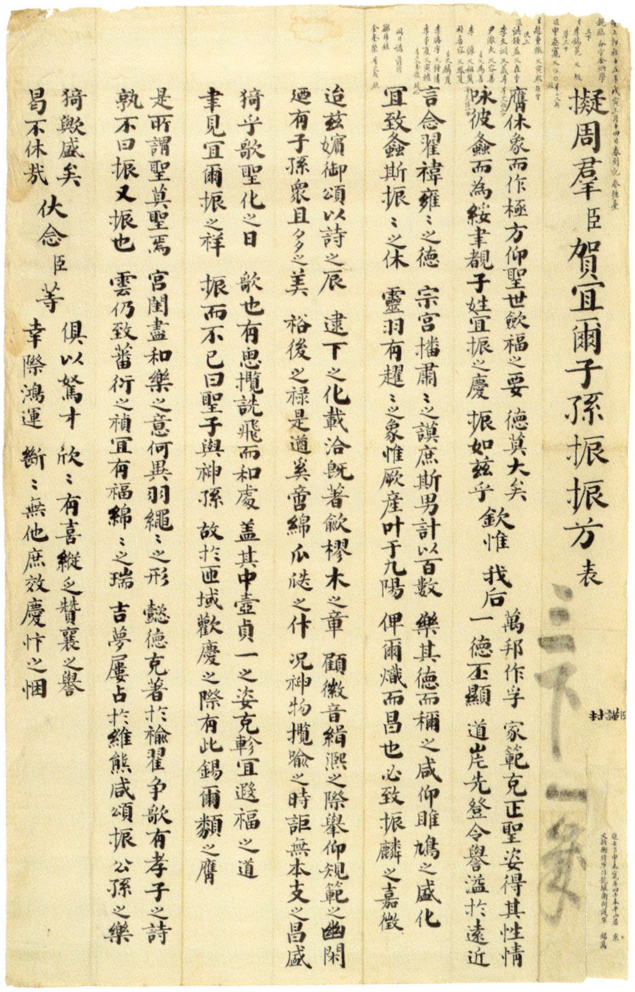

신태관시권申泰寬詩券

Sin Tae-gwan's Exam Scroll for the State Examination

춘도기에 거행된 강(講)에서 진사 신태관이 초삼하(草三下)를 받은 시권.
이를 계기로 전시(殿試)에 직부(直赴)하여 동년 5월 2일 문과에 급제하였다. 『승정원일기』 고종 15년, 무인(1878, 광서4) 3월 15일조에 "춘도기에서 차삼하(次三下)를 받은 진사 신태관을 전시에 직부하라."는 기록이 있다.

1878년
大好紙本墨書 | 122.5×80㎝

신태관시권申泰寬詩券

Sin Tae-gwan's Exam Scroll for the State Examination

진사 신태관이 문과 초시에 입격한 시지. 원자 탄강에 강원도에서 치른 문과 초시의 시권이다.
[元子誕降慶科增廣文科初試江原道榜]
『승정원일기』 고종 11년 갑술(1874, 동치13) 4월 8일(경진)에 기록이 있다.

1874년
大好紙本墨書 | 49.5×196㎝

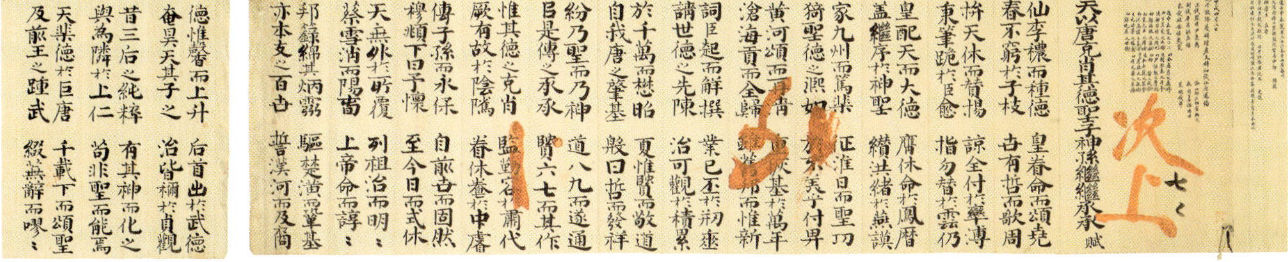

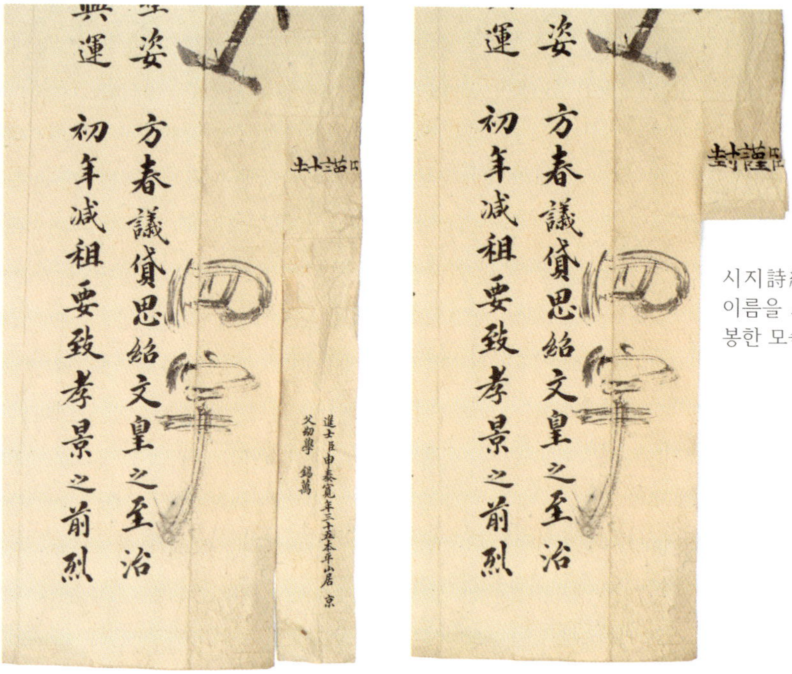

시지詩紙에
이름을 쓰고
봉한 모습.

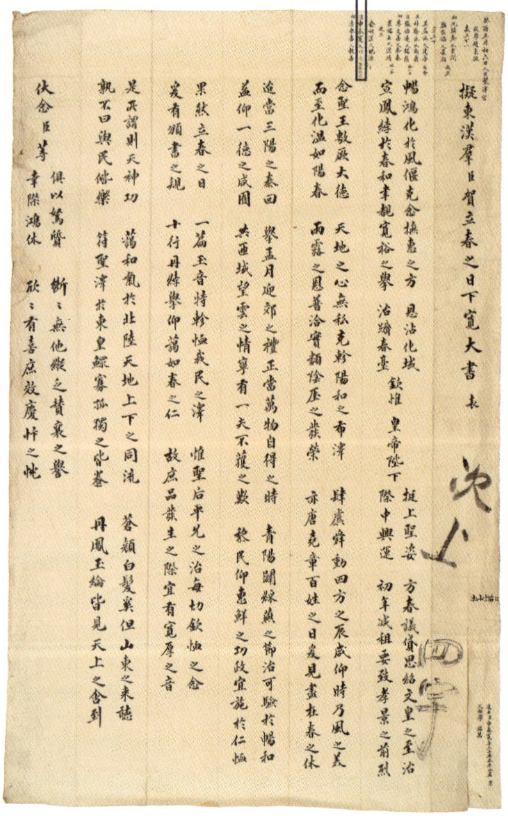

신태관시권申泰寬詩券

Sin Tae-gwan's Exam Scroll for the State Examination

진사 신태관이 1873년(고종10, 계유) 1월 6일 시행한 인일제(人日製)의 표(表) 부문에서 차상을 받은 시권.
부상으로 『육주약선(陸奏約選)』을 받았다. 『승정원일기』의 기록과도 일치한다.

1873년
大好紙本墨書 | 128×82㎝

어정육주약선御定陸奏約選

Conciese Lu Zhi Collection revised by King

신태관이 1873년(고종10,계유) 1월 인일제(人日製)에서 차상(次上)에 뽑혀 하사받은 책. 조선조 제22대 정조대왕이 육선공(陸宣公)의 주의문(奏議文)을 문집에서 선정하여 간행한 책으로 규장각에서 관장하였다.

1873년

목판본, 2책 | 39×25㎝

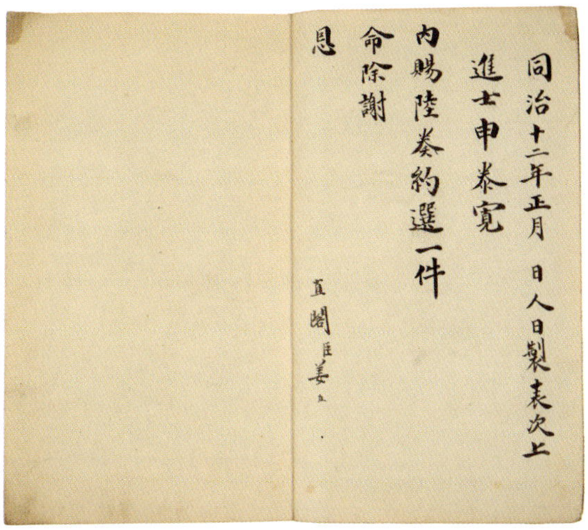

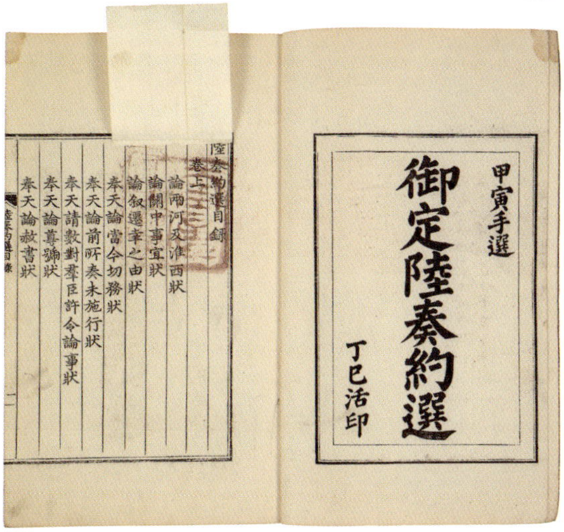

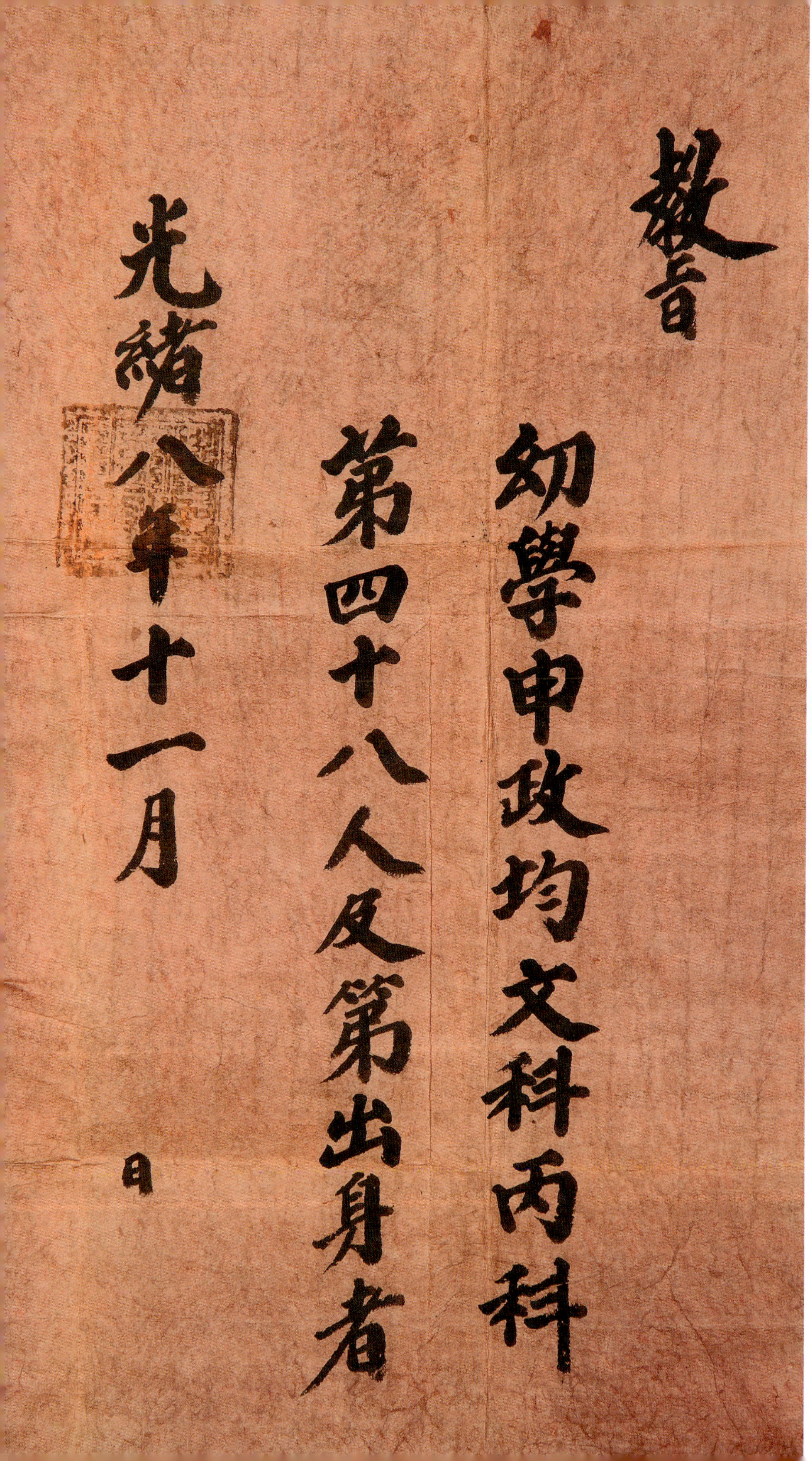

신정균홍패교지申政均紅牌敎旨

Red Certificate Given to Sin Jung-Kyoon for passing the Erudite Examination

유학 신정균이 18세 되던 1882년(고종 19, 임오) 11월에 문과(文科) 병과(丙科) 제48인으로 급제(及第) 출신(出身)한 데 내린 합격증. 『승정원일기』의 기록과 일치한다.

敎旨
幼學申政均文科丙科
第四十八人 及第出身者
光緖八年(1882) 十一月 日

1882년
紙本墨書 | 57×86.5㎝

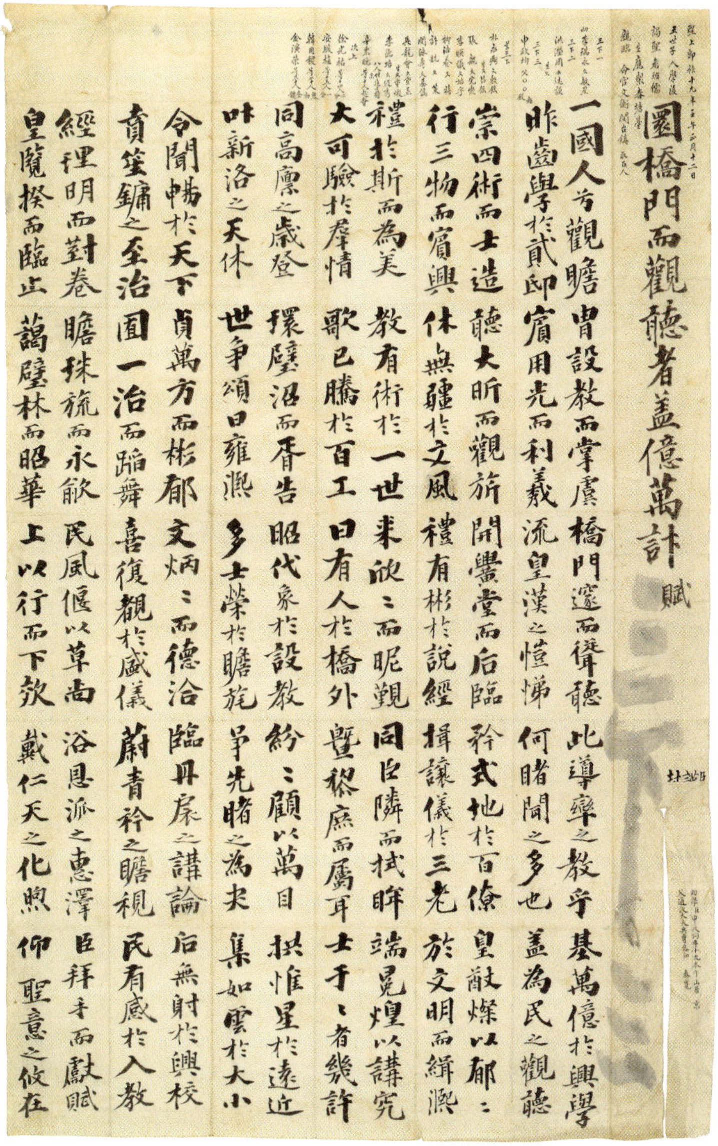

신정균시권申政均詩券

Sin Jung-kyoon's Exam Scroll for the State Examination

유학 신정균이 춘당대 응제시에서 부(賦)로 삼하삼(三下三)을 받고 진시(殿試)에 직부(直赴)를 하명받은 시지(試紙).
이를 계기로 전시에 직부하여 동년 11월 3일 문과에 급제하였다. 시지 상단에 이 때 합격한 동년 동기생 명단이 기록되어 있다.
『승정원일기』의 기록과 일치한다.

1882년
大好紙本墨書 | 113×72㎝

시제 동기생 명단
『승정원일기承政院日記』,
고종 19년 임오(1882, 광서8) 1월 12일(기해)

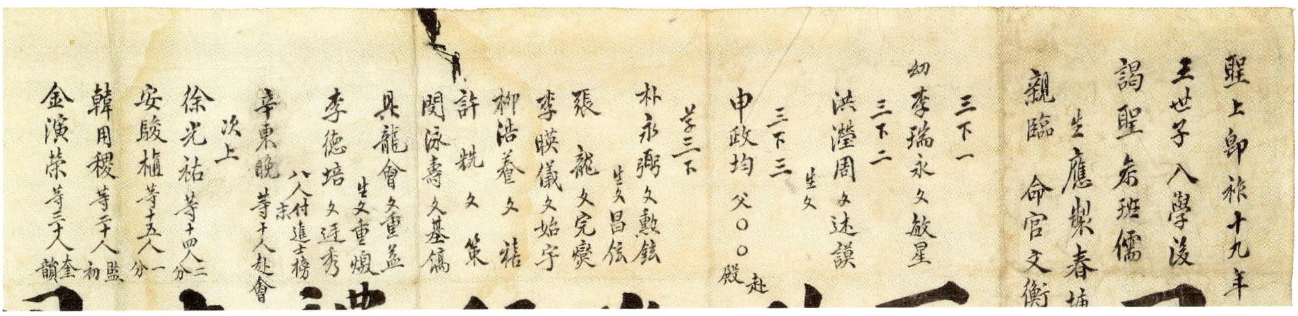

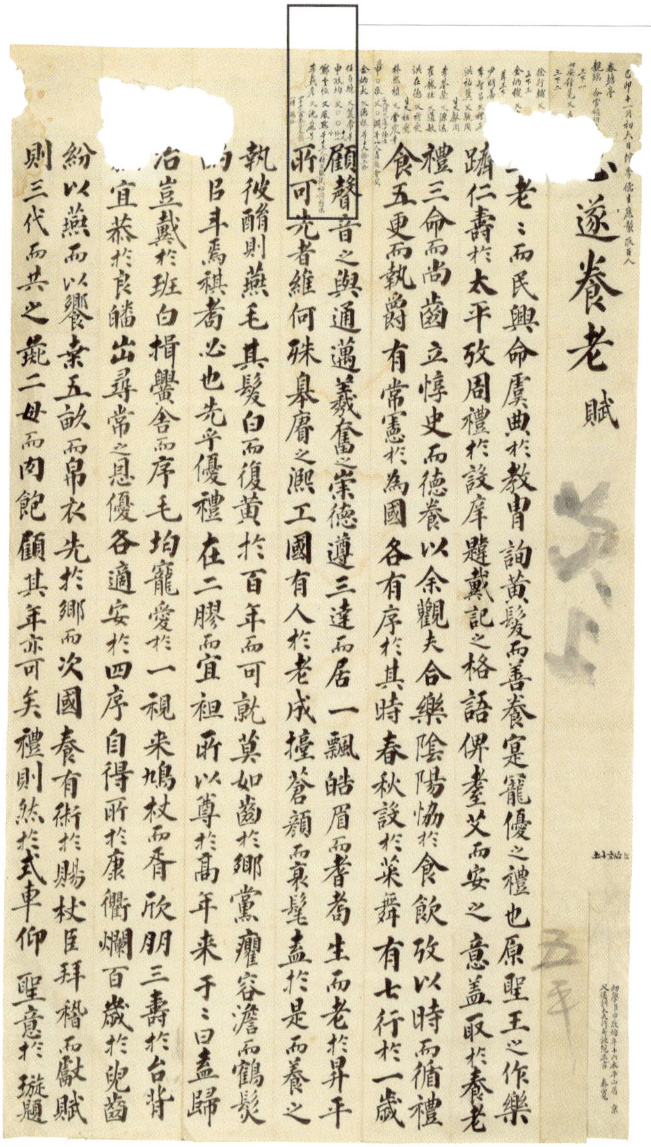

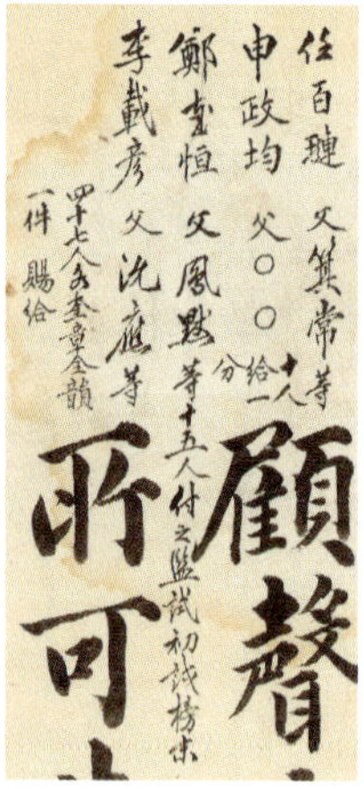

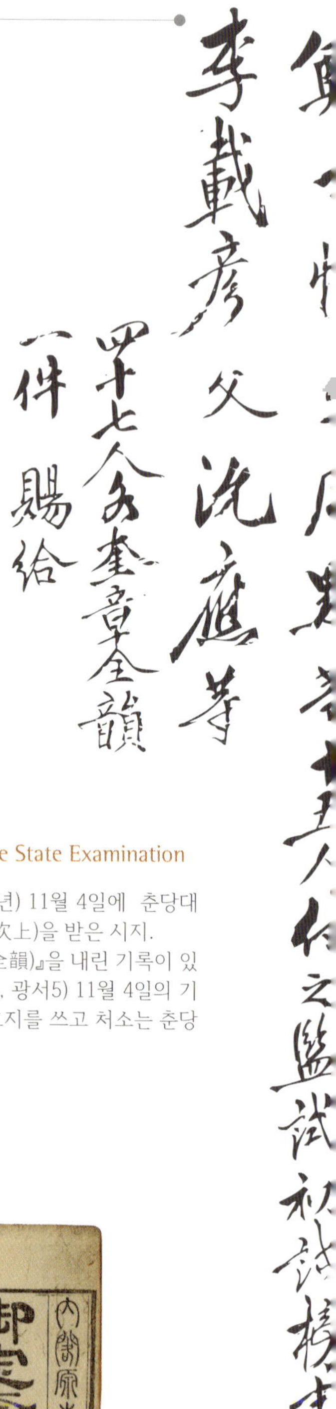

신정균시권申政均詩券

Sin Jung-kyoon's Exam Scroll for the State Examination

유학 신정균이 15세 되던 1879년(기묘년) 11월 4일에 춘당대에서 거행한 응제시(應製試)에서 차상(次上)을 받은 시지. 시지 상단에 부상으로 『규장전운(奎章全韻)』을 내린 기록이 있다. 『승정원일기』 고종 16년 기묘(1879, 광서5) 11월 4일의 기록과도 일치하며, 추가로 시험지는 대호지를 쓰고 처소는 춘당대(春塘臺)에 마련하라는 기록이 있다.

1879년 11월 4일

大好紙本墨書 | 121.5×71cm

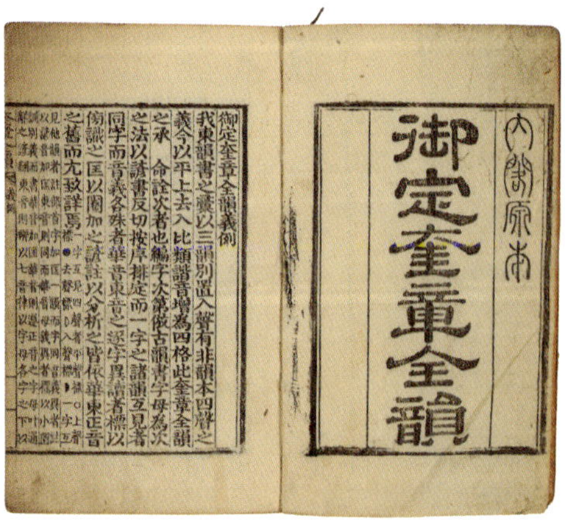

규장전운奎章全韻

Gyujangjeonwun
(Gyujang Phonetic Dictionary)

신정균이 응제시에서 차상으로 받은 하사품. 한시(漢詩) 짓는 사람들이 주로 이용하는 책이다.

1879년 11월 4일

목판본, 1책 | 22.7×14cm

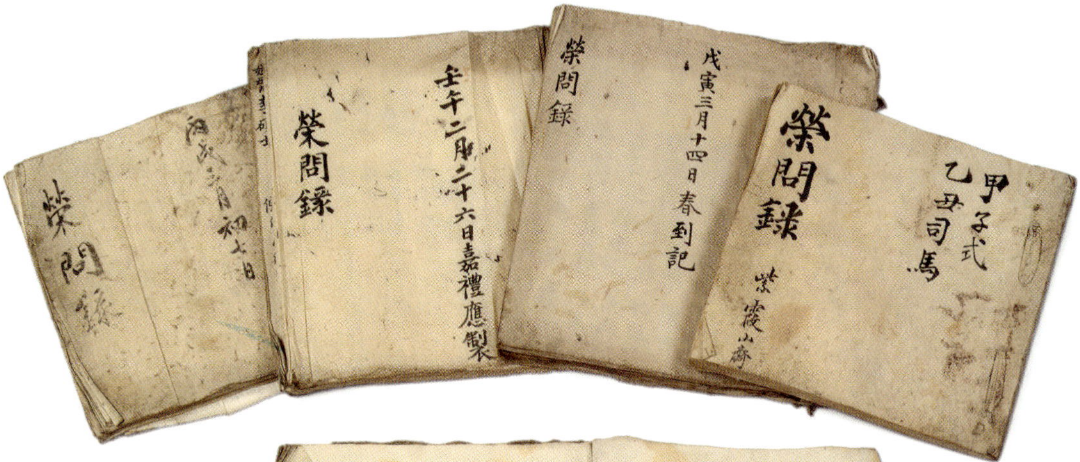

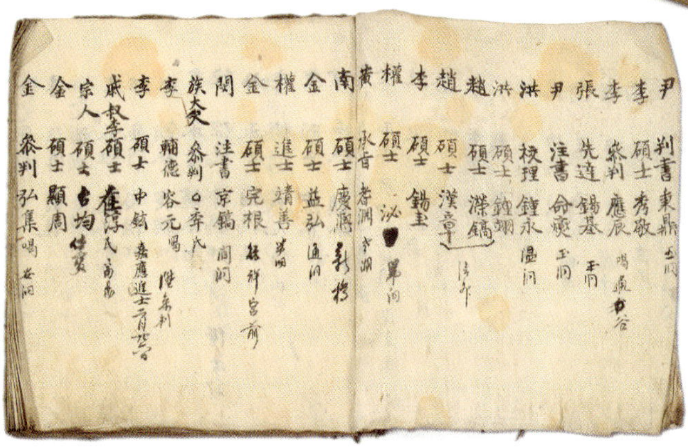

영문록榮問錄

Callers' register for congratulating one's passing the examination

과거에 급제한 사람이 자신을 선발한 시관(試官)의 이름을 맨 앞에 기록하고 그 뒤에 축하객의 명단을 빠짐없이 기록한 책.

1800년대 후반

필사본 | 19~23×21㎝

丙戌(1886) 三月初七日	壬午(1882) 正月十二日 入學應製	戊寅(1878) 三月十四日 春到記	甲子 式年 乙丑 司馬 (紫霞山齋)	壬午(1882) 二月二十六日 嘉禮應製
	신정균이 춘당대 응제에서 삼하삼 받은 후 축하해주었던 축하객 명단.	신태관이 춘도기 초삼하 받은 후 축하해주었던 축하객 명단.		

赴任

1.2 부임하다.

Proceed to One's Newly Appointed Post

서흥

신태관고신申泰寬告身

Sin Tae-gwan's Appointment Certificates

신태관이 입신 후 관직 생활을 하는 동안 품계와 관직을 명받은 임명장.

신태관(1839~1913)이 40세의 늦은 나이로 1878,(고종 15년 무인) 5월 2일(신해)에 급제하고 통사랑(通仕郎) 직에 있다가 동년 10월 5일 권지승문원 부정자(權知承文院副正字)직을 명받은 기록부터 1910년(융희4) 8월 24일 정2품 자헌대부(資憲大夫)를 명받은 기록까지 총 53건의 교지가 있다. 신태관의 관직 일대기를 한눈에 볼 수 있으며『승정원일기(承政院日記)』의 관직 기록과도 일치하여 사료적 가치가 높다.

신태관 관직 교지

Sin Tae-gwan's Appointment Certificate

吏曹爲差定事光緖四年十月初
五日左承旨臣朴履道次知口
傳權知承文院副正字未差本泰寬
弋只進叱使內良如爲口
傳施行爲有置有等以合下仰
照驗施行須至帖者
右帖下文科及第通仕郎申泰寬 准此
光緖四年(1878) 十月
差定

1878년

紙本墨書 | 교지 50.5×74㎝

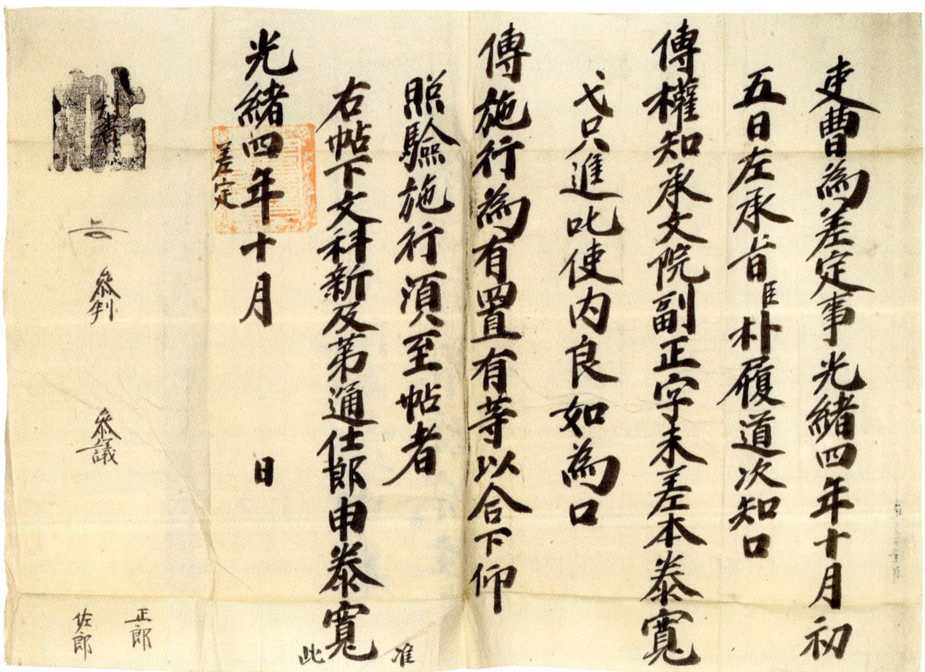

신태관 관직 교지
Sin Tae-gwan's Appointment Certificate

신태관이 1902년(고종39, 임인) 5월 20일, 64세의 나이로 종2품에서 정2품 궁내부 특진관으로 승진할 때 받은 교지. 『경국대전(經國大典)』에 실직 2품 이상인 자의 3대를 추증(追贈)하도록 한 규정에 따라, 신태관의 증조부모부터 부모에게도 내려진 추증 고신(告身)이 함께 전한다.

勅命
從二品嘉善大夫掌禮
院少卿申泰寬命宮
內府特進官敘勅任官
四等者
光武六年(1902) 六月 二十五日

1902년
紙本墨書 | 교지 59×78㎝

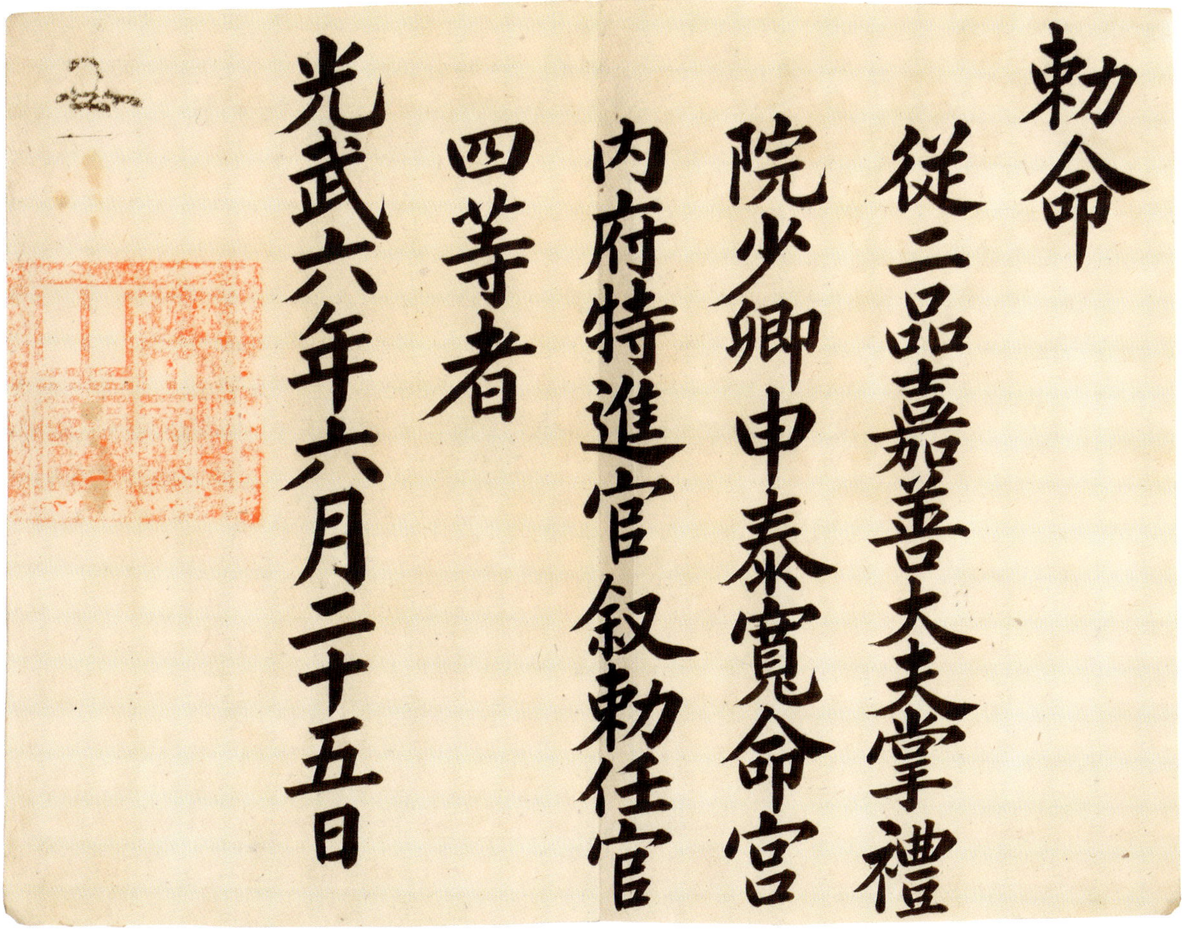
勅命
從二品嘉善大夫掌禮
院少卿申泰寬命宮
內府特進官敘勅任官
四等者
光武六年六月二十五日

신태관 관직 교지 53건 Sin Tae-gwan's Appointment Certificates

년도	유물	직책	관직품계	승정원일기
1878년 10월		권지 승문원 부정자(權知承文院副正字)	종9품 (從九品)	고종 15년 무인(1878, 광서4) 10월 5일(신사)
1879년 윤3월 13일		승정원주서(承政院注書) 겸(兼) 춘추관기사관(春秋館記事官)	정7품 (正七品)	고종 16년 기묘(1879, 광서5) 윤3월 13일(병술)
1879년 6월		通訓大夫 行 성균관 전적(成均館典籍)	정6품 (正六品)	-
1879년 6월		通訓大夫 行 사간원 정언(司諫院正言)	정6품 (正6品)	고종 16년 기묘(1879, 광서5) 6월 25일(정묘)
1880년 정월		通訓大夫 行 사헌부 지평(司憲府持平)	정5품 (正5品)	고종 17년 경진(1880, 광서6) 1월 14일(임오)
1880년 6월		通訓 大夫 行 홍문관 교리(弘文館校理) 지제교(知製敎) 겸 경연시독관(經筵侍讀官), 춘추관 기주관(春秋館記注官)	정5품 (正五品)	고종 17년 경진(1880, 광서6) 6월 25일(신유)
1880년 10월		通訓 大夫 行 사헌부교리(司憲府館校理) 지제교(知製敎) 겸 경연 시독관(經筵侍讀官), 춘추관 기주관(春秋館記注官)	정5품 (正五品)	고종 17년 경진(1880, 광서6) 10월 11일(병오)
1881년 정월		通訓大夫 行 홍문관 교리(弘文館校理) 지제교(知製敎) 겸 경연 시독관(經筵侍讀官), 춘추관 기주관(春秋館記注官)	정5품 (正五品)	고종 18년 신사(1881, 광서7) 1월 12일(을해)
1881년 4월		通訓大夫 行 홍문관 수찬(弘文館修撰) 지제교(知製敎) 겸 경연 검토관(經筵檢討官), 춘추관 기사관(春秋館記事官)	정6품 (正六品)	고종 18년 신사(1881, 광서7) 4월 20일(신해)
1881년 8월		通訓大夫 行 홍문관 부교리(弘文館副校) 지제교(知製敎) 겸 경연 시독관(經筵侍讀官), 춘추관 기주관(春秋館記注官)	종5품 (從五品)/ 정5품 (正五品)	고종 18년 신사(1881, 광서7) 8월 22일(신사)
1881년 8월		通訓大夫 行 홍문관 수찬(弘文館修撰) 지제교(知製敎) 겸 경연 검토관(經筵檢討官), 춘추관 기사관 (春秋館記事官)	정6품 (正六品)	-
1881년 8월		通訓大夫 行 사헌부 지평(司憲府持平)	정5품 (正五品)	고종 18년 신사(1881, 광서7) 8월 23일(임오)
1881년 11월		通政大 夫 승정원 동부승지(承政院同副承旨) 겸 경연참찬관(經筵參贊官), 춘추관 수찬관(春秋館修撰官)	정3품 (正三品)	고종 18년 신사(1881, 광서7) 11월 22일(경술)
1881년 12월		절충장군(折衝將軍) 行 용양위(龍驤衛副護軍)	종4품 (從四品)	-
1881년 12월	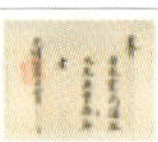	通政大夫 병조참지(兵曹參知)	정3품 (正三品)	고종 18년 신사(1881, 광서7) 12월 19일(정축)
1882년 정월		通政大夫 병조참의(兵曹參議)	정3품 (正三品)	고종 19년 임오(1882, 광서8) 1월 22일(기유)
1882년 5월		通政大夫 승정원동부승지(承政院同副承旨) 겸 경연 참찬관(經筵參贊官), 춘추관 수찬관 (春秋館修撰官)	정3품 (正三品)	고종 19년 임오(1882, 광서8) 5월 11일(병신)
1882년 7월		通政大夫 승정원 동부승지(承政院同副承旨) 겸 경연 참찬관(經筵參贊官), 춘추관 수찬관 (春秋館修撰官)	정3품 (正三品)	고종 19년 임오(1882, 광서8) 7월 7일(신묘)
1882년 7월		通政大夫 승정원 동부승지(承政院同副承旨) 겸 경연 참찬관(經筵參贊官), 춘추관 수찬관 (春秋館修撰官)	정3품 (正三品)	-

년도	유물	직책	관직품계	승정원일기
1882년 7월		通政大夫 승정원 동부승지(承政院同副承旨) 겸 경연참찬관(經筵參贊官), 춘추관 수찬관 (春秋館修撰官)	정3품 (正三品)	-
1882년 9월		通政大夫 사간원 대사간(司諫院大司諫)	정3품 (正三品)	고종 19년 임오(1882, 광서8) 9월 14일(정유)
1882년 12월		通政大夫 승정원 좌부승지(承政院左副承旨) 겸 경연참찬관(經筵參贊官), 춘추관 수찬관(春秋館修撰官)	정3품 (正三品)	-
1883년 3월		通政大夫 사간원 대사간(司諫院大司諫)	정3품 (正三品)	고종 20년 계미(1883, 광서9) 3월 19일(기해) 맑음
1883년 4월		通政大夫 승정원좌부승지(承政院左副承旨) 겸 경연 참찬관(經筵參贊官), 춘추관 수찬관(春秋館修撰官)	정3품 (正三品)	-
1883년 5월		通政大夫 사간원 대사간(司諫院大司諫)	정3품 (正三品)	고종 20년 계미(1883, 광서9) 5월 9일(무자) 맑음
1883년 6월		通政大夫 사간원 대사간(司諫院大司諫)	정3품 (正三品)	고종 20년 계미(1883, 광서9) 6월 7일(을묘) 맑음
1883년 9월		通政大夫 사간원 대사간(司諫院大司諫)	정3품 (正三品)	-
1883년 9월		通政大夫 공조참의(工曹參議)	정3품 (正三品)	고종 20년 계미(1883, 광서9) 9월 23일(경자) 맑음
1884년 3월		通政大夫 승정원 좌부승지(承政院左副承旨) 겸 경연 참찬관(經筵參贊官), 춘추관 수찬관(春秋館修撰官)	정3품 (正三品)	-
1884년 4월		通政大夫 승정원 우부승지(承政院右副承旨) 겸 경연 참찬관(經筵參贊官), 춘추관 수찬관(春秋館修撰官)	정3품 (正三品)	-
1884년 4월		通政大夫 승정원 좌부승지(承政院左副承旨) 겸 경연 참찬관(經筵參贊官), 춘추관 수찬관(春秋館修撰官)	정3품 (正三品)	-
1884년 11월		通政大夫 승정원 좌부승지(承政院左副承旨) 겸 경연 참찬관(經筵參贊官), 춘추관 수찬관(春秋館修撰官)	정3품 (正三品)	-
1884년 12월		通政大夫 승정원 우부승지(承政院右副承旨) 겸 경연 참찬관(經筵參贊官), 춘추관 수찬관(春秋館修撰官)	정3품 (正三品)	-
1884년 12월		通政大夫 승정원 좌부승지(承政院左副承旨) 겸 경연 참찬관(經筵參贊官), 춘추관 수찬관(春秋館修撰官)	정3품 (正三品)	-
1884년 12월 14일		通政大夫 行 안변도호부사(安邊都護府使)	종3품 (從三品)	고종 21년 갑신(1884, 광서10) 12월 14일(갑신)
1884년 12월		겸 안변진 병마첨절제사(安邊鎭兵馬僉節制使)	종3품 (從三品)	-
1885년 4월		通政大夫 안동대도호부사(安東大都護府使)	종3품 (從三品)	고종 22년 을유(1885, 광서11) 4월 26일(갑오)
1885년 4월		겸 안동진 병마첨절제사(安東鎭兵馬僉節制使)	종3품 (從三品)	-
1886년 5월		通政大夫行 봉산군수(鳳山郡守)	종3품 (從三品)	고종 23년 병술(1886, 광서12) 5월 4일(병신)

년도	유물	직책	관직품계	승정원일기
1886년 5월	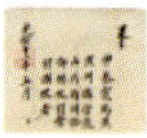	겸 황주진영(黃州鎭營) 봉산병마동첨절제사 (鳳山兵馬同僉節制使)	종4품 (從四品)	-
1886년 6월		通政大夫 行 안동대도호부사(安東大都護府使)	종4품 (從四品)	고종 23년 병술(1886, 광서12) 6월 20일(신사)
1887년 윤4월		通政大夫 공조참의(工曹參議)	정3품 (正三品)	고종 24년 정해(1887, 광서13) 윤4월 12일(기해)
1888년 8월		通政大夫 병조참지(兵曹參知)	정3품 (正三品)	-
1888년 8월		通政大夫 병조참의(兵曹參議)	정3품 (正三品)	-
1888년 11월		通政大夫 병조참의(兵曹參議)	정3품 (正三品)	-
1889년 5월		通政大夫 사간원대사간(司諫院大司諫)	정3품 (正三品)	고종 26년 기축(1889, 광서15) 5월 13일(무오)
1889년 7월		通政大夫 형조참의(刑曹參議)	정3품 (正三品)	고종 26년 기축(1889, 광서15) 7월 21일(을축)
1889년 10월		通政大夫 사간원대사간(司諫院大司諫)	정3품 (正三品)	-
1890년 2월		절충장군(折衝將軍) 첨지중추부사(僉知中樞府事) 겸 조사오위장(曹司五衛將)	정3품 (正三品)	고종 27년 경인(1890, 광서16) 2월 24일(갑오)
1891년 4월		通政大夫 성균관대사성(成均館大司成)	정3품 (正三品)	고종 28년 신묘(1891, 광서17) 4월 24일(정사)
1893년 11월	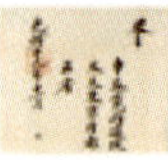	通政大夫 돈녕부도정(敦寧府都正)	정3품 (正三品)	고종 30년 계사(1893, 광서19) 11월 26일(갑진)
1893년 12월		通政大夫 공조참의(工曹參議)	정3품 (正三品)	고종 30년 계사(1893, 광서19) 12월 12일(경신)
1893년 12월		通政大夫 호조참의(戶曹參議)	정3품 (正三品)	고종 30년 계사(1893, 광서19) 12월 22일(경오)
1894년 4월		通政大夫 이조참의(吏曹參議)	정3품 (正三品)	고종 31년 갑오(1894, 광서20) 4월 22일(무진)
1896년 12월 9일		通政大夫 봉상사 부제조 주임관(奉常司 副提調 奏任官)	정3품 (正三品)	-
1898년 6월 6일		通政大夫 영광군수(靈光郡守) 주임관(奏任官)	정3품 (正三品)	고종 34년 정유(1897, 개국506) 5월 7일(을미, 양력 6월 6일)
1899년 9월 25일		通政大夫 중추원의관(中樞院議官) 주임관(奏任官)	정3품 (正三品)	고종 36년 기해(1899, 광무3) 8월 21일(병신, 양력 9월 25일)

년도	유물	직책	관직품계	승정원일기
1900년 11월 12일		通政大夫 비서원 승 (祕書院 丞)	정3품 (正三品)	고종 37년 경자(1900, 광무4) 9월 21일(기축, 양력 11월 12일)
1900년 12월 16일		通政大夫 비서원 승 (祕書院 丞) 겸 장례원 장례 (掌禮院掌禮)	정3품 (正三品)	고종 37년 경자(1900, 광무4) 10월 25일(계해, 양력 12월 16일)
1900년 12월 16일		通政大夫 비서원승 주임관(祕書院丞 奏任官)	정3품 (正三品)	-
1901년 7월 9일		從二品 가선대부(嘉善大夫)	종2품 (從二品) 하계	고종 38년 신축(1901, 광무5) 5월 24일(무자, 양력 7월 9일)
1901년 9월 4일		從二品嘉善大夫 궁내부특진관칙임관(宮內府特進官 勅任官)	종2품 (從二品)	고종 38년 신축(1901, 광무5) 7월 22일(을유, 양력 9월 4일)
1902년 6월 6일		從二品嘉善大夫 장례원소경칙임관(掌禮院少卿 勅任官)	종2품 (從二品)	고종 39년 임인(1902, 광무6) 5월 1일(경신, 양력 6월 6일)
1902년 6월 25일		從二品嘉善大夫 궁내부특진관칙임관(宮內府特進官 勅任官)	종2품 (從二品)	고종 39년 임인(1902, 광무6) 5월 20일(기묘, 양력 6월 25일
1903년 1월 26일		從二品嘉善大夫 장례원소경칙임관(掌禮院少卿 勅任官)	종2품 (從二品)	고종 39년 임인(1902, 광무6) 12월 28일(갑인)-1903년 양력 1월 26일)
1907년 1월 22일		從二品嘉善大夫 궁내부특진관 칙임관(宮內府特進官 勅任官)	종2품 (從二品)	고종 43년 병오(1906, 광무10) 12월 9일(신미)-1907년 양력 1월 22일)
1908년 8월 24일		正二品 자헌대부 (資憲大夫)	정2품 (正二品)	-

신정균고신申政均告身

Shin Jeong-gyun's Appointment Certificate

신태관의 아들 신정균(1864~1931)이 입신 후 관직 생활을 하는 동안 품계와 관직을 명받은 임명장.

신정균은 1882년(고종19년), 광서8년 11월 3일에 18세 나이로 급제한 후, 통사랑(通仕郎) 직에 있다가 1883년 2월 26일 승문원 부정자(承文院副正字) 직을 명받은 교지부터 1906년(광서10) 12월 23일에 시강원 분시독(侍講院分侍讀) 직을 명받은 교지에 이르기까지 총 49건의 교지가 전한다. 대부분의 교지가 『승정원 일기』의 신정균 관직 기록과도 일치하여 사료적 가치가 높다.

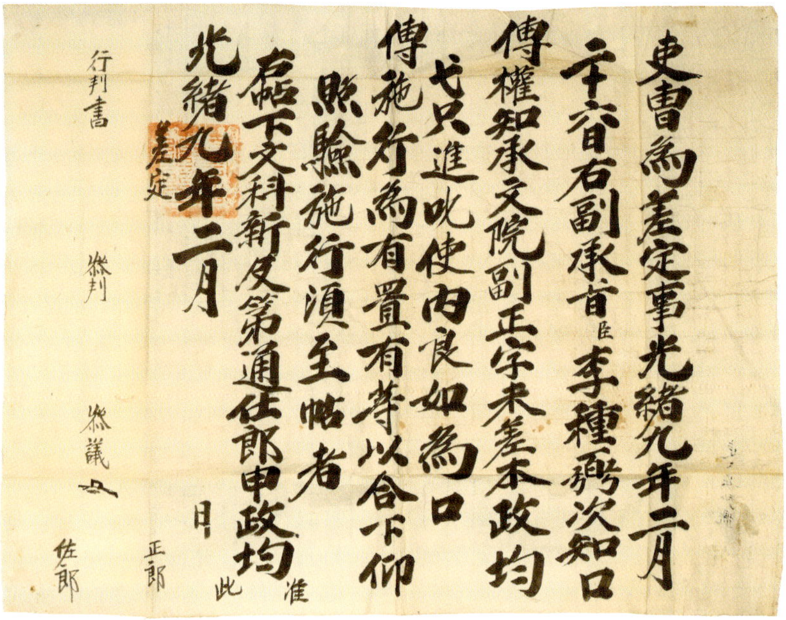

신정균 권지승문원 부정자 고신
申政均權知承文院副正字告身

吏曹爲差定事光緖九年二月
二十六日右副承旨臣李種弼次知口
傳權知承文院副正字未差本政均
弋只進叱使內良如爲口
傳施行爲有置有等以合下仰
照驗施行須至帖者
右帖下文科新及第通仕郎申 政均
準比
光緖九年(1883)二月 日
着定

1883년
紙本墨書 | 71×53cm

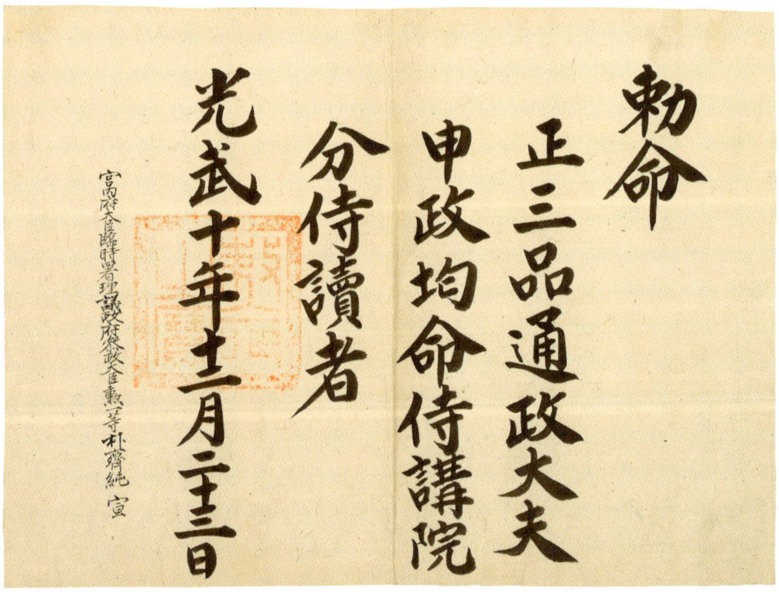

신정균 시강원분시독 고신
申政均侍講院分侍讀告身

勅命
正三品通政大夫
申政均命侍講院
分侍讀者
光武十年(1906) 十二月 二十三日
宮內府大臣臨時署理議政府參政大臣 勳一等 朴齊純 宣

1906년
紙本墨書 | 24×35cm

신정균 관직 교지 49건 Shin Jeong-gyun's Appointment Certificate

년도	유물	직책	관직품계	승정원일기
1883년 2월 26일		권지 승문원 부정자 (權知承文院副正字)	종구품 (從九品)	고종 20년 계미(1883, 광서9) 2월 27일(무인)
1885년 6월 29일		무공랑(務功郎) 行 승정원 주서(承政院注書) 겸 춘추관기사(春秋館記事)	정칠품 (正七品)	-
1886년 3월		朝奉大夫 行 성균관 전적(成均館典籍)	정육품 (正六品)	-
1886년 3월		宣略將軍 行 용양위 부사과(行龍驤衛副司果)	종육품 (從六品)	-
1886년 7월		通訓大夫 行 사간원정언(司諫院正言)	정육품 (正六品)	고종 23년 병술(1886, 광서12) 7월 29일(기미)
1887년 8월		通訓大夫 行 홍문관부수찬(弘文館副修撰) 겸 경연 검토관(經筵 檢討官), 춘추관 기사관(春秋館記事官)	종육품 (從六品)/ 정육품 (正六品)	고종 24년 정해(1887, 광서13) 8월 19일(계묘)
1887년 11월		문신(文臣) 겸 선전관 (宣傳官)		고종 31년 갑오(1894, 광서20) 4월 18일(갑자)
1888년 정월		通訓大夫 行 홍문관 부교리(弘文館副郊理) 겸 경연 시독관(經筵侍讀官), 춘추관 기주관 (春秋館 記注官)	종오품 (從五品)/ 정오품 (正五品)	고종 25년 무자(1888, 광서14) 1월 14일(병인)
1888년 정월		通訓大夫 行 사헌부 장령(司憲府掌令)	정사품 (正四品)	-
1888년 11월		宣略將軍 行 친군 장위영 군사마(親軍 壯衛營 軍司馬)	종사품하계 (從四品)	-
1888년 12월		通訓大夫 行 사간원헌납(司諫院獻納)	정오품 (正五品)	고종 25년 무자(1888, 광서14) 12월 28일(을사) 맑음
1889년 정월		通訓大夫 行 홍문관 교리(弘文館郊理) 겸 경연 시독관(經筵侍讀官), 춘추관 기주관(春秋館記注官)	정오품 (正五品)	고종 26년 기축(1889, 광서15) 1월 23일(기사)
1889년 정월		通訓大夫 行 사헌부 장령(司憲府掌令)	정사품 (正四品)	고종 26년 기축(1889, 광서15) 1월 27일(계유) 맑음
1889년 2월		서학교수(西學敎授)		-
1889년 6월		通訓大夫 行 홍문관 교리(弘文館郊理) 겸 경연 시독관(經筵侍讀官), 춘추관 기주관(春秋館 記注官)	정오품 (正五品)	고종 26년 기축(1889, 광서15) 6월 3일(정축)
1889년 9월		通訓大夫 行 홍문관 부수찬(弘文館副修撰) 겸 경연 검토관 (經筵檢討官), 춘추관 기사관 (春秋館記事官)	종육품 (從六品)/ 정육품 (正六品)	고종 26년 기축(1889, 광서15) 9월 7일(경술)
1889년 11월		通訓大夫 장악원정(掌樂院正)	정삼품 (正三品)	고종 26년 기축(1889, 광서15) 11월 4일(병오)

년도	유물	직책	관직품계	승정원일기
1890년 4월		通訓大夫 行 홍문관 부응교(弘文館副應教) 겸 경연시강관 (經筵侍講官), 춘추관 편수관(春秋館編修官)	종사품(從四品)/정사품(正四品)	고종 27년 경인(1890, 광서16) 4월 2일(신축)
1890년 10월		通訓大夫 行 홍문관 교리(弘文館校理) 겸 경연시독관(經筵侍讀官), 춘추관 기주관(春秋館記注官)	정오품(正五品)	고종 27년 경인(1890, 광서16) 10월 7일(계묘) 맑음
1891년 정월		通訓大夫 行 사간원헌납(司諫院獻納)	정오품(正五品)	고종 28년 신묘(1891, 광서17) 1월 24일(기축)
1891년 정월		通訓大夫 行 홍문관교리(弘文館郊理)- 겸 경연시독관(經筵侍讀官), 춘추관기주관(春秋館記注官)	정오품(正五品)	고종 28년 신묘(1891, 광서17) 1월 29일(갑오)
1891년 2월		通訓大夫 行 사간원헌납(司諫院獻納)	정오품(正五品)	고종 28년 신묘(1891, 광서17) 2월 16일(경술) 맑음
1891년 3월		通訓大夫 사헌부집의(司憲府執義)	종삼품(從三品)	고종 28년 신묘(1891, 광서17) 3월 11일(을해)
1891년 5월		通訓大夫 사간원사간(司諫院司諫)	종삼품(從三品)	고종 28년 신묘(1891, 광서17) 5월 9일(임신)
1891년 6월		通訓大夫行 사헌부장령(司憲府掌令)	정사품(正四品)	고종 28년 신묘(1891, 광서17) 6월 27일(기미)
1892년 4월		通訓大夫行 사간원사간(司諫院司諫)	종삼품(從三品)	고종 29년 임진(1892, 광서18) 4월 13일(신축)
1892년 6월		通訓大夫 行 홍문관 부응교(弘文館副應教) 겸 경연시강관(經筵侍講官), 춘추관편수관 (春秋館編修官)	종사품(從四品)/정사품(正四品)	고종 29년 임진(1892, 광서18) 6월 1일(정해)
1892년 11월		通訓大夫 行 홍문관 부교리(弘文館副校理) 겸 경연시독관(經筵侍讀官), 춘추관기주관 (春秋館記注官)	종오품(從五品)/정오품(正五品)	고종 29년 임진(1892, 광서18) 11월 29일(계축)
1892년 11월		通訓大夫 行 사헌부장령(司憲府掌令)	정사품(正四品)	고종 29년 임진(1892, 광서18) 12월 14일(무진)
1893년 2월		通訓大夫 行 병조정랑(兵曹正郎)	정오품(正五品)	고종 30년 계사(1893, 광서19) 2월 24일(정축)
1893년 11월		通訓大夫 行 홍문관 부응교(弘文館副應教) 겸 경연시강관 (經筵侍講官), 춘추관편수관 (春秋館編修官)	종사품(從四品)/정사품(正四品)	고종 30년 계사(1893, 광서19) 11월 13일(신묘)
1893년 12월		通訓大夫 行 홍문관교리(弘文館校理) 겸 경연시강관(經筵侍講官), 춘추관기주관(春秋館記注官)	정오품(正五品)/정사품(正四品)	고종 30년 계사(1893, 광서19) 12월 1일(기유)
1893년 12월		通訓大夫 行 사헌부장령(司憲府掌令)	정사품(正四品)	고종 30년 계사(1893, 광서19) 12월 25일(계유)
1894년 정월		通訓大夫 통례원우통례(通禮院右通禮)	정삼품(正三品)	고종 31년 갑오(1894, 광서20) 1월 13일(신묘)

년도	유물	직책	관직품계	승정원일기
1894년 3월	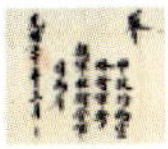	宣略將軍 行 친군장위영군사마(親軍壯衛營軍司馬)	종사품(從四品)	고종 31년 갑오(1894, 광서20) 3월 4일(신사)
1894년 4월		通訓大夫 장악원 정(掌樂院正)	정삼품(正三品)	고종 31년 갑오(1894, 광서20) 4월 11일(정사)
1894년 4월		通訓大夫 行 사간원 사간(司諫院司諫)	종삼품(從三品)	
1897년 11월		중추원삼등의관 주임관(樞院三等議官奏任官)	종삼품(從三品)	
1898년 5월 9일		정삼품(正三品) 통정대부(通政大夫)	정삼품(正三品)	고종 35년 무술(1898, 광무2) 5월 15일(정묘, 양력 7월 3일)
1899년 1월 16일		비서원승(秘書院丞) 겸 태의원 소경(太醫院少卿)	정삼품(正三品)	고종 35년 무술(1898, 광무2) 12월 5일(갑신, 양력 1월 16일)
1900년 1월 16일		비서원 승(秘書院丞) 칙임관(奏任官)	정삼품(正三品)	
1902년 8월 22일		비서원 승(秘書院丞) 칙임관(奏任官)	정삼품(正三品)	고종 39년 임인(1902, 광무6) 7월 19일(정축, 양력 8월 22일)
1902년 8월 29일		비서원 승(秘書院丞) 겸 장례원 장례(掌禮院掌禮)	정삼품(正三品)	고종 39년 임인(1902, 광무6) 7월 26일(갑신, 양력 8월 29일)
1905년 9월 7일		비서감 승(秘書監 丞) 칙임관(奏任官)	정삼품(正三品)	고종 42년 을사(1905, 광무9) 8월 9일(기유, 양력 9월 7일) 맑음
1905년 9월 10일		비서감 승(秘書監丞) 겸 예식원 장례(禮式院掌禮)	정삼품(正三品)	고종 42년 을사(1905, 광무9) 8월 12일(임자, 양력 9월 10일)
1905년 12월 3일		비서감 승(秘書監丞) 칙임관(奏任官)	정삼품(正三品)	고종 42년 을사(1905, 광무9) 11월 8일(정축, 양력 12월 4일) 맑음
1905년 12월 30일		비서감 승(秘書監丞) 겸 태의원 부경(太醫院副卿)	정삼품(正三品)	고종 42년 을사(1905, 광무9) 12월 5일(계묘, 양력 12월 30일) 흐림
1906년 12월 14일		비서감 승(秘書監 丞) 칙임관(奏任官)	정삼품(正三品)	고종 43년 병오(1906, 광무10) 10월 29일(임진, 양력 12월 14일) 맑음
1906년 12월 23일		시강원 분시독(侍講院 分侍讀)	정삼품(正三品)	고종 43년 병오(1906, 광무10) 11월 8일(신축, 양력 12월 23일) 맑음

선대추증고신先代追贈告身
Posthumous Appointment Certificate for an Ancestor

관리가 실직(實職)에 임명될 때 함께 추증(追贈)된 선대(先代)의 칙명 교지.

관리가 실직에 임명되면『경국대전』에서 실직 2품 이상인 자의 3대를 추증하도록 한 규정에 따라 선대의 추증이 이루어지는데 부변 외에도 모변에 대한 추증도 함께 이루어진다. 신태관이 1902년 6월 6일 종2품 가선대부(嘉善大夫), 장례원 소경(掌禮院少卿)에 임명되었을 때, 신태관의 부변으로 증조부 광복(光復), 조부 재로(在魯), 부 석만(錫萬)과 모변으로 증조모 용인이씨(龍仁李氏), 조모 기계유씨(杞溪兪氏), 시흥강씨(始興姜氏), 모 전주이씨(全州李氏), 부인 청풍김씨(淸風金氏)에게 추증 고신이 내려졌다.

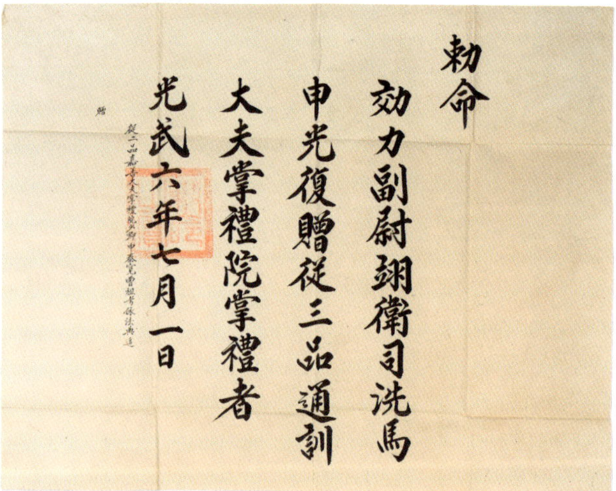
勅命
效力副尉翊衛司洗馬
申光復贈從三品通訓
大夫掌禮院掌禮者
光武六年七月一日

조부 신광복(1721~1780) 추증 칙명

勅命
效力副尉翊衛司洗馬
申光復贈從三品通訓
大夫掌禮院掌禮者
光武六年(1902)七月一日
從二品嘉善大夫掌禮院少卿申泰寬曾祖考依法典追贈

1902년
紙本墨書 | 59.5×78㎝

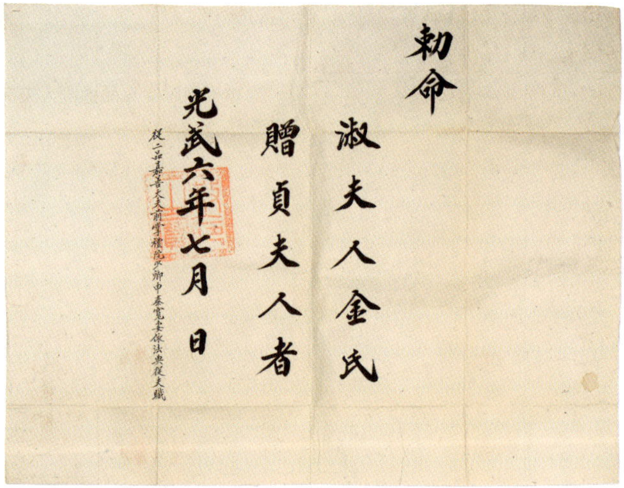
勅命
淑夫人金氏
贈貞夫人者
光武六年七月 日

신태관의 부인 청풍김씨의 추증 칙명

勅命
淑夫人金氏
贈貞夫人者
光武六年(1902)七月 日
從二品嘉善大夫掌禮院少卿申泰寬妻依法典從夫職

1902년
紙本墨書 | 59.5×78㎝

신태관종이품가선대부칙명고신
申泰寬從二品嘉善大夫勅命告身
Sin Tae-gwan's Appointment Certificate

정3품 신태관(申泰寬)을 종2품 가선대부로
올리라는 명을 내린 임명장

勅命
正三品通政大夫申泰
寬陞從二品嘉善大
夫者
光武五年(1901) 七月 九日
興德殿酌獻禮時兼掌禮秘書丞加資事奉
勅

1901년 7월 9일
紙本墨書

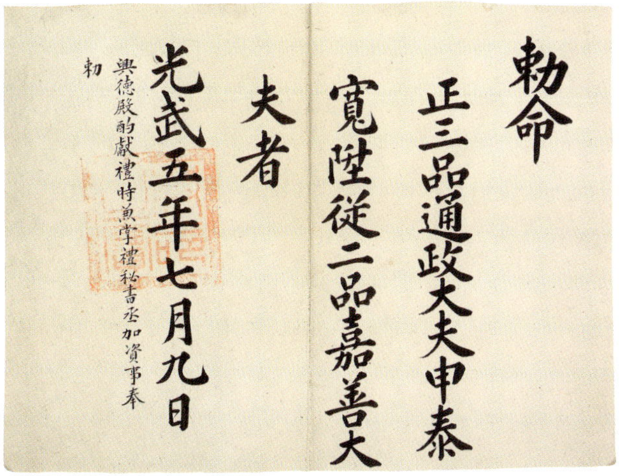
勅命
正三品通政大夫申泰
寬陞從二品嘉善大
夫者
光武五年七月九日
興德殿酌獻禮時兼掌禮秘書丞加資事奉
勅

선대추증고신

년도	유물	직책	신태관과의 관계	비고
1902년 7월 1일		申光復贈從三品通訓大夫掌禮院掌禮	증조부	신광복(1721~1780)을 종3품 통정대부 장례원 장례로 추증
1902년 7월 1일		學生申在魯贈正三品通訓大夫秘書院丞	조부	신재로(1764~1809)을 정3품 통정대부 비서원승으로 추증
1902년 7월 1일		申錫萬贈從二品嘉善大夫 內部協辨	부	신석만(1802~1875)을 종2품 가선대부 내부협변으로 추증
1902년 7월 1일		令人李氏贈淑人	증조모	4품 영인 용인이씨를 정3품 당하관 숙인에 추증
1902년 7월 1일		孺人兪氏贈淑夫人	조모	9품 유인 기계유씨를 정3품 당상관 숙부인에 추증
1902년 7월 1일		孺人姜氏贈淑夫人	조모	9품 유인 시흥강씨를 정3품 당상관 숙부인에 추증
1902년 7월 1일		淑夫人李氏贈貞夫人	모	정3품 당상관 숙부인 전주이씨를 2품 정부인으로 추증
1902년 7월 1일		淑夫人金氏贈貞夫人	처	정3품 청풍김씨를 2품 정부인으로 추증
1881		淑人金氏封淑夫人	처	신태관이 정3품 당상관 통정대부에 봉해졌을 때 처 숙인 청풍김씨를 정3품 당상관 숙부인으로 봉함
1899		淑人鄭氏封淑夫人	며느리	신태관의 아들 신정균이 정3품 당상관 통정대부에 봉해졌을 때 숙인 정씨를가 정3품 당상관 숙부인으로 봉함

任務

1.3
임무를 다하다.

Accomplish One's Task

서書

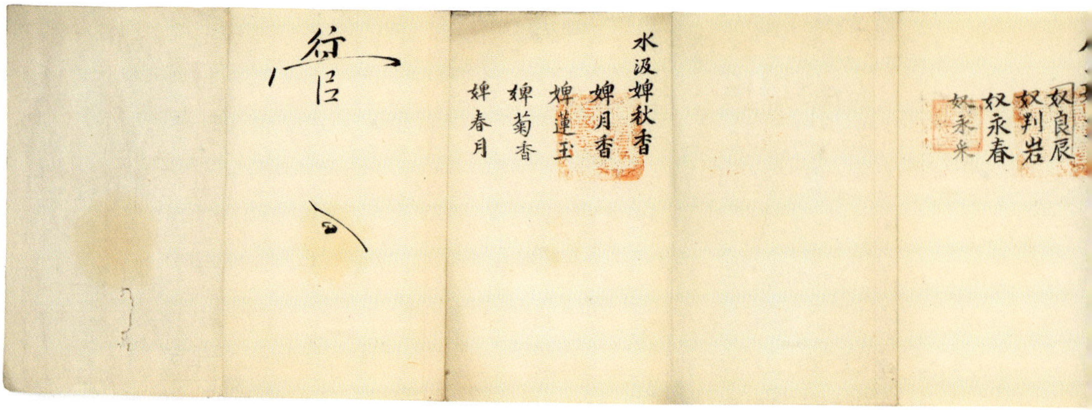

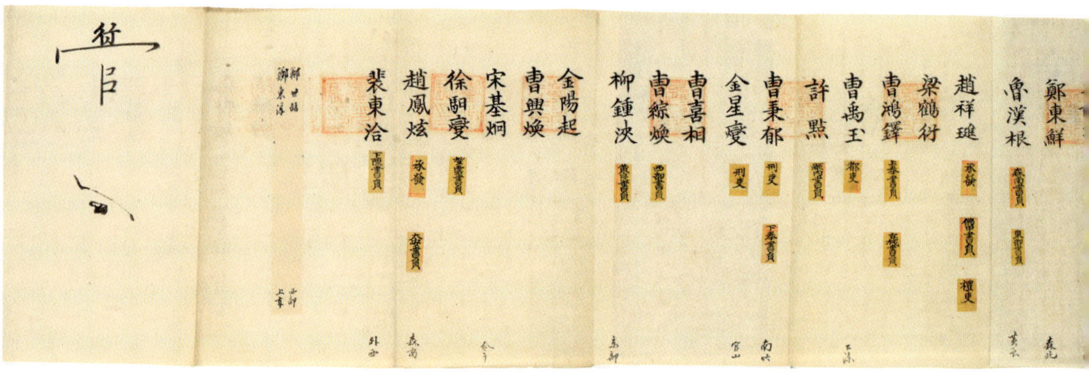

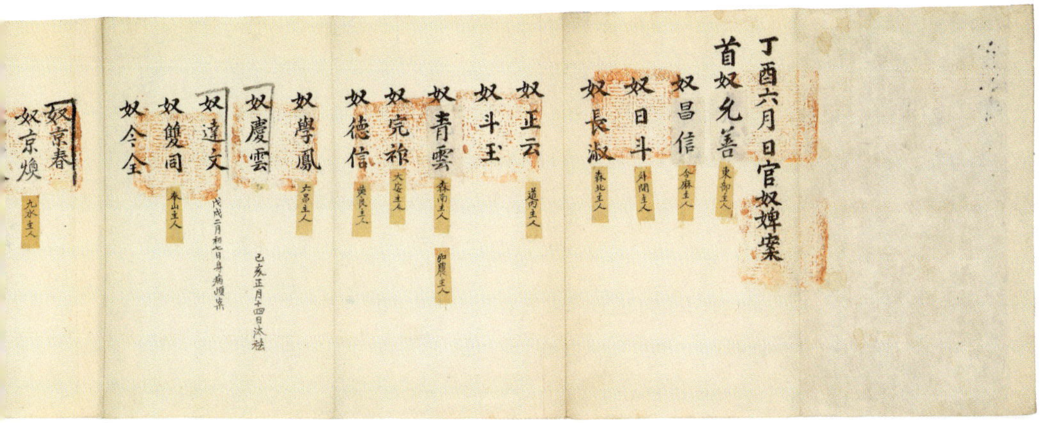

관노비안官奴婢案

List of slaves

신태관이 영광군수(靈光郡守)였을 당시 관아에서 부리고 있는 노비들의 명단. 수노(首奴) 윤선(允善) 이하 16명, 방자(房子) 5명, 수급비(水汲婢) 5명의 명단이 수록되어 있다. 관련 지역의 사회상을 이해하는 데 그 사료적 가치가 높은 것으로 평가된다.

1897년(정유)

필사본 | 33.5×20(펼친면197)㎝

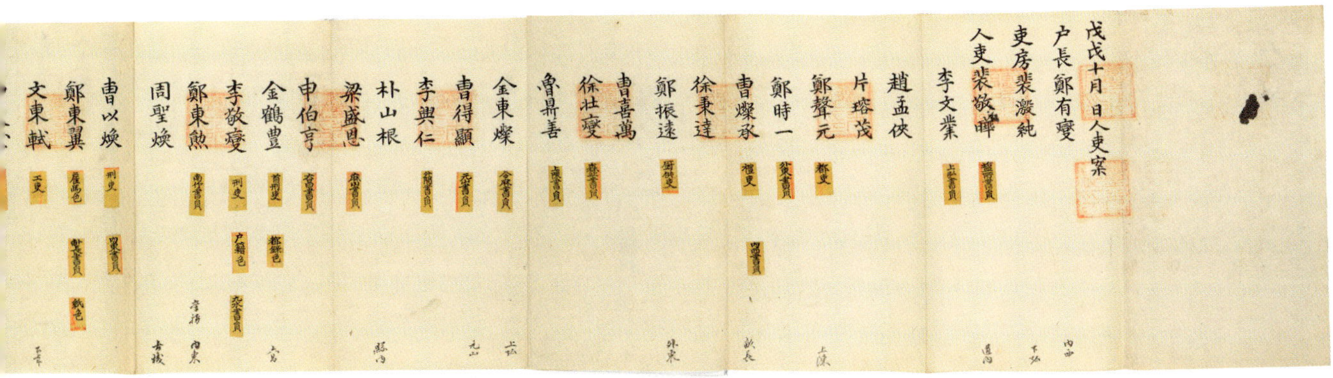

인리안人吏案

List of petty officials

신태관이 영광군수(靈光郡守)였을 당시 관리가 작성해서 보고한 아전들의 명단. 호장(戶長) 정유섭(鄭有燮), 이방(吏房) 배격순(裵激純) 이외 인리(人吏) 50명의 명단과 그들의 직무가 기록되어 있다. '영광군인(靈光郡印)'이라는 인장이 곳곳에 찍혀 있고 맨 끝에는 보고자의 수결이 있다.

1898년(무술)

필사본 | 28×16(펼친면 : 226)㎝

유당공간의留堂公簡意
Collection of Yudang's Public Letters

유당 신태관의 간찰 모음집.
부친이 안동(安東)과 영광(靈光)에 재임할 당시에 보내온 3첩 72장에 달하는 간찰을 그의 아들 신정균이 연차별로 모아 정리해 놓은 간찰첩(簡札帖).

1880년~1900년
필사본, 3책 | 35.7×22.5㎝

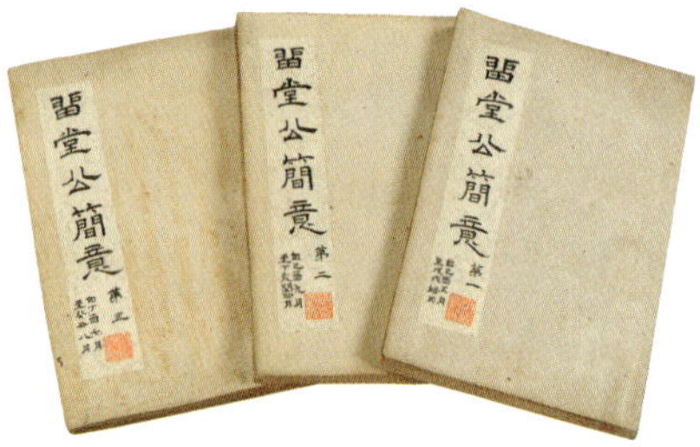

정사초안政事草案
Records of State Affairs

고종 10년 계유(1873, 동치 12) 7월 10일(병진)에 정사(政事)한 내용을 초록한 것.
『승정원일기』에 기사 내용이 기록되어 있다.

1873년
필사본 | 20×162㎝

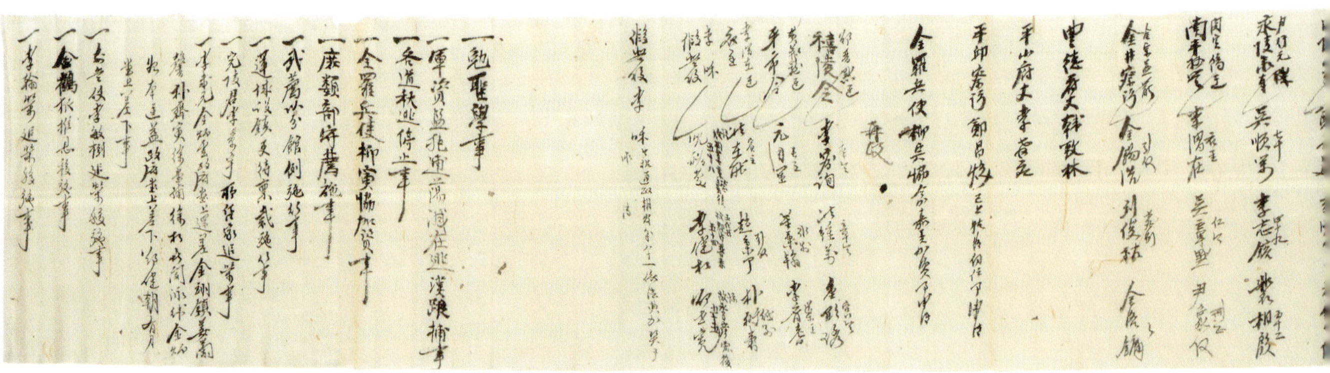

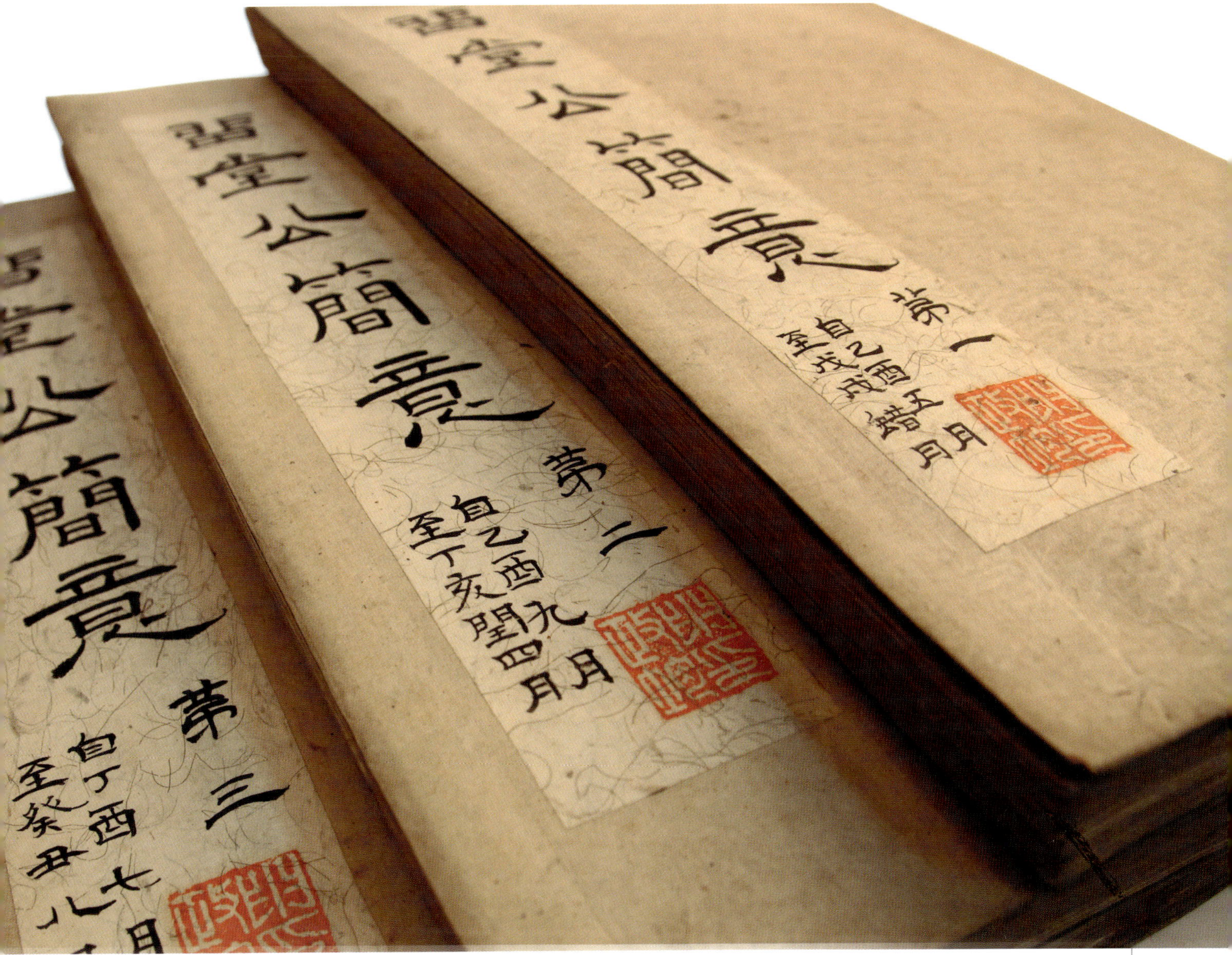

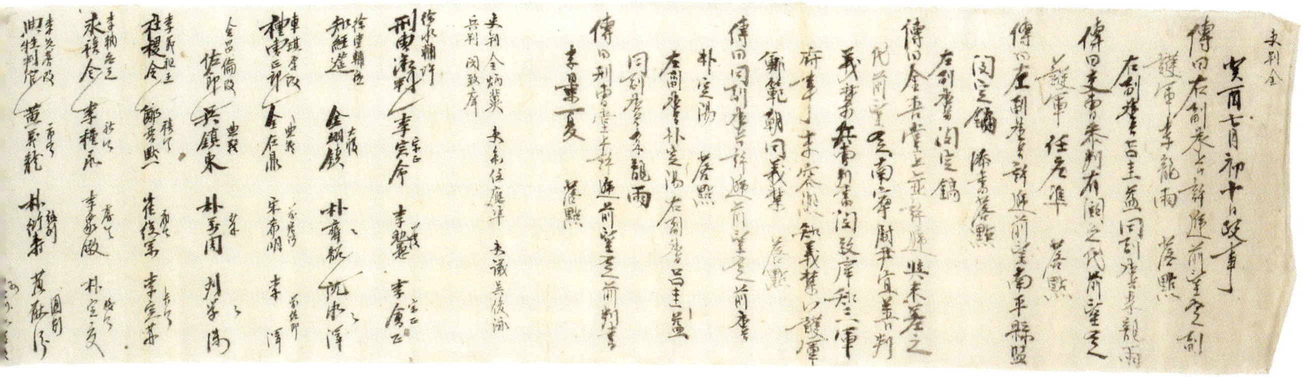

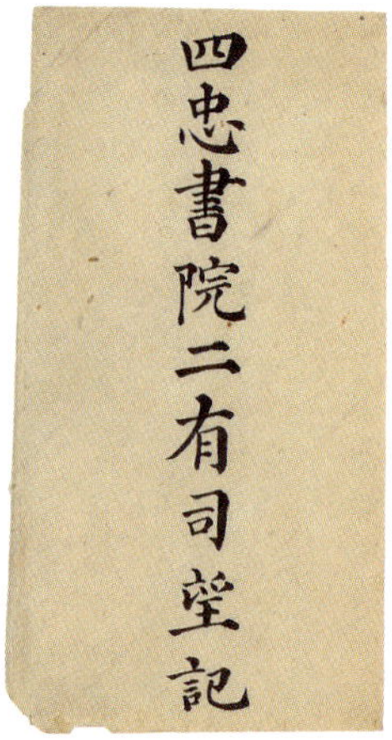
四忠書院二有司望記

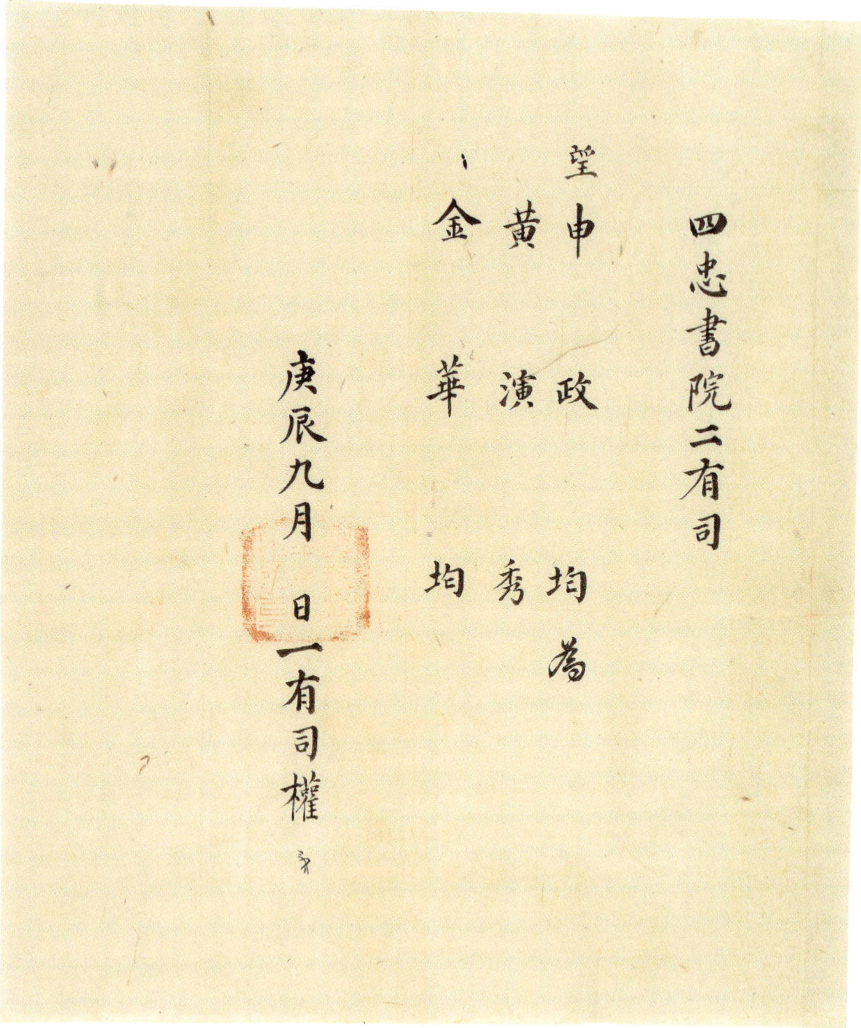
四忠書院二有司
望 申政均 爲
黃演秀
金華均
庚辰九月 日
有司權

망기望記

Appointment Letter

유당 신태관을 사충서원(四忠書院)의 이유사(二有司)로 위촉한 위촉장

1880년(고종17, 경진) 9월
필사본 | 봉투 25.5×13.5㎝
내지 61×52㎝

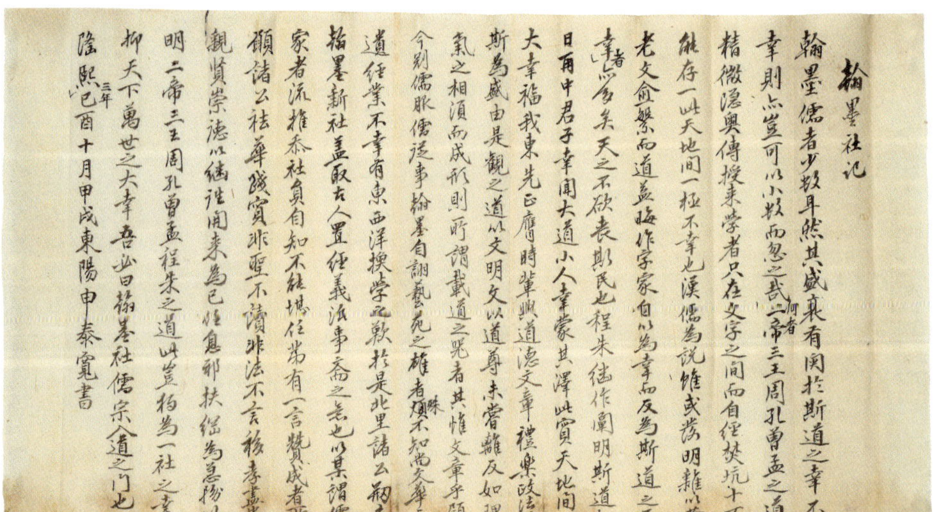
翰墨社記
...
隆熙三年己酉十月甲戌東陽申泰寬書

한묵사기

Record of Hanmuk Society

유당이 71세 때 직접 짓고 쓴 친필. 한묵사(翰墨社)의 창립에 대한 취지를 설명한 글이다.

1909년
필사본 | 24×45㎝

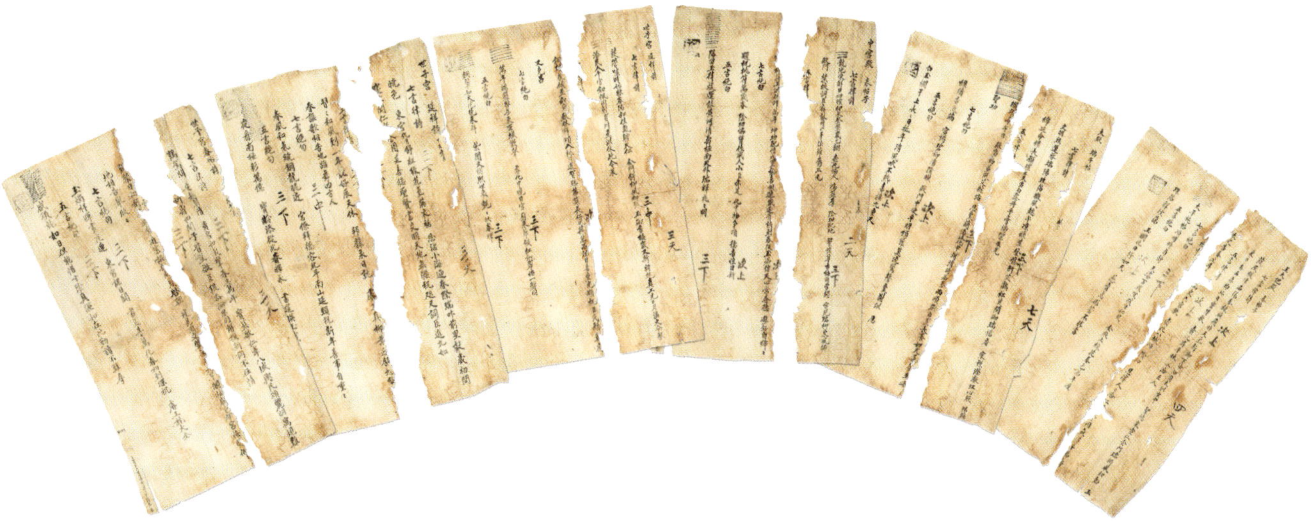

수연시壽宴詩
Poem for an Elder's Birthday Feast

왕실의 축하연에 신정균이 쓴 수연시. 왕대비전, 대전, 중궁전, 세자궁을 축하한 것으로, 신정균이 병조정랑, 춘추관 기주관, 부사관 등의 직책에 있을 때 올린 것이다.

1800년대 말
紙本墨書 | 59×94㎝

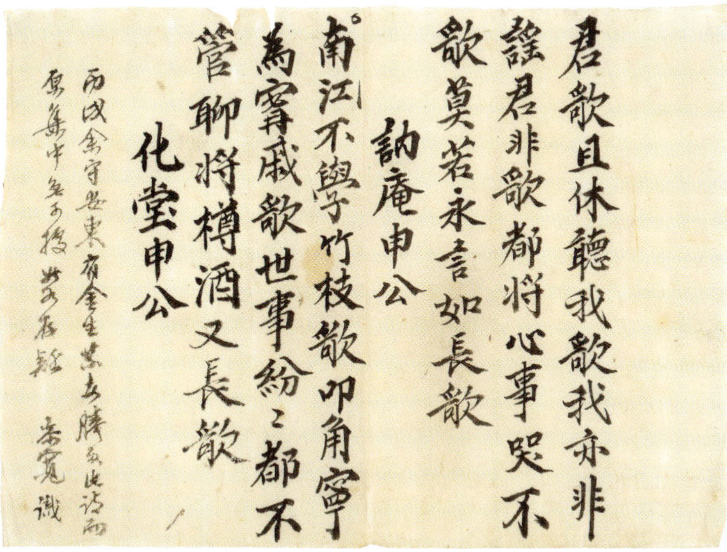

君歌且休聽我歌我亦非
詮君非歌都將心事哭不
歌莫若永言如長歌
訥庵申公
南江不學竹枝歌叩角寧
爲窮戚歌世事紛紛都不
管聊將樽酒又長歌
化堂申公

수연시권壽宴詩卷
Scroll of Poems for an Elder's Birthday Feast

신태관이 직접 친필로 쓴 수연시. 문집에 내용이 없어서 메모를 해둔다는 글이 주석되어 있다.

연대 미상
필사본

1.4 생을 정리하다.

Oder One's Life

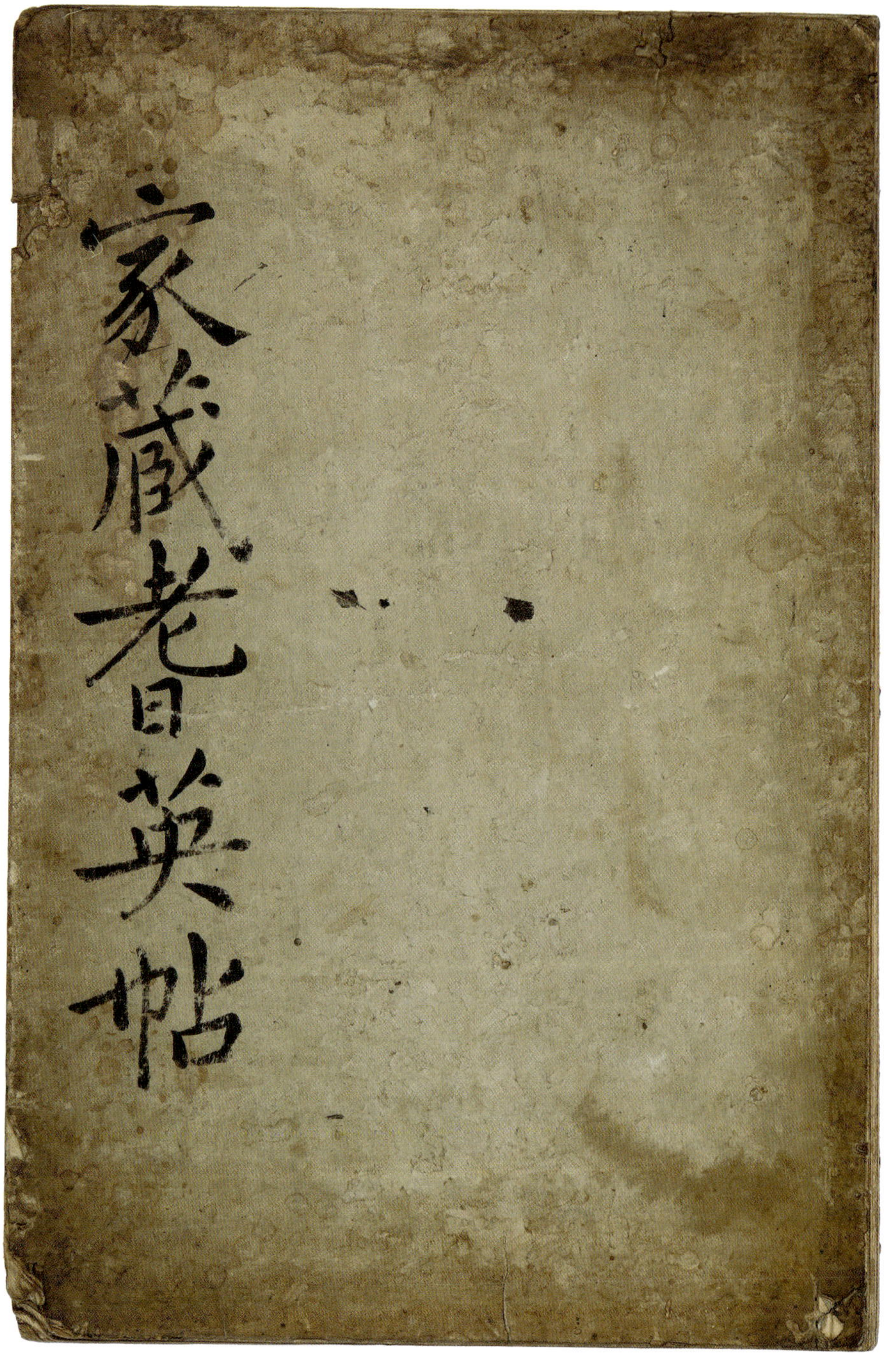

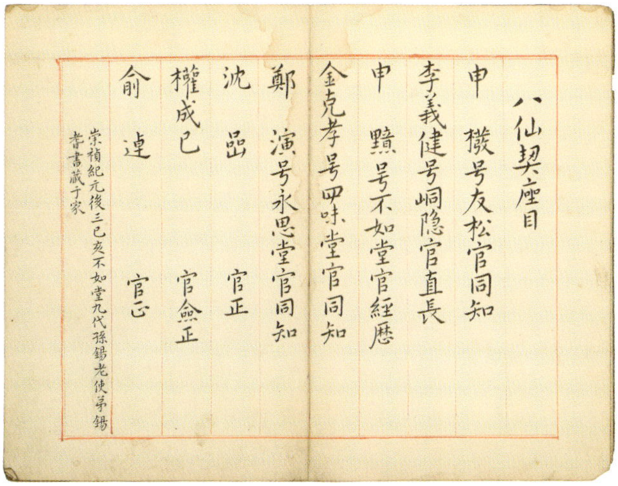

八仙契座目

申 檵 号友松 官同知

李義健 号峒隱 官直長

申 黯 号不如堂 官經歷

金克孝 号四味堂 官同知

鄭 演 号永思堂 官同知

沈 岊 官正

權成已 官僉正

俞 逵 官正

崇禎紀元後三己亥不如堂九代孫錫老使弟錫耆書藏于家

팔선계
八仙契

가장기영첩 家藏耆英帖
Record of Elderly Scholar Officials

평산신씨 신암(申黯, 1537~1616)이 참여한 팔선계(八仙契)와 구로회(九老會), 그 아들 신민일(申敏一, 1576~1650)이 조직한 속구로회(續九老會) 등 세 종류의 기영회(耆英會)와 관련된 기록을 모아놓은 계첩이다. 세 종류의 기영회를 열 때마다 참석자의 수만큼 계첩을 만들어 나누어가졌다. 그러나 현재 원본은 전하지 않고, 당시의 원본에 실린 그림과 기록을 19세기에 새롭게 모사(模寫) 및 필사(筆寫)하여 꾸민 것이 이 기영회첩이다. 첩 안에는 각 모임의 좌목과 장면을 그린 그림, 부록과 회약(會約), 시(詩)와 찬문(讚文) 등이 실려 있다. 세 종류의 기영회 가운데 팔선계는 약 1610년을 전후하여 결성되었으나, 1614년에는 구로회로 이름을 바꾸었다. 이 두 모임에 신암이 모두 참여하였다. 팔선계에 참여한 8명의 문사들 가운데 신벌(申檵, 1523~1616), 이의건(李義健, 1533~1621), 신암(申黯, 1537~1616), 김극효(金克孝, 1542~1618), 정연(鄭演, 1572~1633) 등 5명은 구로회에도 함께 참여하였다. 이들을 포함한 9명은 성혼(成渾, 1535~1598), 정철(鄭澈, 1536~1593) 등과도 친밀히 교유한 서인계(西人係) 인물에 속한다. 이들의 거주지는 대부분 백악산 아래의 명통방(明通坊)과 인왕산 자락의 장동(壯洞) 일대였으며, 구성원들의 집을 번갈아 방문하며 모임을 가졌다. 이후 1646년(인조 24)에 신암의 아들 신민일이 선대(先代)의 구로회를 계승하여 속구로회를 조직하여 운영하였다. 내용 중에 이민보(李敏輔, 1720~1799)의 글이 있다. 이 기영회첩은 유일본으로 신암과 신민일이 교유한 문사들의 범위와 아취를 추구한 그들의 교유 형태를 파악할 수 있는 귀중한 자료이다. 숭정기원후 3번째 기해년(1779년)에 불여당의 9대손 신석로(申錫老: 1753년生)가 동생 신석기(申錫耆)로 하여금 써서 집에 보관토록 하였다.

1779년
필사본, 1책 | 25×37.8㎝

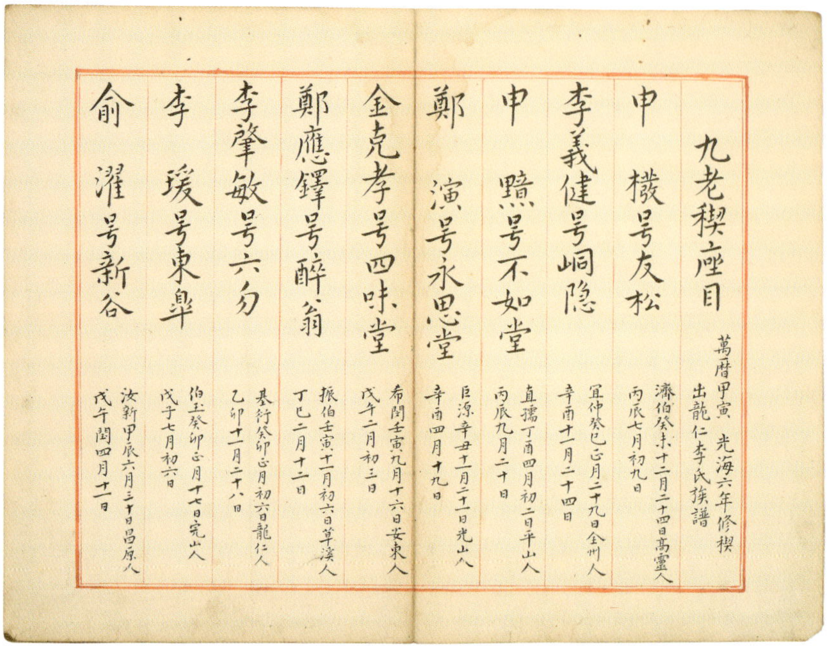
九老禊座目

萬曆甲寅 光海六年修禊 出龍仁李氏族譜

申 檆 号友松 濟伯癸未十二月二十四日高靈人 丙辰七月初九日

李義健 号峒隠 宜仲癸巳正月二十九日全州人 辛酉十一月二十四日

申 黷 号不如堂 直孺丁酉四月初二日平山人 丙辰九月二十日

鄭 演 号永思堂 巨源辛丑十一月二十一日光山人 辛酉四月十九日

金克孝 号四味堂 希閔壬寅九月十六日安東人 戊午二月初三日

鄭應鐸 号醉翁 振伯壬寅十一月初六日草溪人 丁巳二月十二日

李肇敏 号六勿 基衍癸卯正月初六日龍仁人 乙卯十一月二十八日

李 瑗 号東皐 伯玉癸卯正月十七日完山人 戊子七月初六日

俞 濯 号新谷 汝新甲辰六月三十日昌原人 戊午閏四月十一日

구로회
九老會

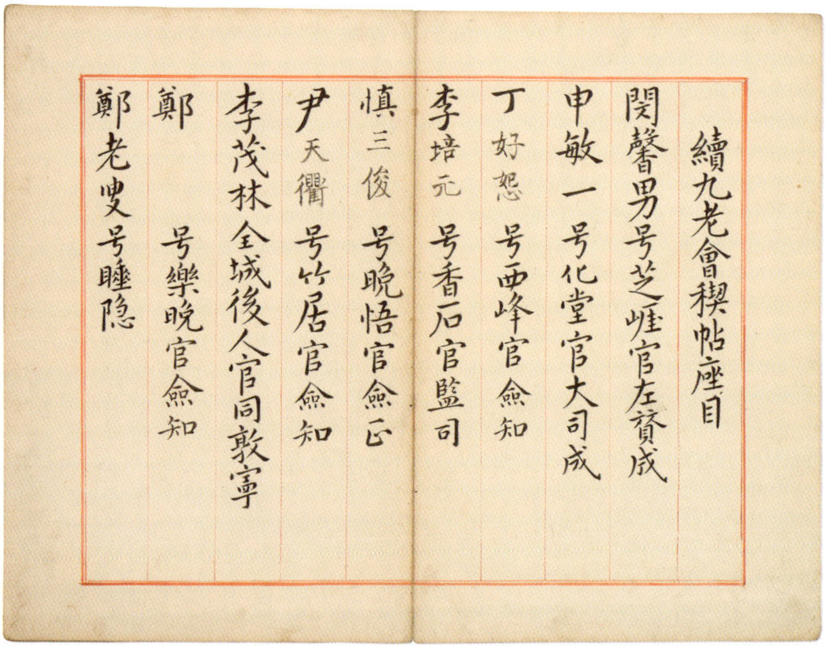

續九老會稧帖座目

閔馨男 号芝崖 官左贊成

申敏一 号化堂 官大司成

丁好恕 号西峰 官僉知

李培元 号香石 官監司

愼三俊 号晩悟 官僉正

尹天衢 号竹居 官僉知

李茂林 全城後人 官同敦寧

鄭 号樂晩 官僉知

鄭老叟 号睡隱

속구로회
續九老會

동양신씨조차산수도東陽申氏兆次山水圖

The Picture of the Ancestral Tombs of Shin Family of Dongyang

황해도 평산을 본관으로 하는 평산신씨(平山申氏) 주요 인물의 묘역과 유적지를 그려 판각한 도첩이다. '조차(兆次)'는 묘역을 뜻하며, '조차산수도'란 '묘도(墓圖)'를 말한다. 목판으로 판각한 판심에 '平山申氏系譜', '墓圖'라 새겨져 있어, 세보(世譜)를 만들 때 제작한 묘도를 별도로 묶은 첩임을 알 수 있다. 모두 23점의 그림이 들어가 있다. 맨 앞에는 평산신씨의 시조인 고려 개국공신 신숭겸(申崇謙)의 탄생지(전남 곡성), 묘역(강원도 춘천), 사당(祠堂)이 있던 터(황해도 평산) 등의 지세와 풍수적 요건을 도해(圖解)하여 실었다. 신숭겸의 탄생지와 사당 터 그림을 제외하면, 모두 묘도이다. 각 묘도의 우측 상단에는 소재지와 거리, 좌측 상단에는 묘역의 방향이나 풍수적 특징을 간략히 기록했다. 묘도는 무덤 주변의 풍수적 지세를 검은색 능선으로 그리는 전통적인 산도(山圖)의 형식을 취했으나 해당 묘역의 주변에 선후대의 여러 무덤이 있을 경우는 선묘 위주로 자세하게 표현했다. 전반적으로 후대로 내려가는 인물일수록 주변의 여러 묘역을 함께 그려야 했기에 묘역의 위치가 복잡해지는 경향을 보인다. 문희공(文僖公) 신개(申槩)의 경우만 부인 채씨(蔡氏)의 묘도를 그려 넣었다. 시조 신숭겸과 채씨의 묘도를 제외하면, 모두 19점의 묘도가 실려 있다. 이 가운데 새로운 파조(派祖)를 이룬 사간공(思簡公) 신호(申浩) 등 7명의 묘도가 포함되어 있다. 가장 마지막에 수록된 인물은 묵치공(默癡公) 신명규(申命圭, 1630~1688)이다. 1873년(고종10)에 완성된 『평산신씨세보(平山申氏世譜)』 중 수편(首偏)에 새겨진 13점의 묘도와 갑편(甲偏)에 있는 10점의 묘도와 동일한 그림이다. 따라서 19세기 이후에 제작한 평산신씨 세보에 수록하기 위해 제작한 묘도로 추정된다.

1873년 이후
그림[紙本墨圖] | 33×21㎝

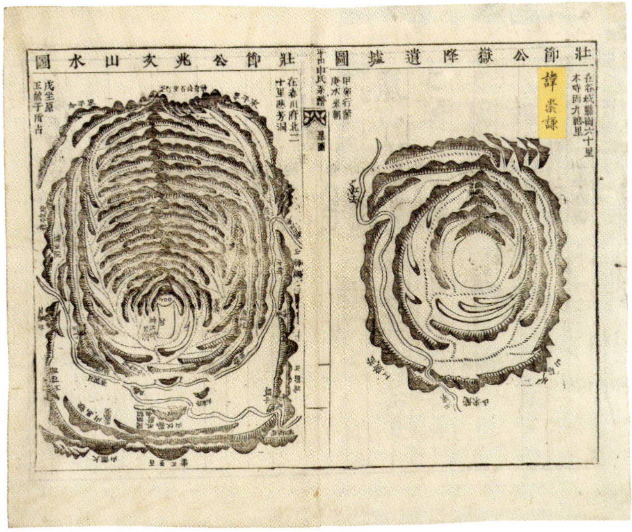

시조 신숭겸(927년 졸) 묘도

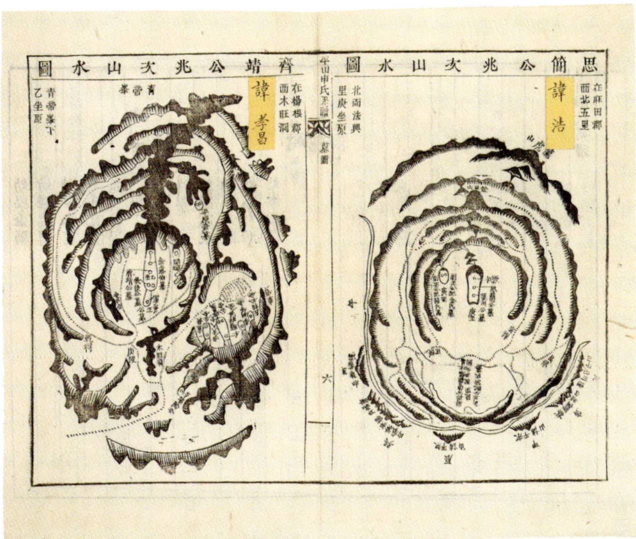

사당공 신호(1432년 졸) 묘도

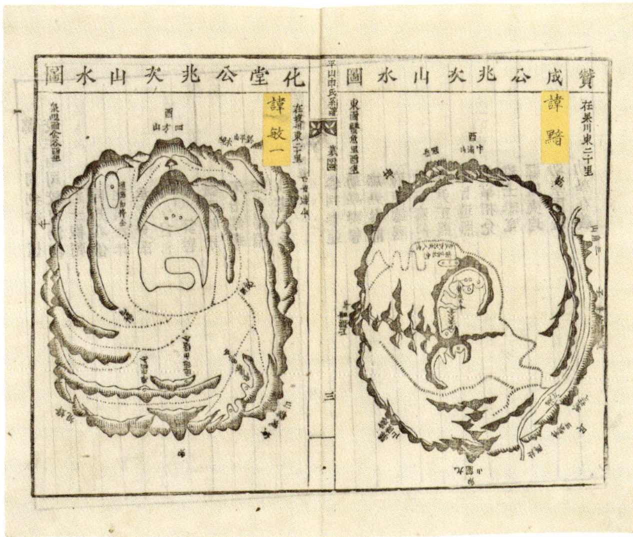

화당공 신민일(1576~1650) 묘도

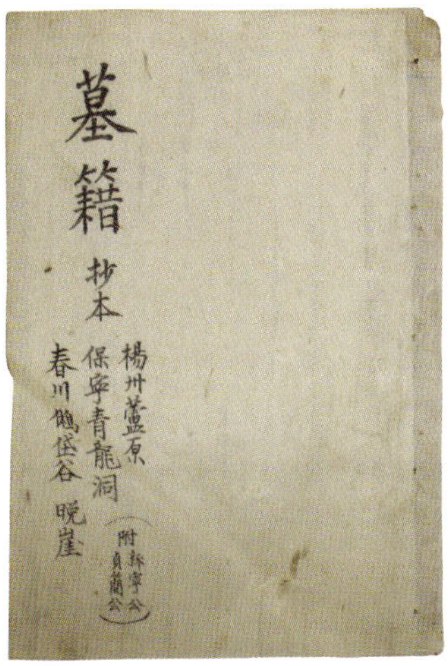

묘적초본墓籍抄本

Register for the ancestral tombs of Shin Family of Pyeongshan

평산신씨 선조들의 묘적 관련 모음집

1800년대 추정

필사본 | 22×15㎝

찬성공 신암 묘도

동양가승東陽家乘

Dongyanggaseung: Collection of Writings of and about the Ancestors of Shin Family of Pyeongshan

평산신씨의 시조(始祖)인 장절공(壯節公) 신숭겸(申崇謙)으로부터 누대(累代)에 걸쳐 30여 명에 달하는 현저(顯著)한 조상과 관련된 행장(行狀), 묘표(墓表), 만사(輓詞), 시문(詩文) 등을 기록해 놓은 책. 『박씨숭혜록(朴氏崇惠錄)』과 유사한 체재(體裁)에 따라 계유년 1873년에 엮은 것이다. 동양(東陽)은 평산(平山)의 옛 이름이다.

1873년
필사본, 6책 | 31×21㎝

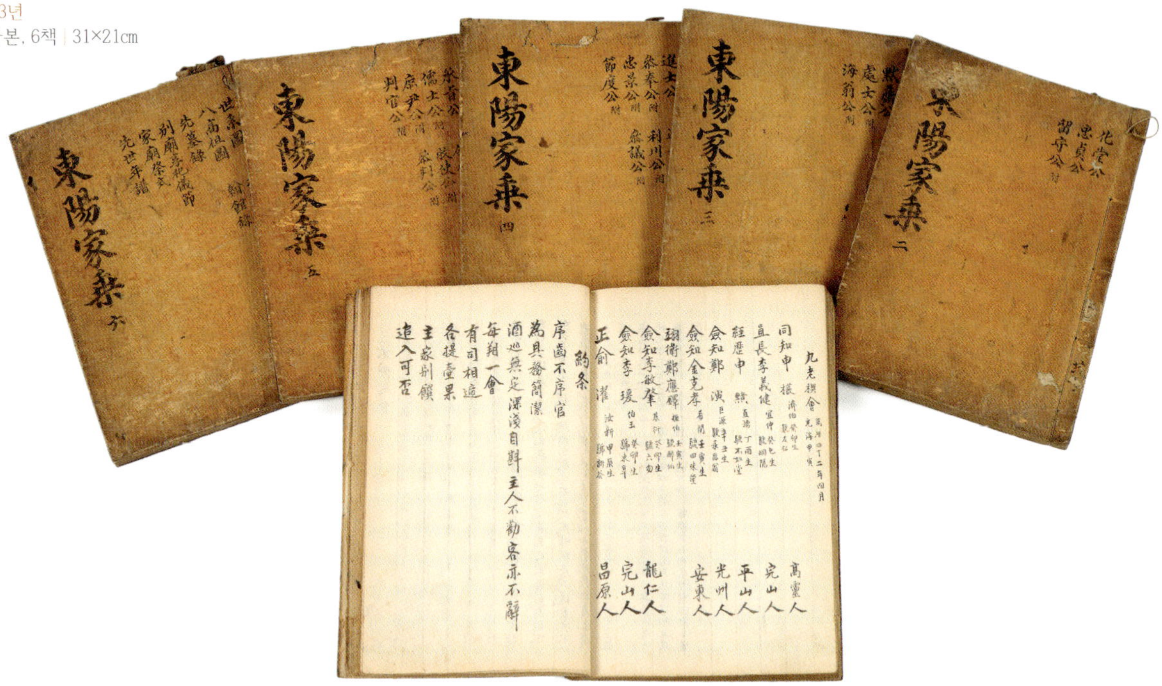

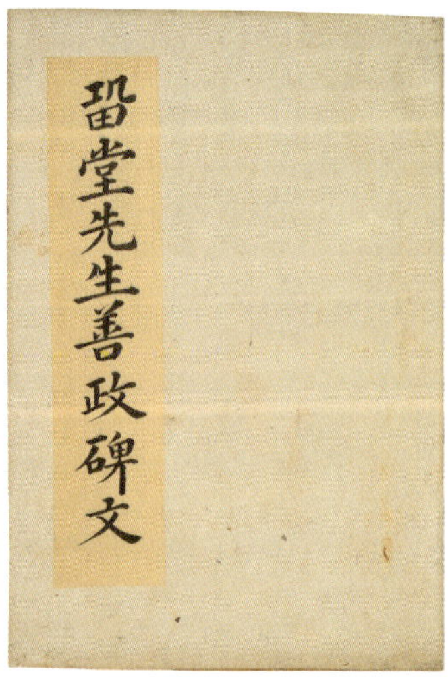

유당선생선정비문
(신태관:1839~1913)

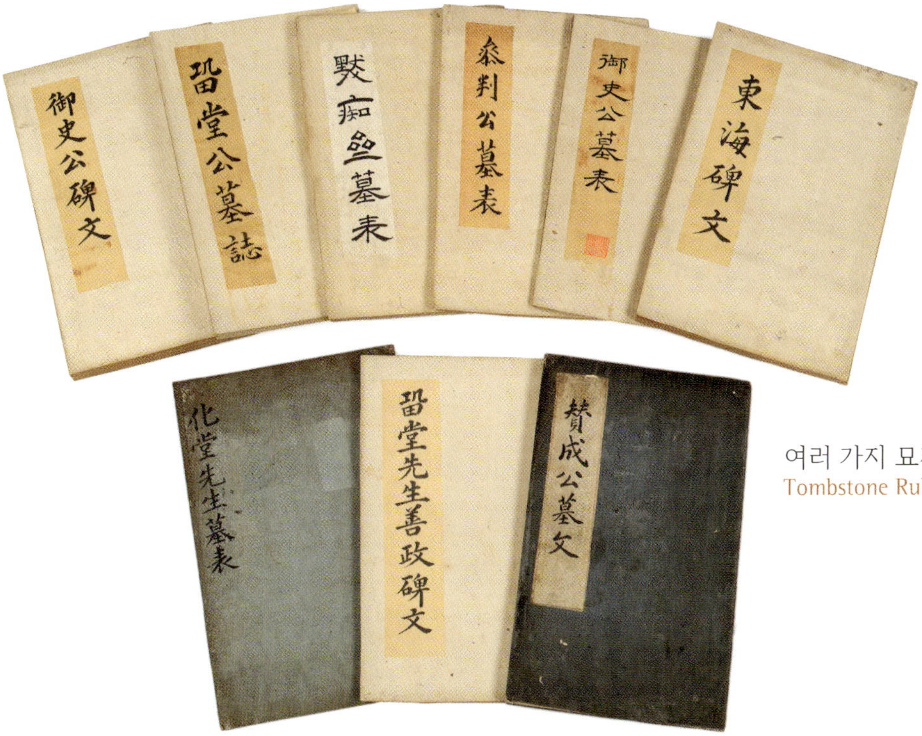

여러 가지 묘지 탁본
Tombstone Rubbing

어사공비문	유당공묘지	묵치공묘표	참판공묘표	어사공묘표	동해비문	화당선생묘표	유당선생선정비문	찬성공묘문
신군평	신태관	신묵	신구	신군평		신민일	신태관	신암
34.5×23㎝	34.5×23㎝	34.5×22.5㎝	34×22.5㎝	33.5×22.5㎝	34.8×23㎝	35×23㎝	34×23㎝	35×23㎝

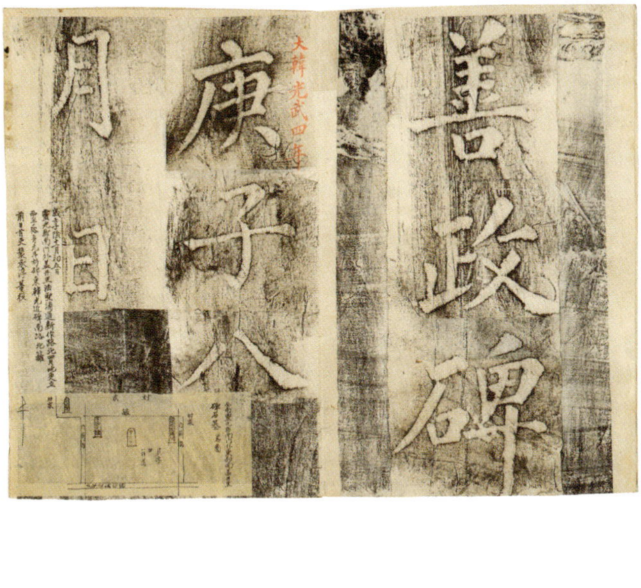

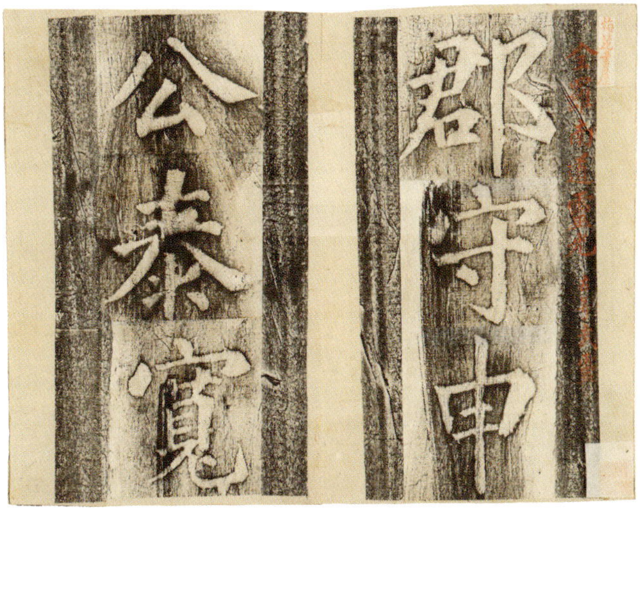

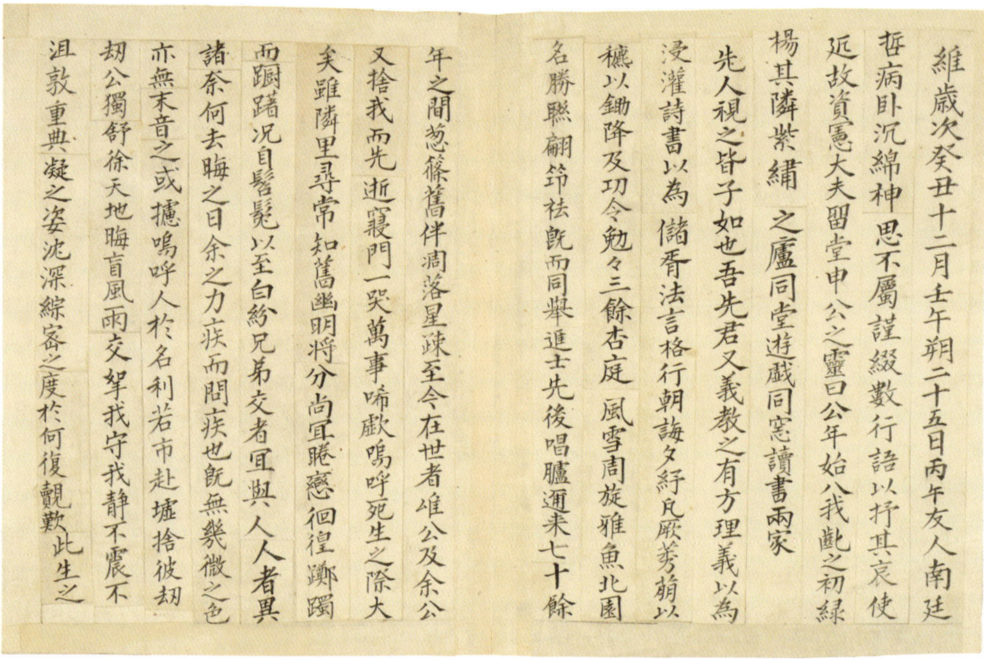
維歲次癸丑十二月壬午朔二十五日丙午友人南廷
哲病卧沉綿神思不屬謹綴數行語以抒其哀使
延故資憲大夫留堂申公之靈曰公年始八我齔之初綠
揚其隣紫繡之廬同堂遊戲同窓讀書兩家
先人視之皆子如也吾先君又義敎之有方理義以爲
浸灌詩書以爲儲胥法言格行朝誨夕紓凡厥菁萌以
穮以鋤降及功令勉々三餘杏庭風雪周旋雅魚北園
名勝聯翩節袪旣而同擧進士先後唱臚邇來七十餘
年之間怱篠舊伴凋落星疎至今在世者唯公及余公
又捨我而先逝寢門一哭萬事唏歔嗚呼死生之際大
矣雖隣里尋常知舊幽明將分尙宜睠戀徊徨躑躅
而踟躕況自髫髮以至白紛兄弟交者宜與人人者異
諸奈何去晦之日余之力疾而問疾也旣無幾微之色
亦無末音之惑攄嗚呼人於名利若市赴墟捨彼刼
刼公獨舒徐天地晦盲風雨交挐我守我靜不震不
沮敦重典凝之姿沈深綜密之度於何復覿歎此生之

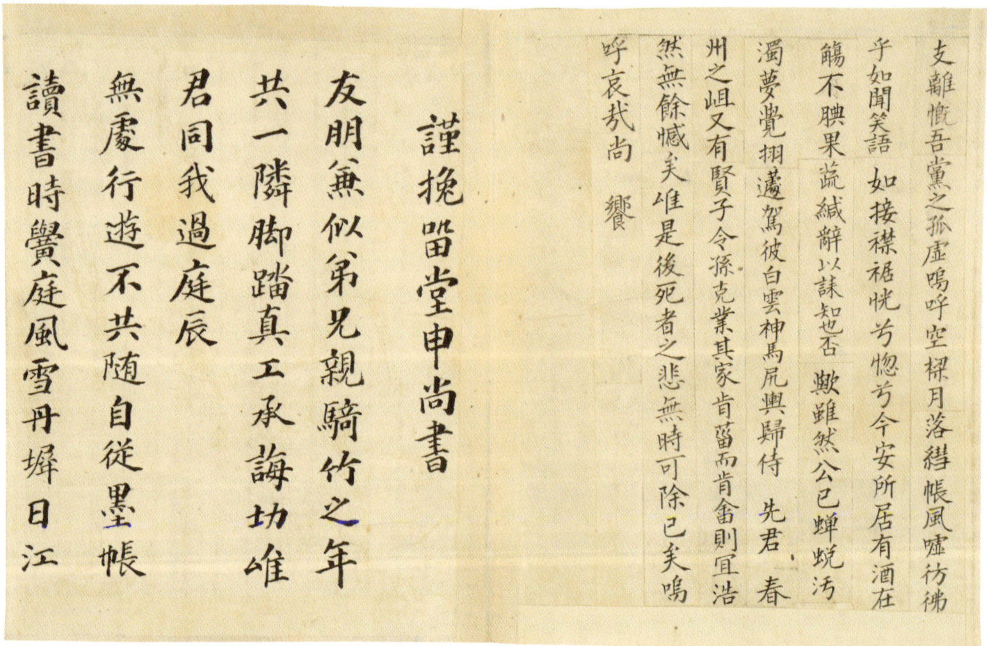
支離慨吾黨之孤虛嗚呼空樑月落繐帳風噓彷彿
乎如聞笑語如接襟裾恍兮惚兮今安所居有酒在
觴不腆果蔬緘辭以誄知也否歟雖然公已蟬蛻汚
濁夢覺翔遠駕彼白雲神馬尻輿歸侍先君春
州之岨又有賢子令孫克業其家肯菑而肯畬則宜浩
然無餘憾矣唯是後死者之悲無時可除已矣嗚
呼哀哉尙饗

謹挽留堂申尙書
友朋無似弟兄親騎竹之年
共一隣脚踏眞工承誨功唯
君同我過庭辰
無處行遊不共隨自從墨帳
讀書時黌庭風雪丹墀日江

유당공 제문

Funeral Oration for Master Yudang

유당 신태관을 위한 제문과 만사(輓詞)를 적은 첩(帖).

1913년

필사본 | 26×21㎝

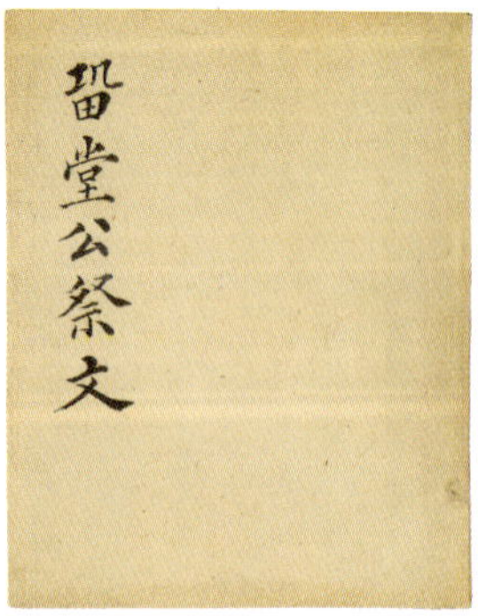

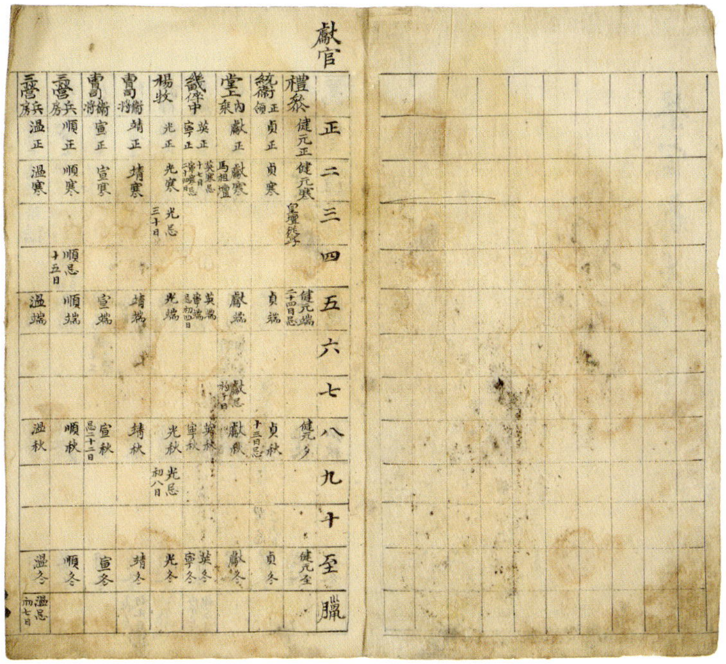

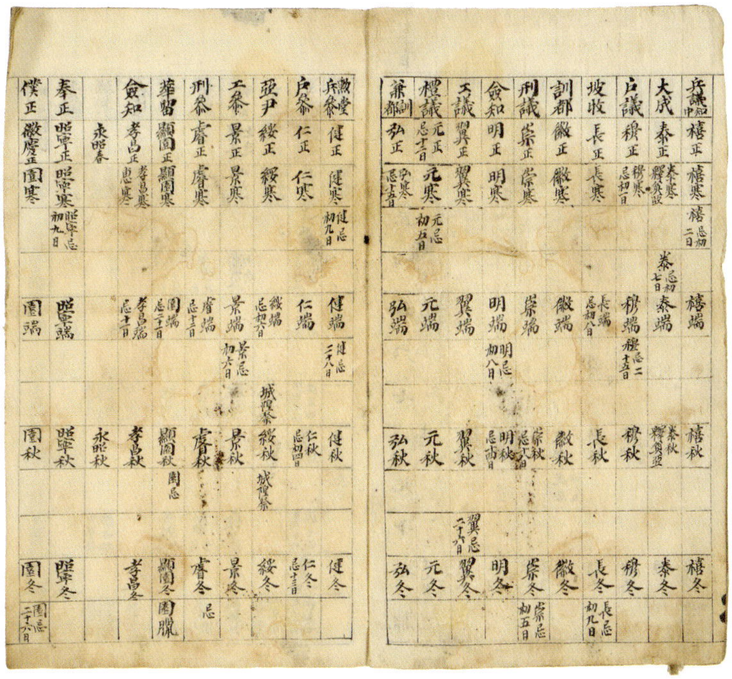

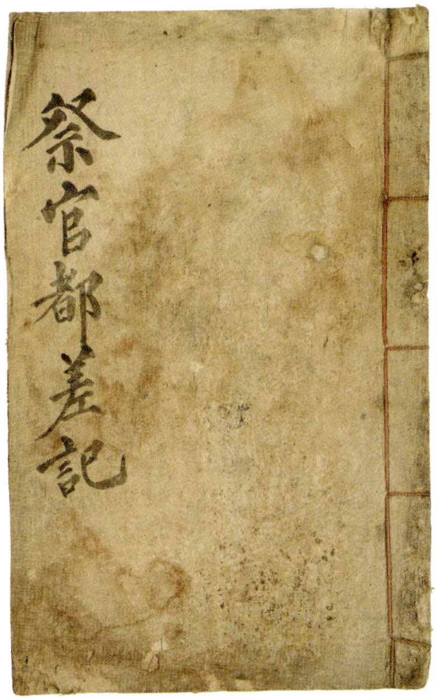

제관도차기祭官都差記

Record of Ancestral Rite Participants and Their Roles

제사 지낼 때 제관(祭官)들의 자리 배치와 명단 기록

연대 미상

필사본 | 31.5×20㎝

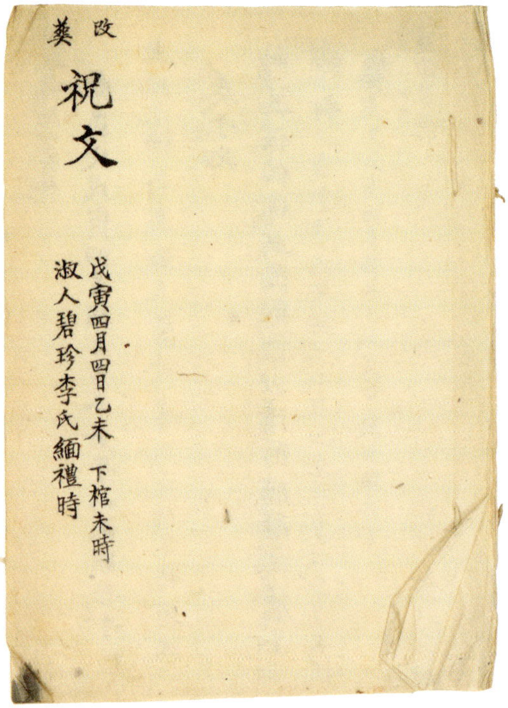

축문
숙인벽진이씨 면례시淑人碧珍李氏緬禮時
Written Prayer for Memorial Service

신태관의 손자 신현세(1882生)의 처 벽진이씨의 묘를 이장할 때 쓴 축문. "1938년(무인) 4월 4일 하관은 미시(未時)"라는 표기가 보인다.

1938년
필사본 | 26×20cm

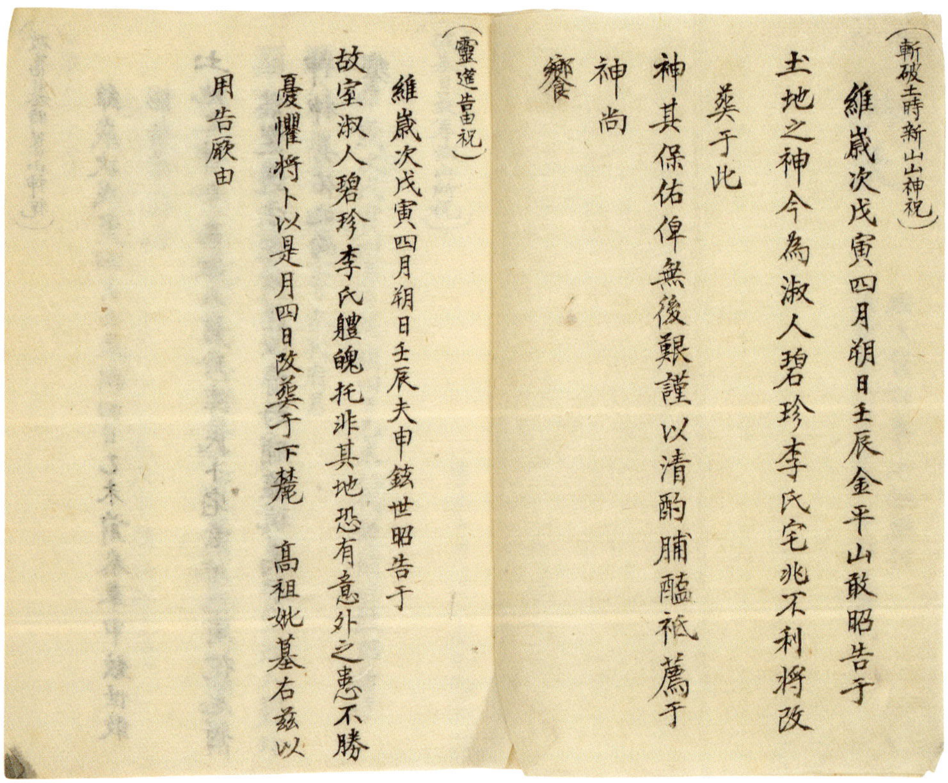

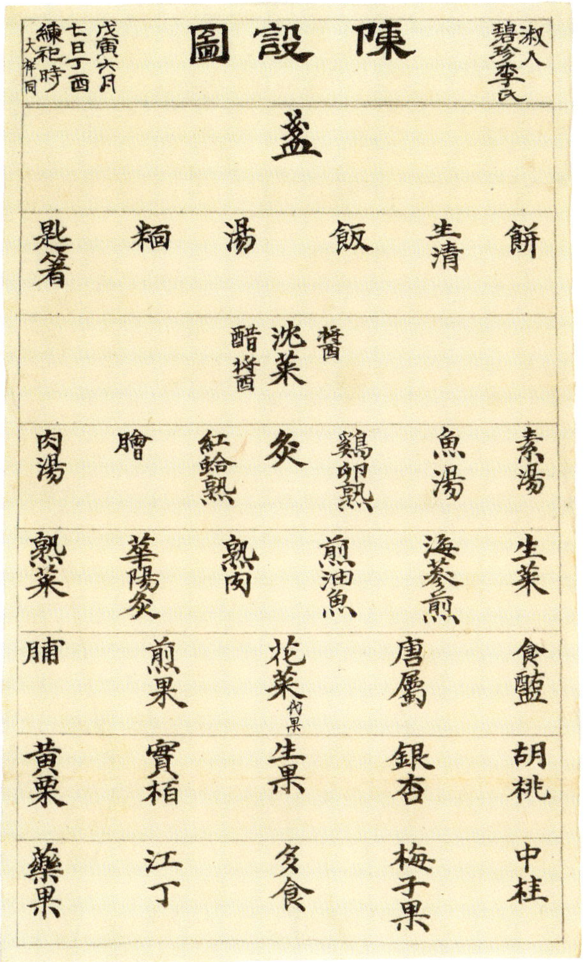

淑人 碧珍李氏

陳設圖

戊寅六月七日丁酉 練祀時 大祥同

盞

餠 生淸 飯 湯 麪 匙箸

醬 沈菜 醋醬

素湯 魚湯 鷄卵熟 炙 紅蛤熟 膾 肉湯

生菜 海蔘煎 煎油魚 熟肉 華陽炙 熟菜

食醢 唐屬 花菜(代果) 煎果 脯

胡桃 銀杏 生果 實栢 黃果

中桂 梅子果 多食 江丁 藥果

진설도陳設圖
벽진이씨연사시(大祥同)

Pictorial Record of the Funeral rite for Lady Yi of Byeokjin

신정균의 자 신현세의 처 벽진이씨의 연사(練祀:대상(大祥과 같음) 때 사용한 진설도.

*연사(練祀): 아버지가 살아 있을 때, 돌아가신 어머니의 한 돌 만에 지내는 소상(小祥)을 미리 당겨서 11개월 만에 지내는 제사(祭祀).

1900년대 초
필사본 | 30.5×18.5㎝

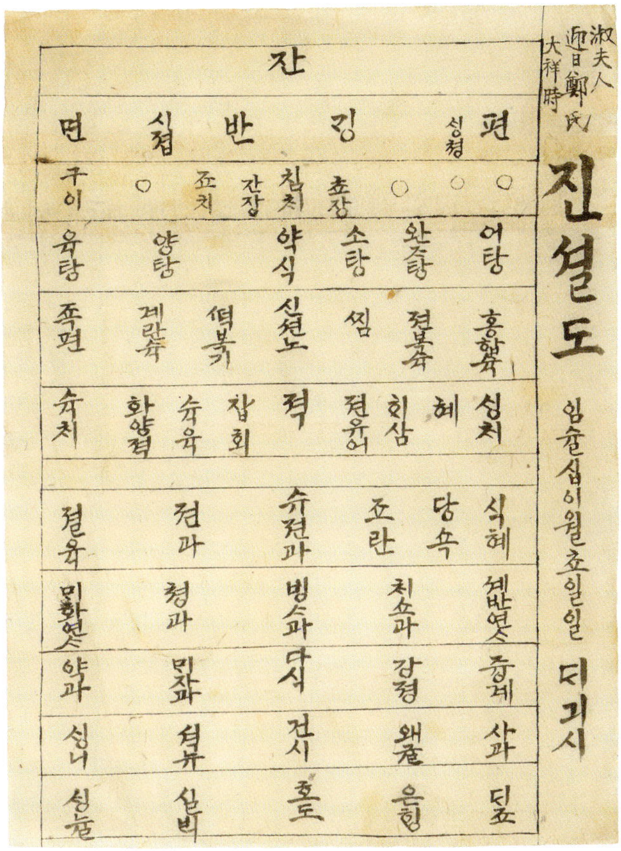

淑夫人 延日鄭氏 大祥時

진설도

잔

진설도陳設圖
숙부인영일정씨(대상시)

Pictorial Record of the Funeral rite for Sukbuyin Lady Jeong of Yeongyil

신정균의 처 숙부인(淑夫人) 연일정씨(延日鄭氏)의 대상 때 사용한 진설도. 한글로 되어 있다.

*진설도: 제사나 잔치 때, 법식에 따라 상 위에 음식을 배열한 그림

1900년대 초
필사본 | 26.8×20㎝

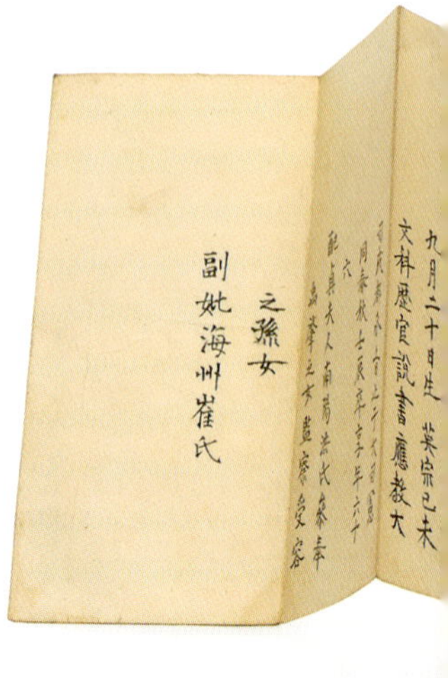

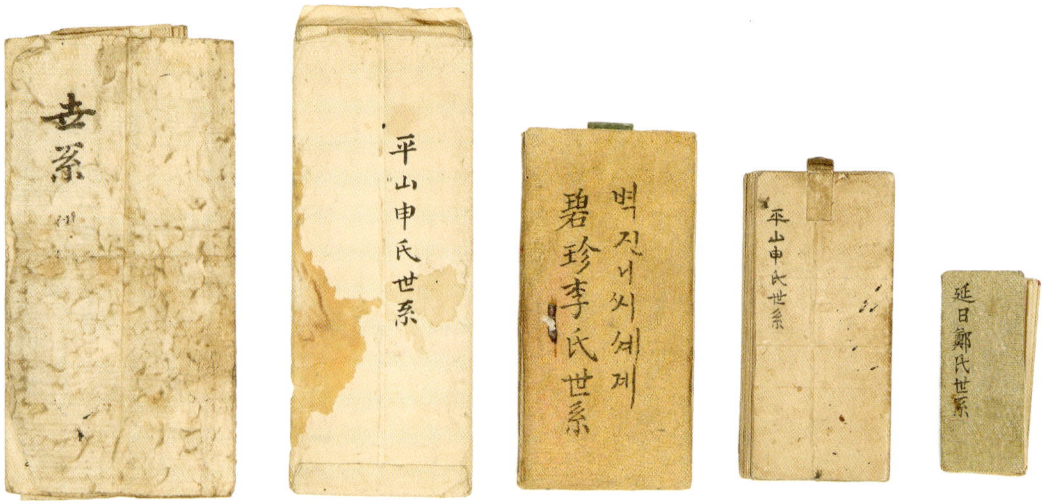

세계	평산신씨세계	벽진이씨세계	평산신씨세계, 휴대용 세보	연일정씨세계
국한문혼용의 신씨 세계		벽진이씨 집안 휴대용 세보		신정균의 처 연일정씨 집안 휴대용 세보
연대 미상	연대 미상	1900년대 초	1800년대 중후반 추정	1900년대 초
필사본 | 135×17㎝	필사본 | 봉투 18.6×7㎝ 내지 91×17.5㎝	필사본 | 6.7×13.5(펼친면142.5)㎝	필사본 | 11.5×6(펼친면229)㎝	필사본 | 3×7.5(펼친면 : 120)㎝

세계世系 선대의 세계를 일목요연하게 정리하여 쉽게 볼 수 있도록 한 것. 필사본

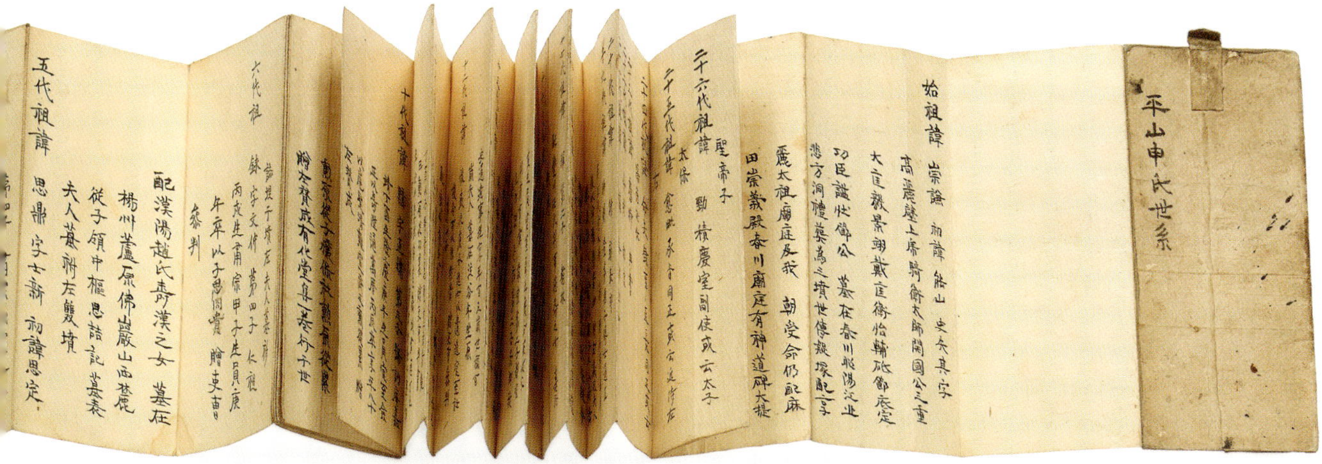

평산신씨세계平山申氏世系

the family lineage record of Shin family of Pyeongshan

시조 휘 숭겸(崇謙)부터 이하 27세손 휘 위(暐)까지 생몰(生沒) 연대와 묘소 위치, 그리고 배위(配位)까지 비교적 상세하게 기록한 휴대용 세계표.

1800년대 중후반 추정

필사본 | 6×11.5(펼친면229)㎝

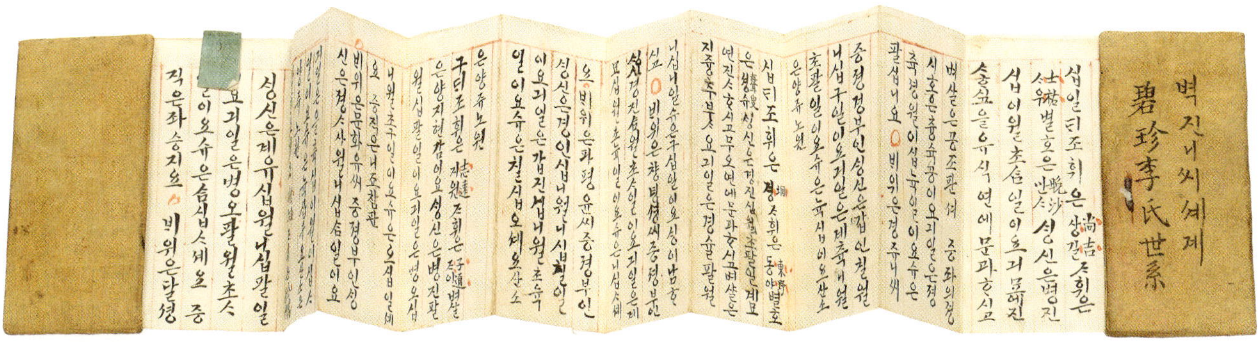

벽진이씨세계碧珍李氏世系

the family lineage record of Yi family of Byeokjin

신정균의 자 신현세의 처 벽진이씨 집안의 것으로 추정되는 휴대용 세보.

1900년대 초

필사본 | 13.5×6.7(펼친면142.5)㎝

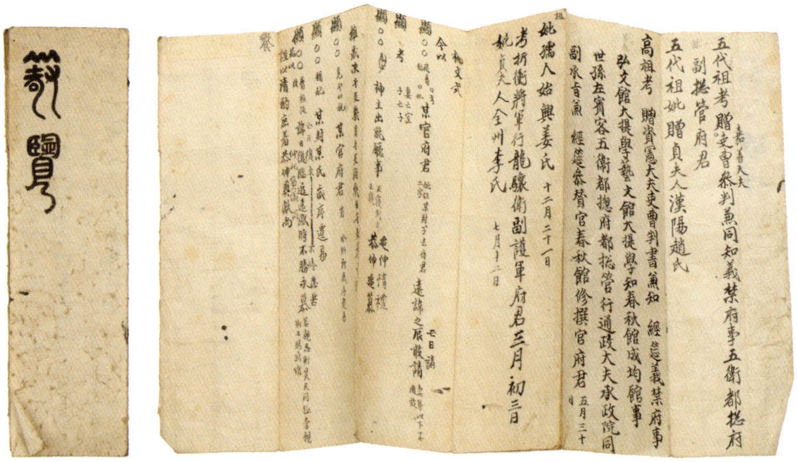

경람敬覽

record of the memorial days of ancestors

신태관의 부친 신석만(申錫萬:1802~1875)을 기점으로 선고(先考)인 재로(在魯:1764~1809)에서 5대조 구(銶:1646~1690)까지의 배위(配位)와 함께 기일(忌日)을 기록한 것.

1800년대 말

필사본 | 25×65.7㎝

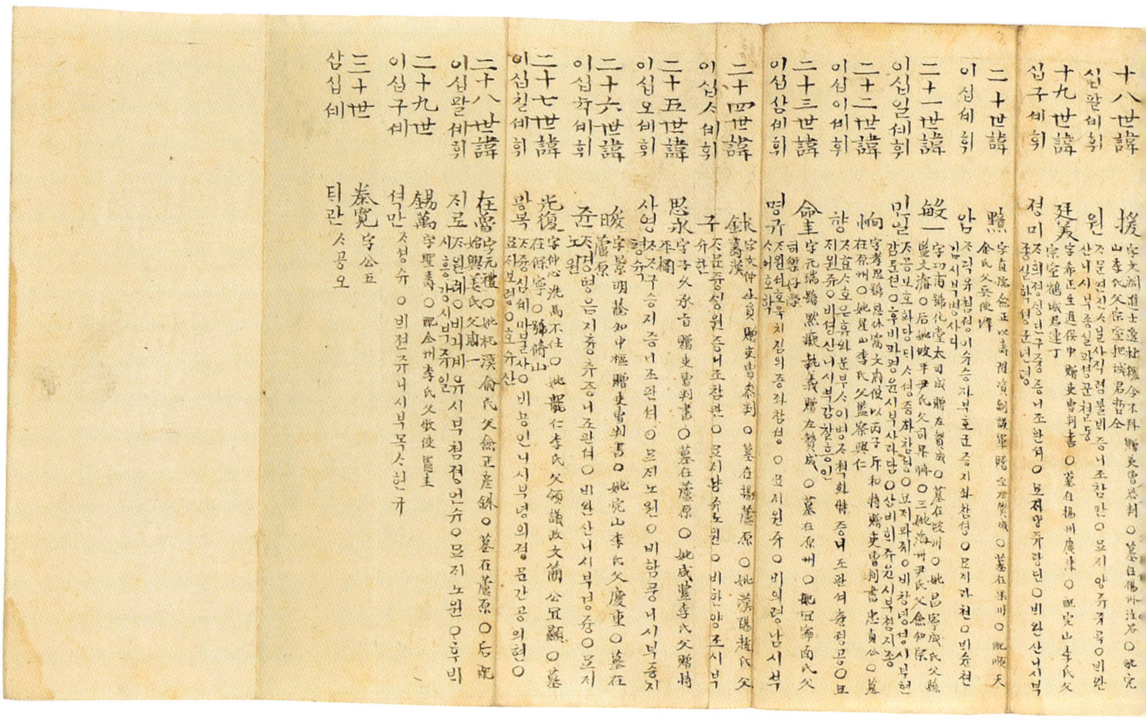

평산신씨세계平山申氏世系

the family lineage record of Shin family of Pyeongshan

평산신씨 시조 신숭겸부터 30세 신태관까지 생전의 직책, 묘터, 배위를 한자와 한글로 기록한 것.

연대 미상

필사본 | 봉투 7×18.6㎝
내지 17.5×91㎝

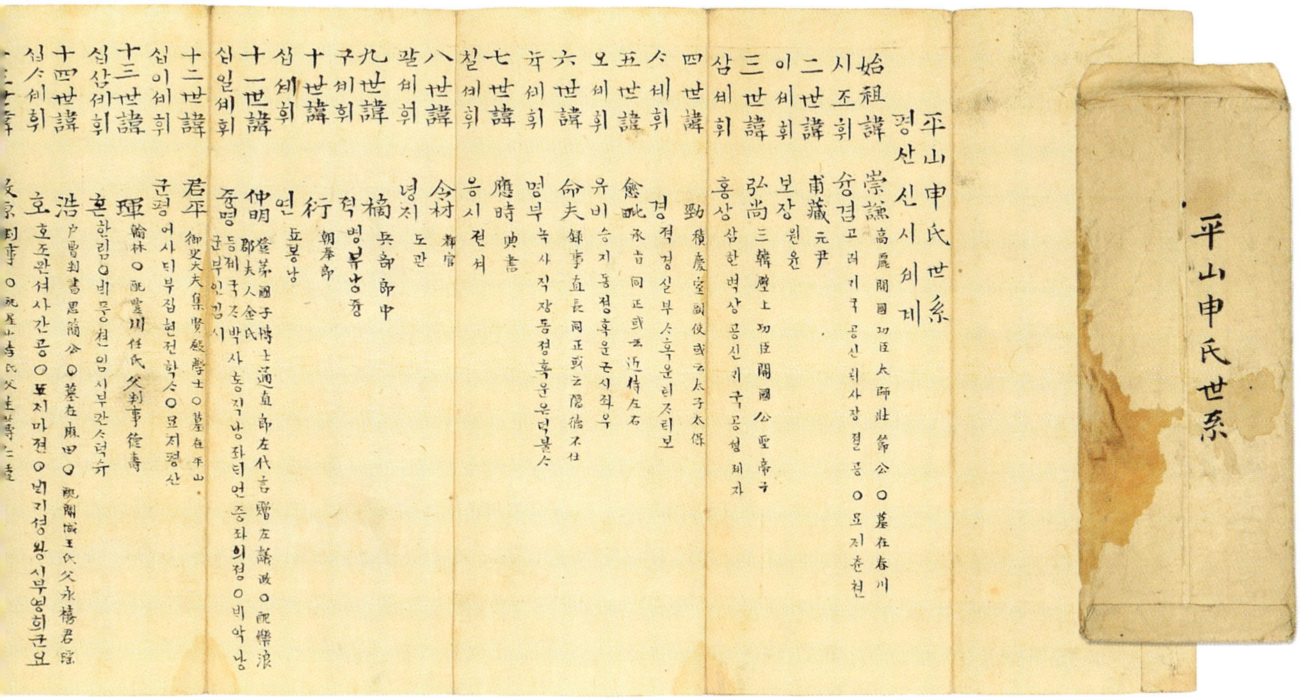

11대조 생신과 기일

The birthday and the memorial day of the 11 generation above great grand father

신태관의 아들 신정균(申政均)으로부터 11대조 화당공 신민일(申敏一)까지의 생일과 기일을 기록한 것.

1800년 후반
1900년 초반

필사본 | 18×50㎝

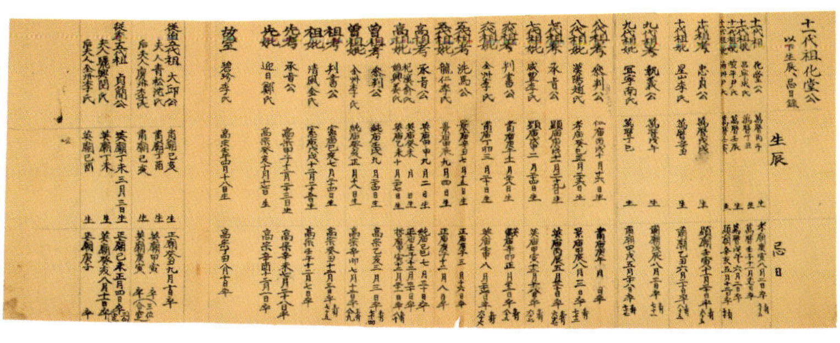

지석함誌石函

Memorial Stone Bowl

백자시석이 들어있던 지석함. 원래는 뚜껑도 있었으나 현재는 전해지지 않는다.

1934년

백자지석白磁誌石

Memorial Stone

묘를 이장할 때 써서 넣어준 지석. 3건이 같은 날에 만들어진 것이다. 글은 신정균의 동생 신성균申性均이 썼다.

1934년

길이 19×16cm

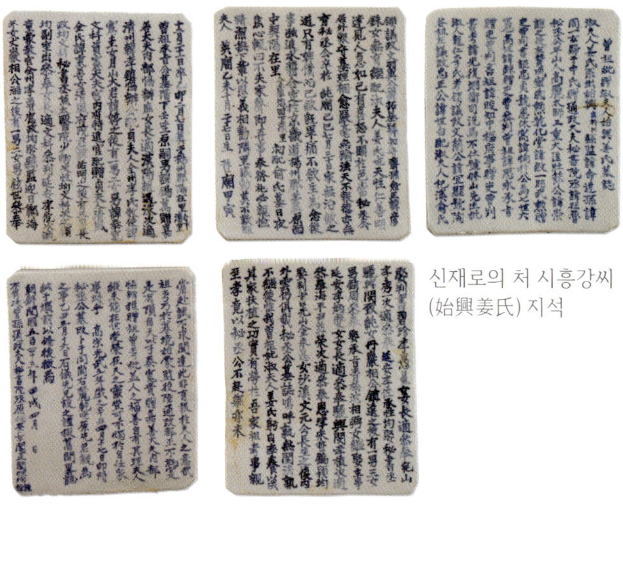

신재로의 처 시흥강씨(始興姜氏) 지석

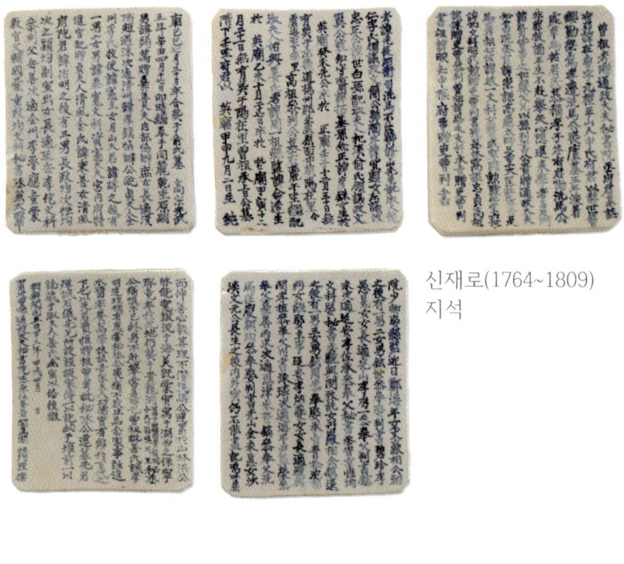

신재로(1764~1809) 지석

제기祭器

Utensils used in Ancestral Rite

1900년대 초 추정

신태관지석申泰寬誌石

Memorial Stone

1913년

29.2×19.8cm

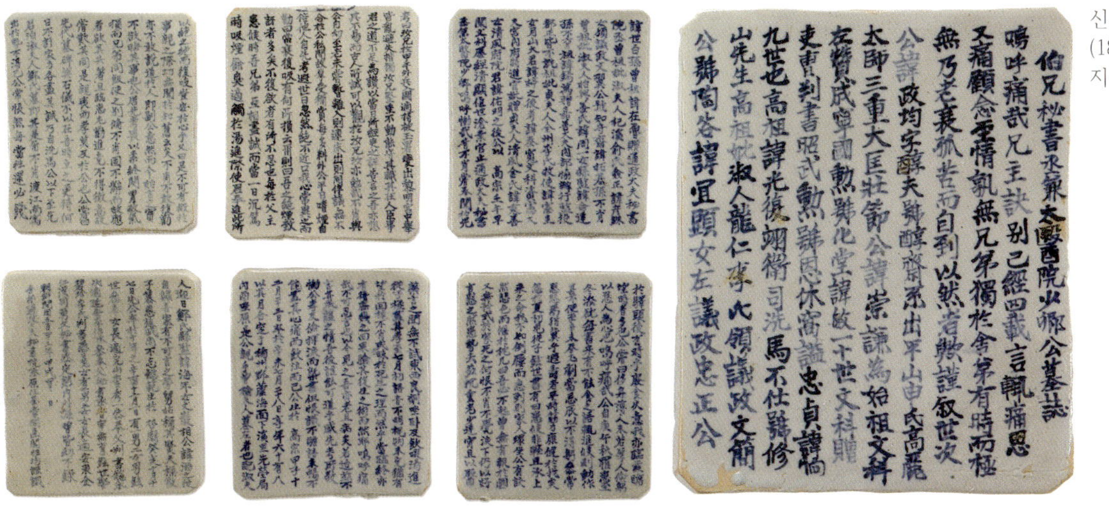

신정균申政均
(1864~1931)
지석

遺文

1.5 유문을 완성하다.

Complete One's Posthumous Writings

서書

경전敬傳

Collection of Ancestor's Works.

신씨 가문의 선대 행적을 뽑아 기록해 놓은 책. 첫 장에 '소행록서(素行錄序)'가 있는데 "내가 조부(祖父)에 대하여 소행(素行)과 실적(實蹟)을 기술한다[余亦於祖父爲述素行實蹟]"라고 언급한 것으로 보아 이는 유당의 손자 신현세(申鉉世)가 직접 작성한 것으로 보인다.

1900년대 초
필사본. 1책 | 20.5×15㎝

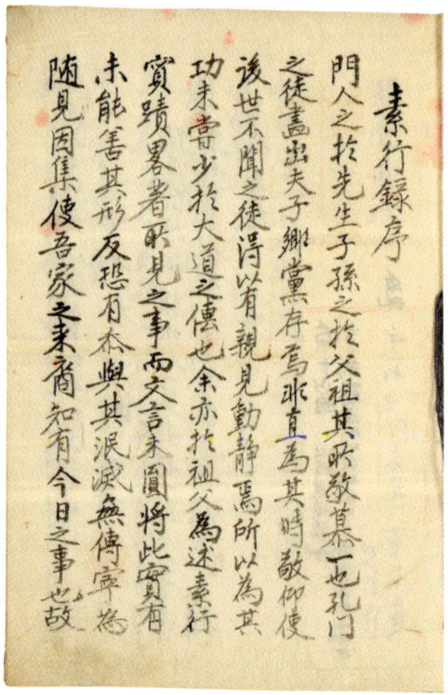
素行錄序
門人之於先生子孫之於父祖其所敬慕一也孔門
之徒盡出夫子鄉黨存焉[illegible]直為其時敬仰使
後世不聞之徒得以有親見動靜焉所以為其
功未嘗少於大道之傳也余亦於祖父為述素行
實蹟畧著所見之事而文言未圓將此實有
未能善其形反恐有忝與其泯滅無傳寧為
隨見因集使吾家之來裔知有今日之事也故

화당선생집化堂先生集

Collection of Wha-dang's Works.

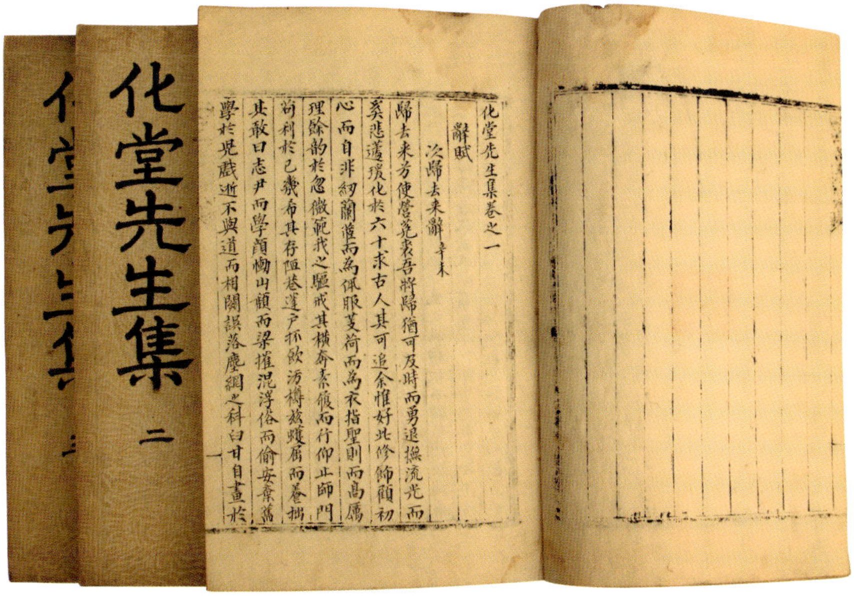

화당(化堂) 신민일(申敏一:1576~1650)의 시문집(詩文集). 1688년 이전에 그의 아들 신양(申懹)과 손자 신명규(申命圭)가 정리한 정고본(定稿本)으로, 1720년(숙종46)에 전라도 관찰사였던 현손 신사철(申思喆)에 의해 간행된 초간본의 대본으로 쓰인 유일본이다. 5권3책에 270여 수의 시(詩)가 수록되어 있고, 성리학(性理學)에 관한 논의(論議)와 춘추쇄설(春秋瑣說) 등이 있으며, 「논궁가면세계사(論宮家免稅啓辭)」에서 궁가(宮家)의 전답이 부당하게 면세(免稅)를 받고 있다고 지적, 그 시정을 주장하는 등의 다양한 내용을 담은 글이 수록되어 있다. 권말(卷末)에 1720년 화당의 증손 신추(申錐)가 쓴 발문(跋文)이 있다.

1688년 이전
필사본, 3책 | 30.6×19.3㎝

선고先稿

Collection of an Ancestor's Remaining Writings

『선고』 1책은 참판공 신구(申銶)의 유고(遺稿)와 승지공 신사영(申思永)의 유고를 그의 후손이 정리해 놓은 것이며, 『선고편(先稿編)』 3권 1책은 판서공 신준(申晙)의 유고를 그 후손이 정리해 놓은 것이다. 판서공이 52세 되던 1742년에 그의 선고의 행장을 작성한 것이 책 말미에 수록되어 있는 것으로 보아 연대는 아마도 그 이후로 잡아야 할 듯하다. '소계병록(疏啓幷錄)'이라는 문구가 속지에 적혀 있다.

1742년 이후
필사본, 2책 | 30.5×20㎝

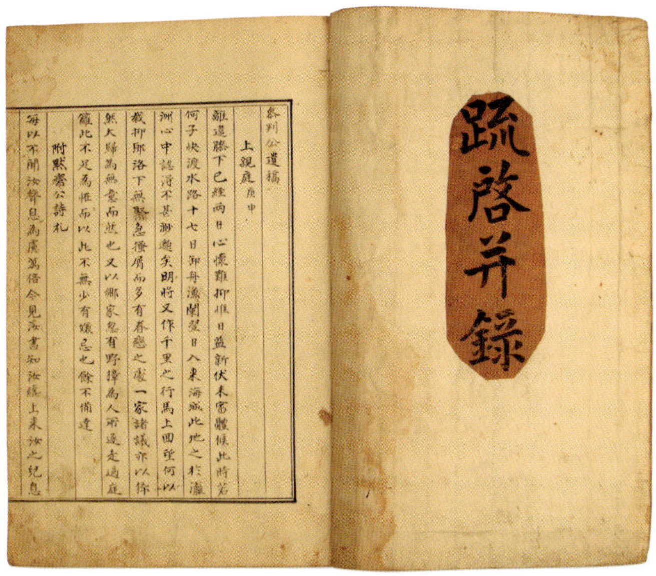

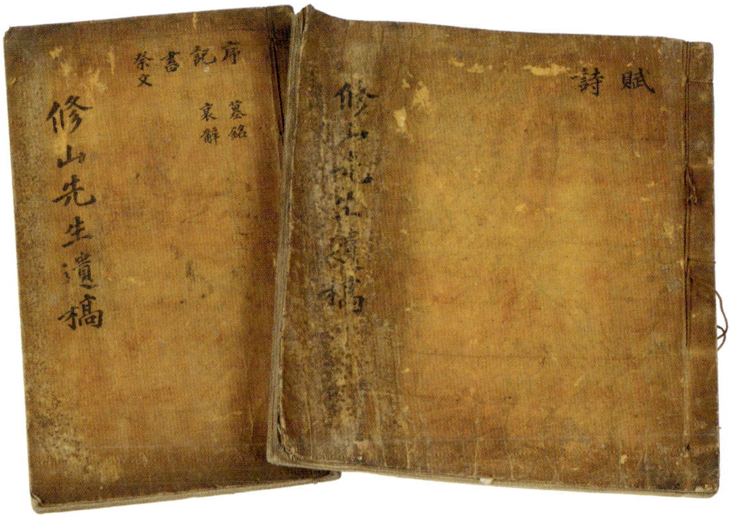

수산선생유고修山先生遺稿

Collection of Master Sushan's Writings

수산 신광복의 시문집과 문집.
유고(遺稿) 2책 중, 1책은 시(詩)와 부(賦)가 수록되어 있고 또 다른 1책은 서(序), 기(記), 서(書), 제문(祭文), 묘명(墓銘), 애사(哀辭) 등이 수록되어 있다. 다만 유고가 쓰여진 연대를 정확히 추정할 만한 단서가 보이지 않는다.

1700년대 후반
필사본 | 시문집(左)31×29.5㎝
문집(右)20.5×33㎝

유당일고留堂逸稿

Collection of Yudang Shin Taegwan's Writings

유당(留堂) 신태관(申泰寬)의 시문집. 다양한 문체로 구사하여 650여 수(首)에 달하는 시(詩) 작품을 창작 연대별로 정리해 놓은 책.
그의 아들 현세(鉉世)와 조카 현주(鉉周)가 흩어져 있는 글을 수집하여 유당의 검토를 거친 것으로 보이며, 일고(逸稿)에 대한 유당의 자서(自敍)가 있다.
겉표지에 제목을 쓰지 않은 것은 생전에 정리하여 아직 제목을 정하지 않았기 때문이다.

1908년
필사본 | 19.2×16.3㎝

壽

伯父足三堂六十一歲前 壬子十一月二十四日

地雷動處始生陽綿祿共隨綵線長極彩重重臨戶
近春先冉冉滿杯香清閒官業承簪笏湛樂琴聲繞
室堂姊妹弟兄騰善禱昇平世界祝無疆

蘭亭會 癸丑暮春

一雨花林過青山欲暮留不須遊上巳聊喜卜佳辰
曲水風流遠蘭渓亭笑語新右軍千載後茲會屬幽人

元朝 丁巳

歲鑰初開雪正豪曈曈瑞旭萬門高冬威稍卻嘘灰
管春意方生蕚綵刀盤映椒花紅作縷樽斟柏葉翠
生濤更將元日聊相賀喜占龍門奪錦袍

福泉山广

필사할 때 글줄을 맞추기
위해 끼워 놓은 간지

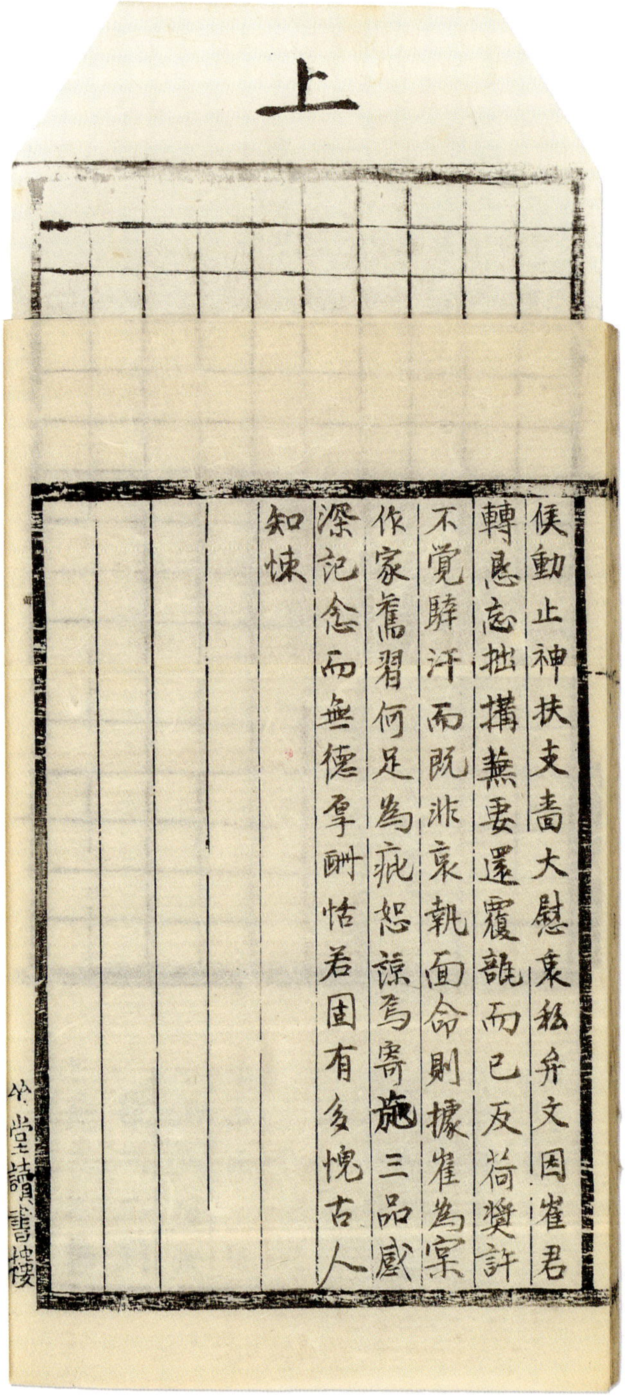

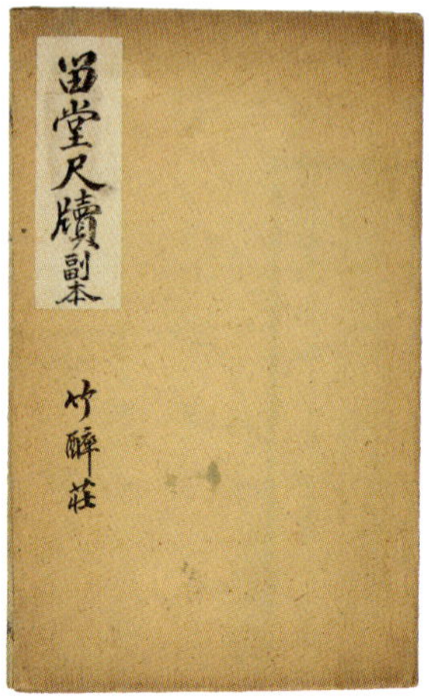

유당척독留堂尺牘

Yudangcheokdok:
Collection of Yudang's
Letters

유당의 간찰 중 문장과 표현이 우수한 것만 뽑아서 모아 둔 것. 편지독본으로 활용 가능하다.

1900년 초반
필사본 | 20.5×15㎝

유당척독 -부본-
留堂尺牘 -副本-

Yudangcheokdok-bubon:
Appendix for Collection of
Yudang's Letters

유당척독의 부본.
유당 신태관의 편지 모음집

1900년 초반
필사본 | 21.2×13.2㎝

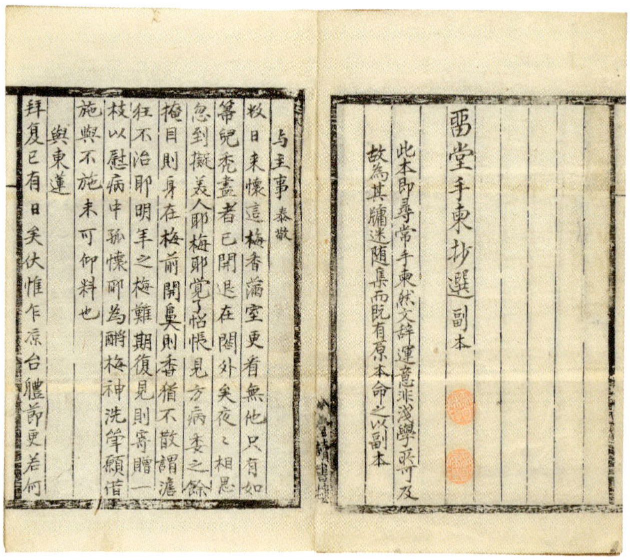

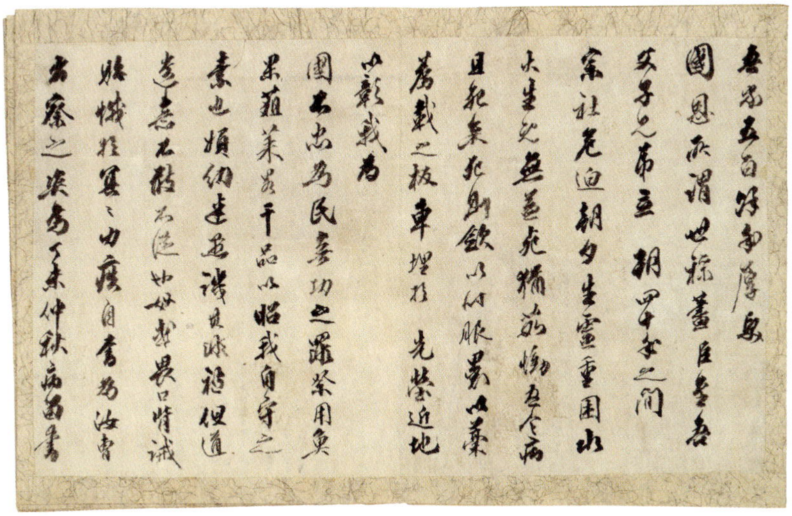

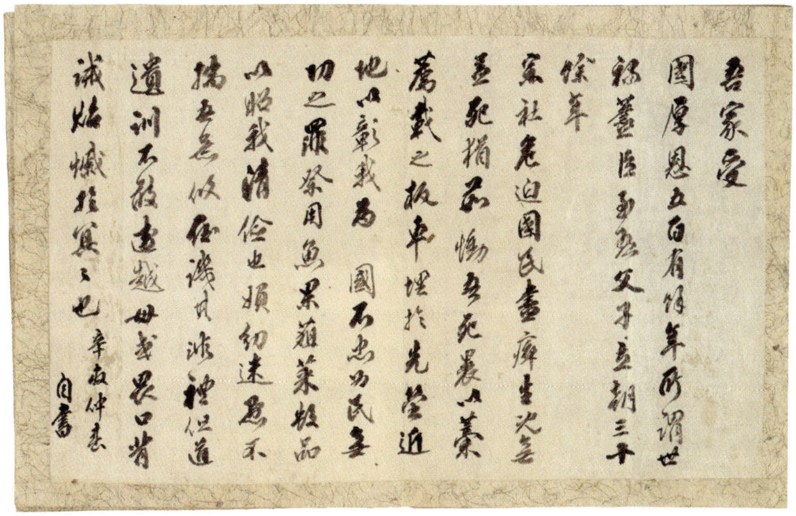

유당공훈제留堂公訓題
Yudang's Testamental Writings

유당이 후손에게 유언으로 직접 적어 남긴 글 2편.
앞의 것은 69세 되던 1907년에 작성한 것이고, 뒤의 것은 세상을 뜨기 3년 전인 73세 되던 1911년에 적은 것으로, 앞의 내용을 요약한 것이다.

1907년~1911년
필사본 | 27×21.5cm

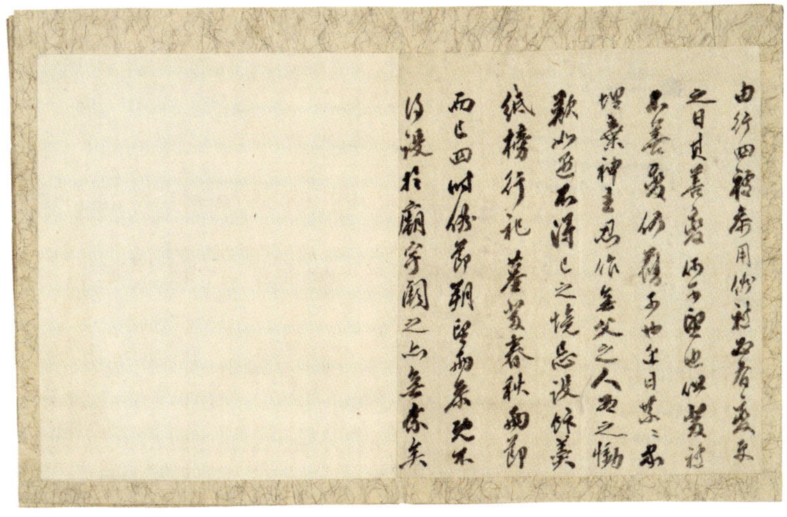

신태관 53세 때의 호적단자
Sin Tae-gwan's Family Register

호적단자는 2부를 작성하여 1부는 해당 관아에 제출하고 1부는 본인이 소장한다.

1891(고종28, 신묘)
필사본 | 111×65㎝

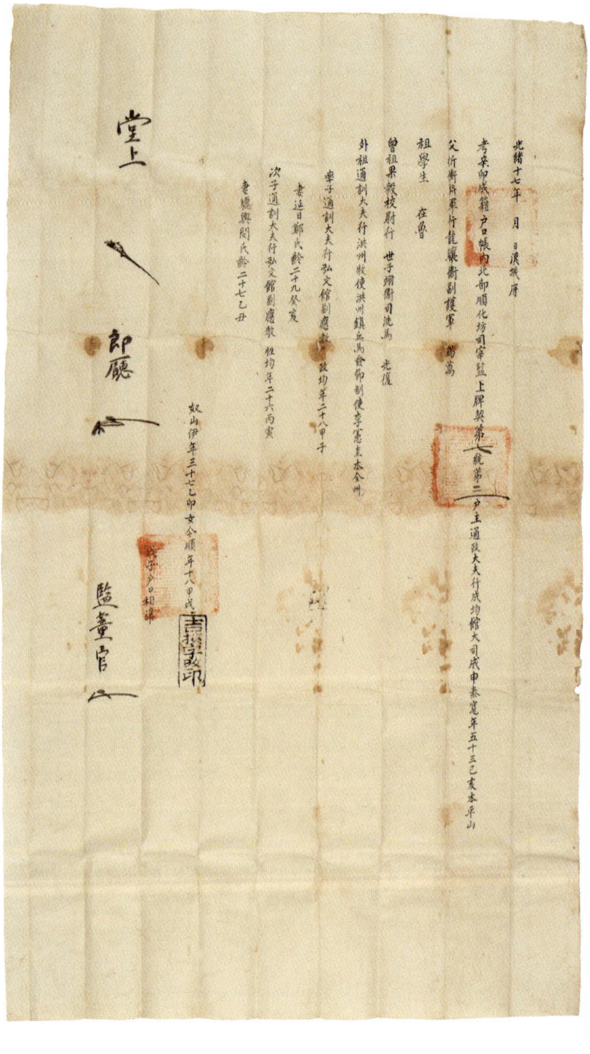

신태관 56세 때의 호적단자
Sin Tae-gwan's Family Register

53세 이후 56세에 수정한 신태관의 호적단자. 3년 단위로 호적단자를 수정한다.

1894(고종31, 갑오)
필사본 | 102×62㎝

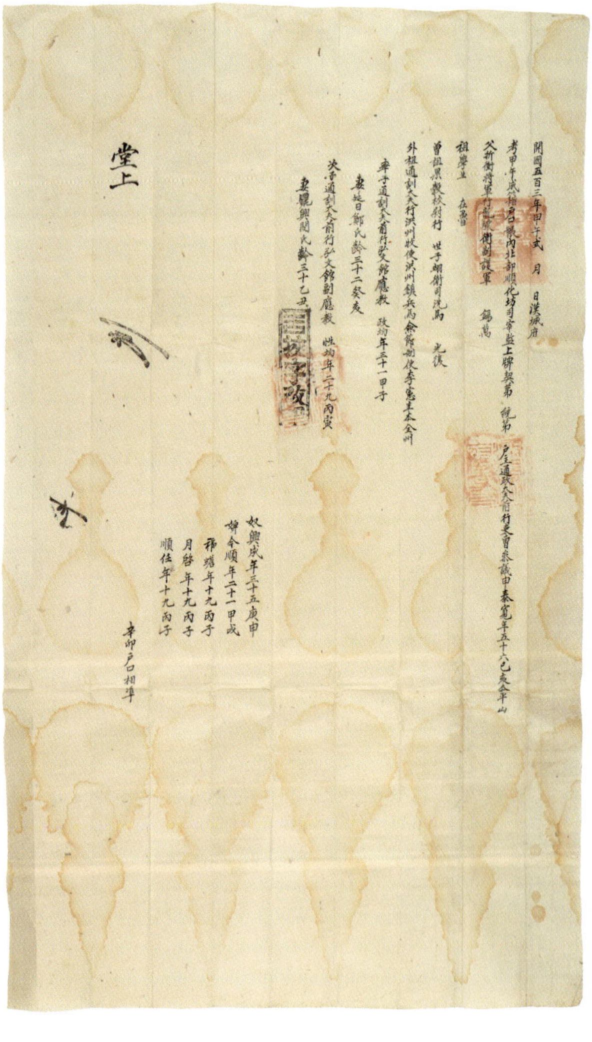

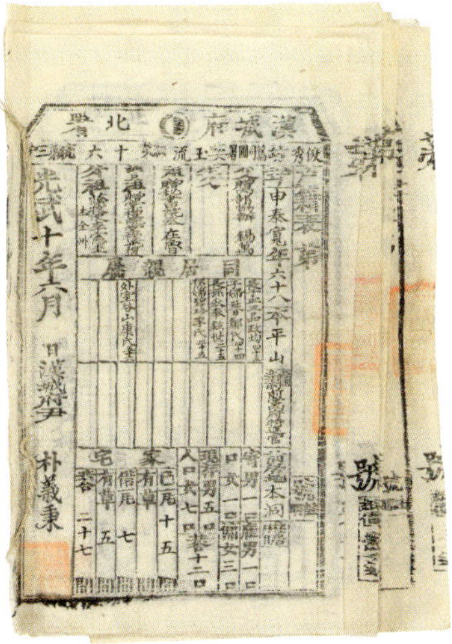

신태관 67세 때의 호적단자

Sin Tae-gwan's Family Register

일제강점기의 호적단자. 10년 사이에 변모한 양상을 볼 수 있다.

1905(고종42, 을사)
필사본 | 34.5×23㎝

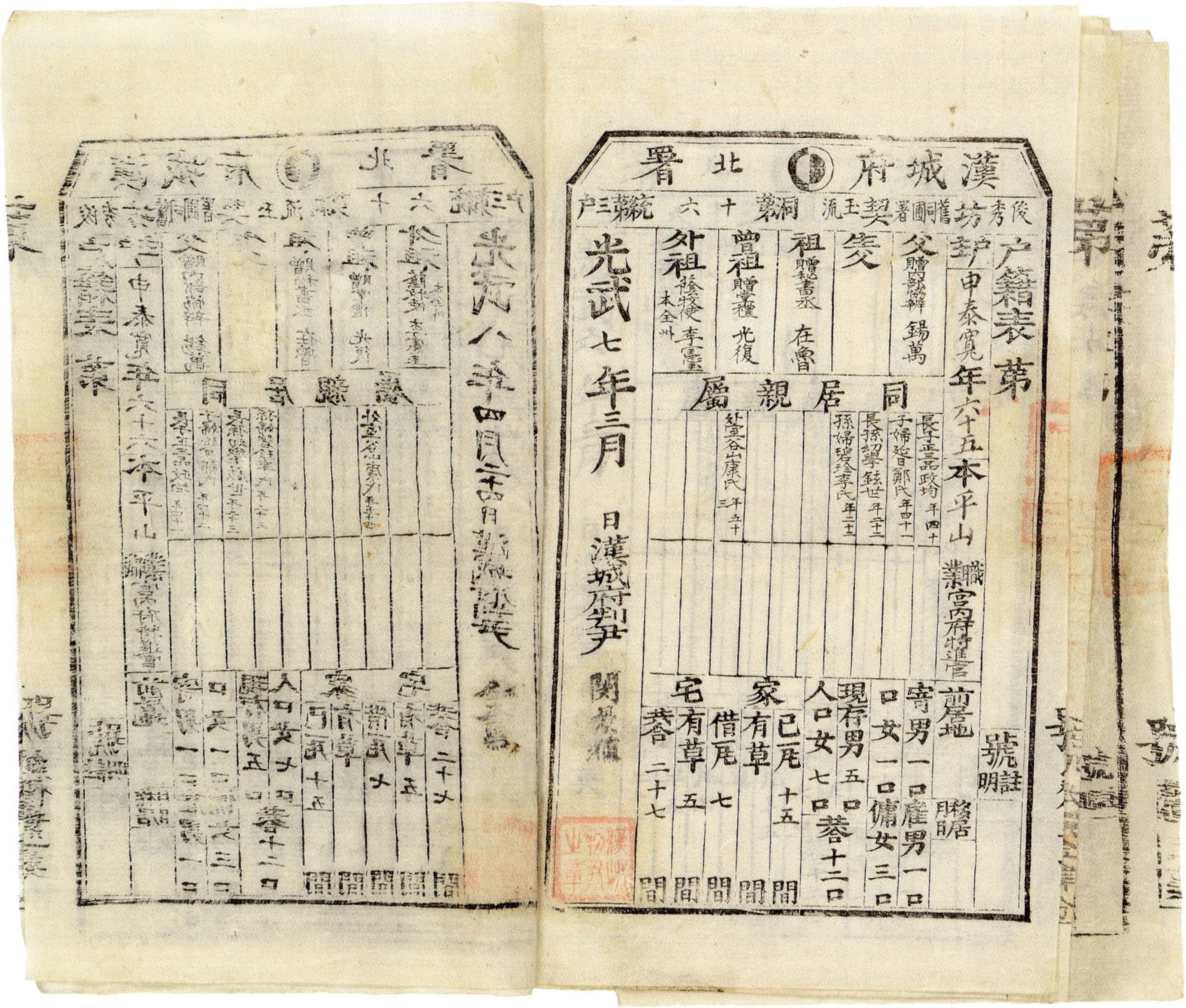

漢城府 北署

戶籍表

同居親屬

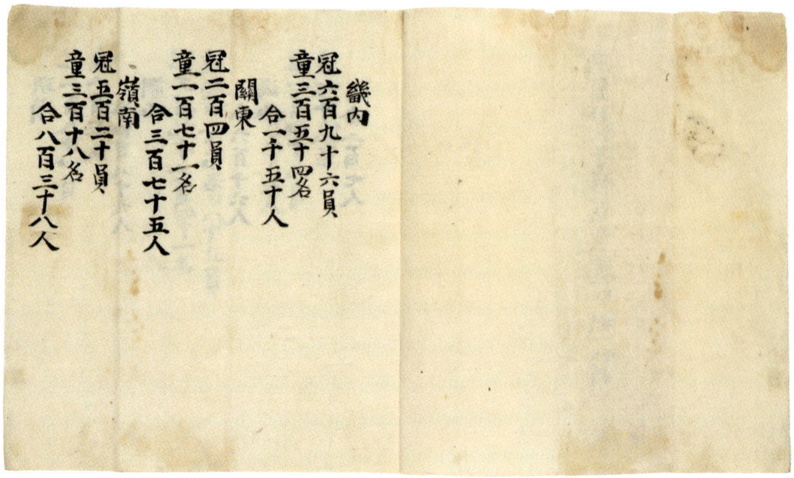

畿內
冠六百九十六員
童三百五十四名
合一千五十人
關東
冠二百四員
童一百七十一名
合三百七十五人
嶺南
冠五百二十員
童三百十八名
合八百三十八人

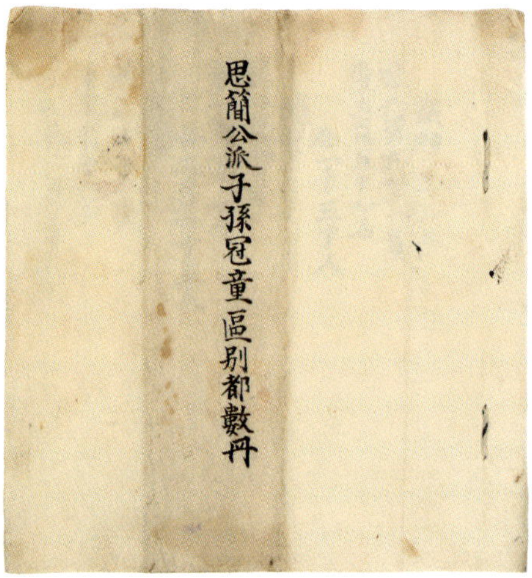

思簡公派子孫冠童區別都數冊

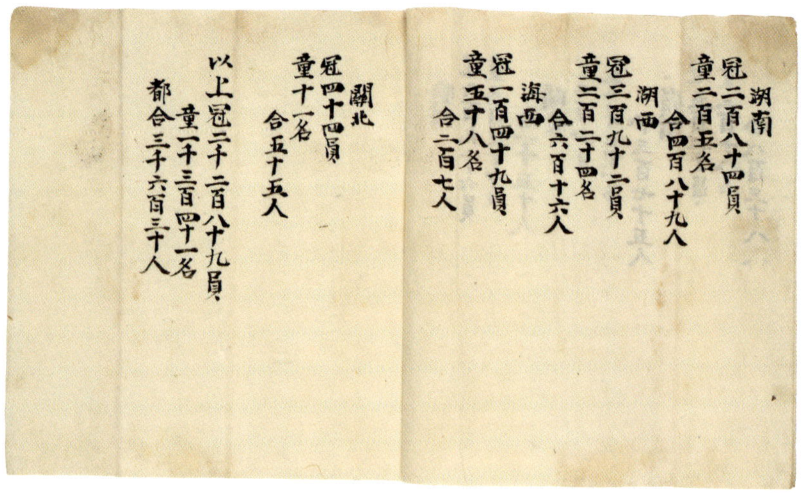

湖南
冠二百八十四員
童二百五名
合四百八十九人
湖西
冠三百九十二員
童二百二十四名
合六百十六人
海西
冠一百四十九員
童五十八名
合二百七人
關北
冠四十四員
童十一名
合五十五人
以上冠二千二百八十九員
童一千三百四十一名
都合三千六百三十人

사간공파자손관동구별도수책思簡公派子孫冠童區別都數冊

Record of Master Sagan's Descendent Lineage of Shin Family of Pyeongshan

사간공 신호(申浩: ? ~ 1432)의 후손들의 인구수를 지역별, 장서별로 기록해 놓은 것.

연대 미상
필사본 | 21.5×21cm

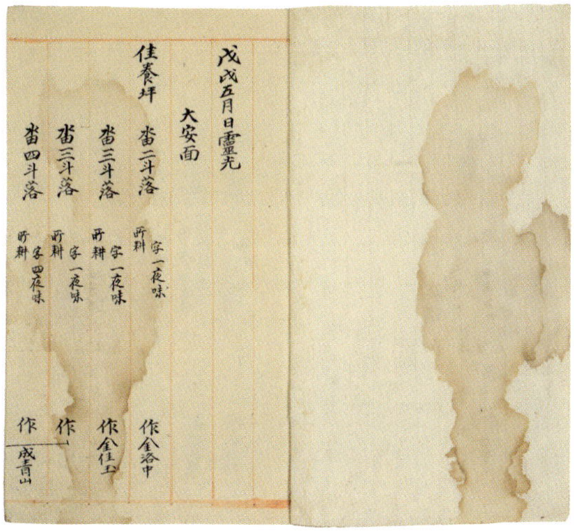

토지목록
Record of Land Register

재산목록 밑에 전답의 소작인을 기재해 놓은 책. 위치는 영광군(靈光郡) 대안면 대지평.

1898(고종35, 무술) 5월
필사본 | 35.5×22㎝

전답자호결계비목
田畓字號結卜 總目
Record of Land Register

강원도 춘천과 충청도 보령의 논, 밭 문서 기록(재산 목록)

1800년대 추정
필사본 | 25.5×17㎝

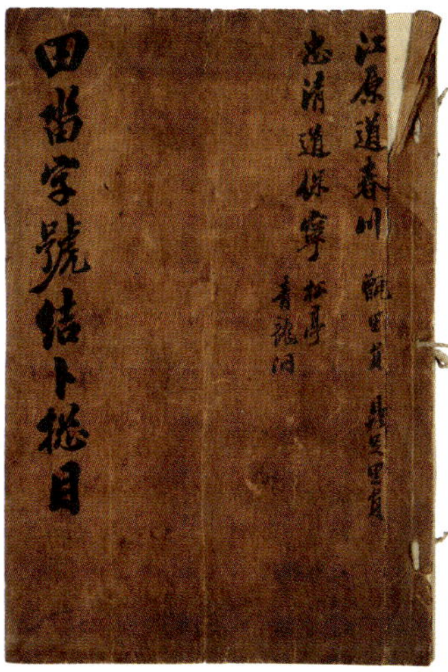

田畓字號結卜摠目

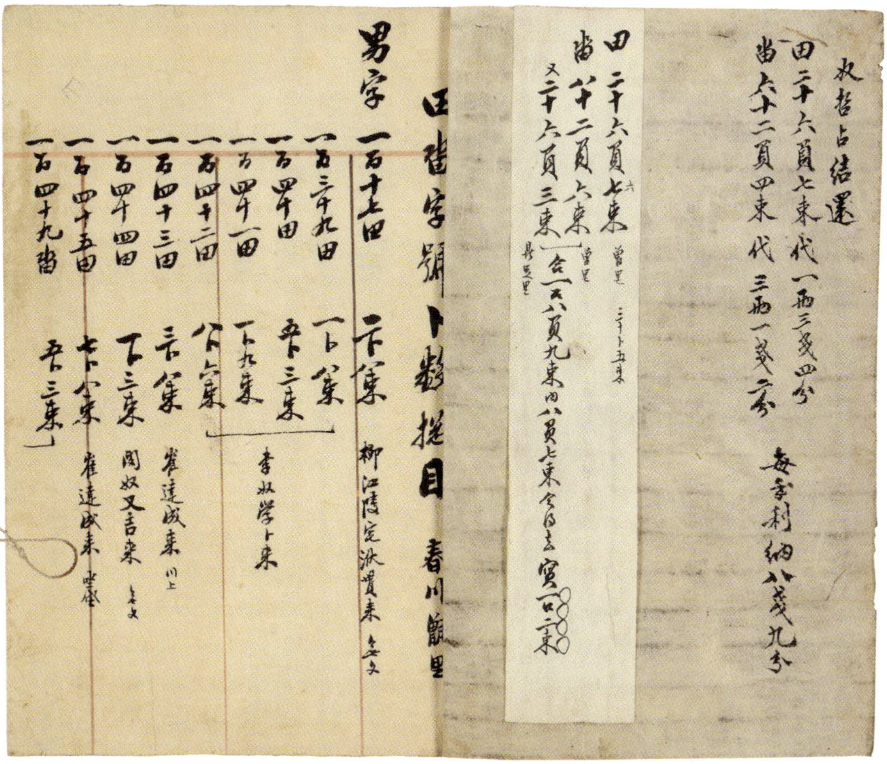

전서육곡병篆書六曲屛

Folding Screen

중국 고대의 주·진·한대(周·秦·漢代) 종정문(鐘鼎文)과 진·한대(秦·漢代) 와전문(瓦塼文)을 금니(金泥)로 옮겨 쓴 6폭 병풍이다. 종정문(鐘鼎文)은 '금문(金文)'이라고도 하며, 은주시대(殷周時代)의 청동기 위에 새긴 글자를 말한다. 특히 종(鐘)과 솥 모양의 정(鼎)에 새겨진 글씨가 대부분이다. 와전문(瓦塼文)은 진·한대 기와나 벽돌에 새긴 글씨를 말하며, 종정문과 함께 고대 갑골문(甲骨文)에서 유래한 전서체(篆書体)를 담고 있다. 원형(圓形)의 구획 안에 쓴 글씨가 와전문이며, 세로로 쓴 큰 전서체 글씨가 종정문이다. 각 전문(篆文)의 상단에 제목을 기록했고, 그 출전을 풀이하거나 그것을 정자(正字)로 옮겨 써놓았다. 오른쪽부터 홀수 폭은 2단으로 구성하여 와문-종정문의 순으로 썼고, 짝수 폭은 3단으로 하여 종정문-와문-종정문의 순서로 썼다. 예컨대 제1폭 상단의 와문(瓦文)은 제목이 '만세(萬世)'이며, 그 아래에 와문에 대한 설명을 부기하였다. 제2폭 상단 종정문의 제목은 '동한세명(東漢洗銘)'인데, 제목 아래에 종정문을 두 행으로 쓰고, 그 사이에 전문(篆文)을 정서하였다. 그 아래에는 와문인 '성수만세(聖壽萬歲)'와 그것을 풀이한 글을 실었고, 하단에 다시 종정문을 옮겨 썼다. 모두 기존에 알려진 전서육곡병(篆書六曲屛)의 범본을 보고서 옮겨 쓴 임서(臨書) 작품이다. 금분(金粉)으로 글씨를 쓸 경우 장식성은 뛰어나지만, 먹 글씨보다 필획을 다루기가 어려운 점이 있다. 현재 6폭 병풍 2점이 한 세트로 되어 있다

연대 미상
비단에 金泥, 2점1쌍
가로 240cm 세로 185.5cm

백수백복도육곡병文字圖六曲屛

Folding Screen

'수(壽)'자와 '복(福)'자가 반복하여 들어가는 문자도(文字圖)이다. 한자(漢子)의 형상을 조형적인 이미지로 변용시킨 그림 문자를 문자도라 하는데 하나의 서체를 중심으로 '수(壽)'자와 '복(福)'자가 반복하여 들어가는 문자도를 백수백복도(百壽百福圖)라고 한다. 모든 복을 받고 장수(長壽)하라는 길상(吉祥)의 의미를 담고 있다. 이 백수백복도는 추사(秋史)의 후손인 위당(韋堂) 김문제(金文濟, 1846~1931)가 개발한 서체이다. 이 서체는 중국 고대 은주시대(殷周時代)의 청동기인 종(鐘)과 정(鼎)의 형상을 본떠서 만든 글씨체이다. 특히 비스듬히 기울인 자형과 선묘는 매우 특이한 조형성을 띠고 있다. '수복(壽福)' 두 글자만을 병풍의 한 폭에 24글자씩 배치하였지만, 같은 모양의 글자가 없을 정도로 다양한 변화를 구사하였다. 채색을 사용한 문자도처럼 화려하지 않은 단아함과 정갈함이 선비의 취향에 잘 어울릴 듯하다. 이 독특한 서체의 백수백복도는 구한말에 상당한 인기를 끌어 여러 점이 전하고 있다. 마지막 폭에 "팔십옹 병오노인 위당 김문제 사(八十翁丙午老人韋堂金文濟寫)"라 썼고, 양각으로 새긴 '위당(韋堂)'과 음각으로 새긴 '김문제인(金文濟印)'의 낙관(落款)을 하였다.

1926년
紙本墨書 | 가로 324cm 세로 190cm

인장印章
Stamps

신태관(申泰寬) 가(家)의 인장(印章)은 신태관과 그의 아버지 신석만(申錫萬)과 아들 신정균(申政均) 등을 비롯하여 평산(平山) 신씨 사간공파(思簡公派) 종중과 관련된 것들이 대부분이다. 주요 인장으로는 "申泰寬印", "申泰寬", "申錫萬印", "申政均印" 등 人名을 새긴 것과 신태관의 호인 "留堂"과 당호(堂號)인 "梅花書屋"을 새긴 것, 그리고 평산의 옛이름인 "東陽"과 문중에서 사용한 "平山申氏 御史公波宗中之印" 등이 있다. 이밖에 나무로 만든 "六甲摠部" 등이 있는데, 육갑총부는 모든 악귀와 흉귀, 그리고 병귀를 막고 집안이 편안해지며 정신이 양명(陽明)해진다는 의미를 갖고 있는 일종의 부적(符籍)으로 조선후기인 17세기부터 19세기까지 도장으로 만들어져 유행하였다.

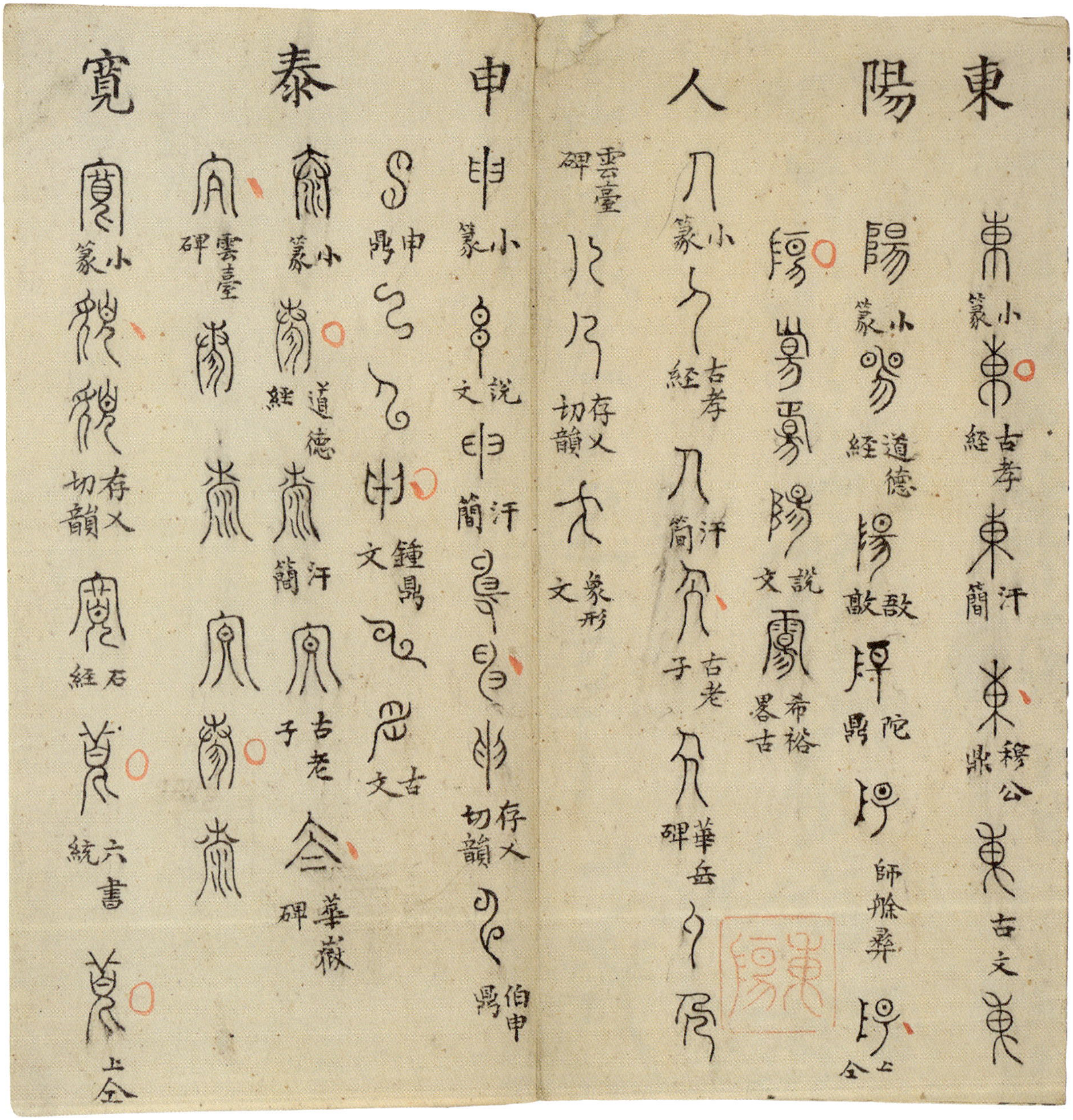

"동양인 신태관東陽人申泰寬" 필체 모음

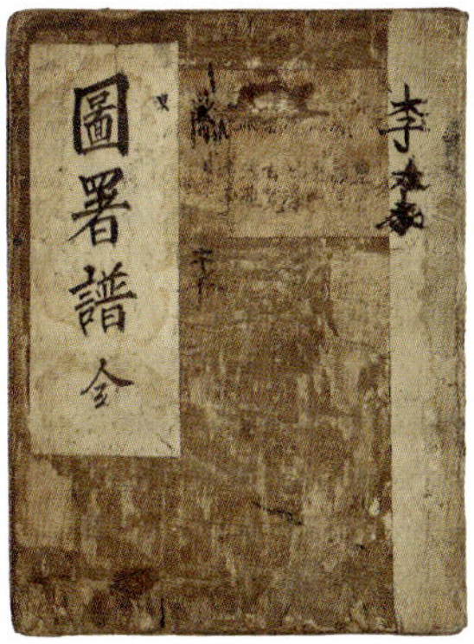

도서보圖署譜

Doseobo / a collection of seal-inscription characters

다양한 인장 글씨를 오려서 배열해 놓은 인장 모음집.

1900년대 초 추정
| 24×18㎝

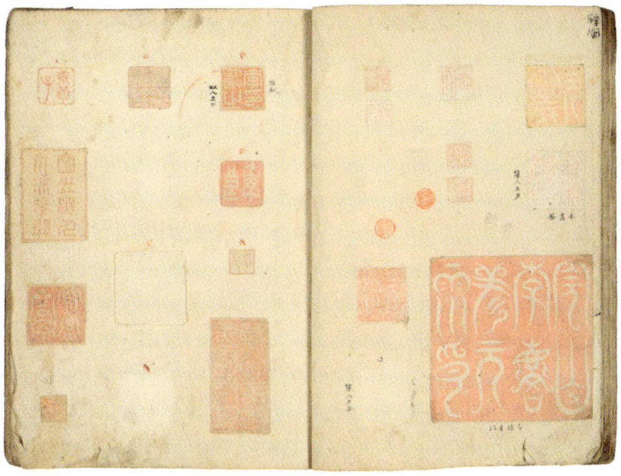

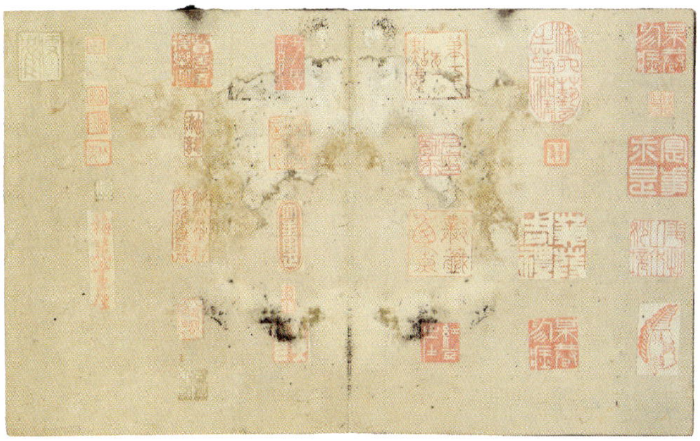

미방묵연米舫墨緣

Mibangmugyeon / a collection of seal-inscription characters

다양한 인장 글씨를 오려서 배열해 놓은 인장 모음집.

1900년대 초 추정
| 21×17.5㎝

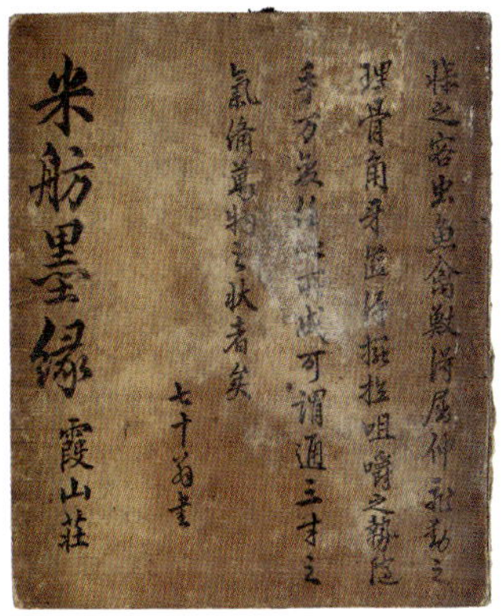

유당씨관명장도留堂氏貫名章圖

Yudangssigwanmyeongjangdo: Collection of Yudang Shin Taegwan's calligraphies

평산의 옛 명칭인 '동양(東陽)'과 유당 신태관(申泰寬)의 동일 필체 모음집.

연대 미상
필사본 | 23.6×11.8㎝

한글 서간문

a letter in hangeul / a letter in hangeul from a mother-in-law to her daughter-in-law

시어머니가 며느리에게 보낸 편지

1898년 1월 5일

필사본 | 봉투 24.2×5.6㎝
내지 23×39.2㎝

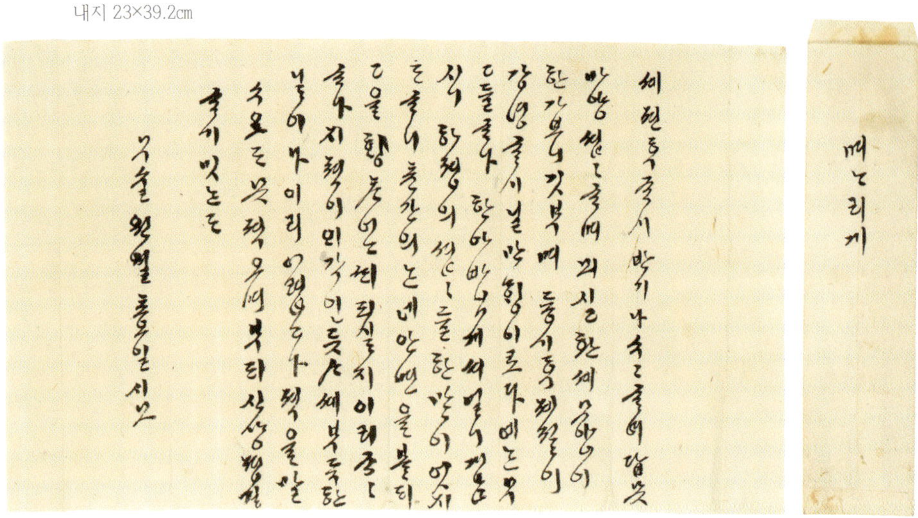

한글 서간문

a letter in hangeul / a letter in hangeul from a daughter-in-law to her mother-in-law

시아버지가 며느리에게 쓴 문안 편지

1898년 1월 6일

필사본 | 봉투 24.3×5.5㎝
내지 22.7×39.3㎝

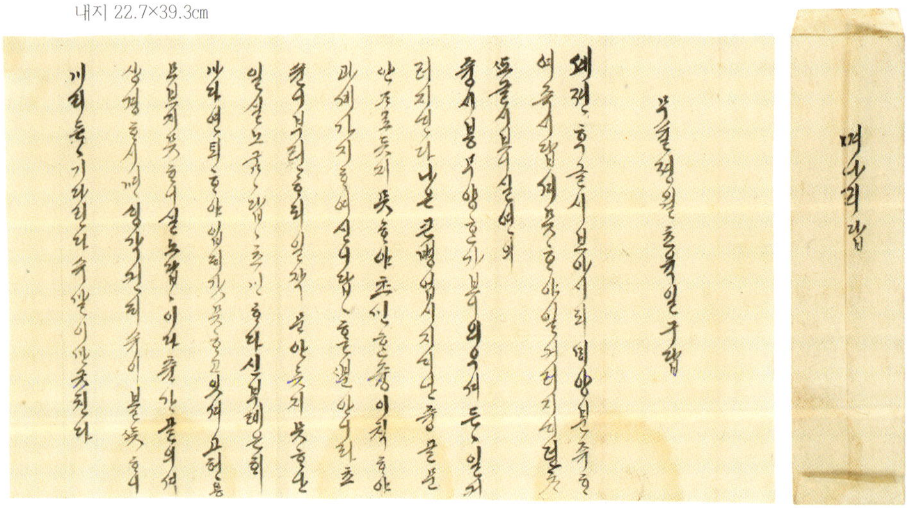

며ᄂᆞ리게

셰(歲) 젼후(前後) 글시 반기나 슈슈ᄒᆞ여 답 못 마양 셥셥ᄒᆞ며 뫼시고 환셰(換歲) 무양이 한가 보니 깃부며 듕시후(中侍候) 졔절(諸節)이 강녕(康寧)ᄒᆞ시닐 만ᄒᆡᆼ(萬幸)이로다 예ᄂᆞᆫ 무고(無故)들 ᄒᆞ나 [隔]한아바님게셔 멀니 게옵시니 [隔]하졍(下情)의 셥셥들 한 말 이 엇지 ᄃᆞ ᄒᆞ리 츈간의ᄂᆞᆫ 네 안면을 볼 ᄃᆡ고(大故)을 ᄒᆡᆼᄎᆞ 어ᄂᆞ ᄣᆡ 되실지 이리 굼굼ᄒᆞ나 지쳑(咫尺)이 ᄋᆡ각(涯角:멀리 떨어져 있어 외지고 먼 땅)인 듯 ᄉᆞ셰(事勢) 부득(不得)한 닐이나 이리 어렵고나 젹을 말수옷 ᄃᆞ 못 젹으며 부ᄃᆡ 신샹졍길(神相貞吉)ᄒᆞ기 밋ᄂᆞᆫ ᄃᆞ
무슐(戊戌:1898년) 원월(元月:1월) 초오일(初五日) 시모

[현대어역]
설 전후에 보낸 편지를 반기지만 수수하여 답장을 못하여 늘 섭섭하여 모시고 큰 탈 없이 설을 쇠었는가 싶으니 기쁘며 조부모와 부모님이 강녕하신 일은 무척 다행스럽다. 여기는 특별한 사고는 없으나 할아버님께서 멀리 계시니 우리 마음에 섭섭한 말을 이 어찌 다 하리. 춘간에는 네 얼굴을 볼 대고(大鼓) 행차가 어느 때 되실지 이리 궁금하지만 지척이 멀리 떨어져 있는 곳인 듯 일의 형편이 어쩔 수 없는 일이지만 이렇게 어렵구나. 적을 말수를 다 못 적으며 부디 잘 지내기를 믿는다.
무술년(1898년) 1월 5일 시어머니

며ᄂᆞ리 답

무슐(戊戌:1898년) 졍월(正月) 초육일(初六日) 구(舅) 답(答)
셰(歲) 젼후(前後) 글시 보아시되 미양(每樣) 분쥬(奔走)ᄒᆞ여 즉시 답셔(答書) 못ᄒᆞ야 일커러 지ᄂᆡ던 ᄎᆞ ᄯᅩ 글시 보니 실연(實演:실제로 하여 보임)의 듕시봉(重侍奉) 무양(無恙)ᄒᆞᆫ가 보니 외우셔 든든 일커러 지ᄂᆡᆫ다 나은 큰 병 업시 지ᄂᆡ난 듕 골 문안(問安) ᄌᆞ로 듯지 못ᄒᆞ야 초민(焦悶:속이 타도록 몹시 고민함)ᄒᆞᆫ 듕 이칙ᄒᆞ야 과계(過計:지나친 계획)가지 ᄒᆞ여신니 답답 ᄒᆞᆯ ᄲᅮᆫ 안니라 초슌니(焦脣ㅣ:몹시 애타게) 부린(不忍)ᄒᆞ되 일작 문안(問安) 듯지 못ᄒᆞ난 일 실노 굼굼 답답 초민(焦悶)ᄒᆞ다 신부례(新婦禮)은 ᄒᆡ마다 연퇴(連退)ᄒᆞ야 입ᄃᆡ갓 못ᄒᆞ고 잇셔 고현 용모(容貌) 보지 못ᄒᆞ니 실노 답답이다 츈간골의셔 상경(上京)ᄒᆞ시면 ᄉᆡᆼ각컨ᄃᆡ 슈이 볼 ᄯᅳᆺᄒᆞ니 미리 든든 기다린다 슈말(首末) 이만 긋친다

[현대어역]
무술년(1898년) 1월 6일 시아버지 답
설 전후에 보낸 편지를 보았는데 늘 분주하여 즉시 답장을 못하여 궁금하게 지내던 차에 또 (네가 보낸) 편지를 보니 실제로 본 듯 조부모와 부모를 모시는 일은 무양한가 생각하니 멀리서 든든하고 궁금하게 지낸다. 나는 큰 병은 없이 지내는 중에 골 문안을 자주 듣지 못하여 속이 타는 중 이칙하여 실수까지 하였으니 답답할 뿐 아니라 몹시 애타게 차마 할 수 없었는데(?) 일찍 문안을 듣지 못하는 일이 실로 궁금하고 답답하며 속이 탄다. 신부례는 해마다 계속 미뤄져 이때까지 못하고 있어서 (신부의) 고운 용모를 보지 못하니 실로 답답하다. 춘간골에서 상경하시면 생각건대 빨리 볼 수 있을 듯하니 미리 든든하게 기다린다. 사연 이만 그친다.

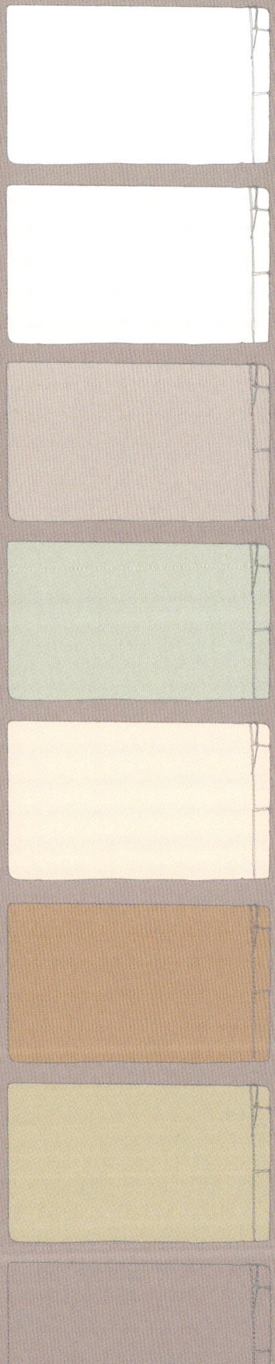

Seok Juseon Memorial Museum
Dankook University

의

衣

Costume

02

국가의 조회나 잔치에 입는 옷,

조복朝服

Official's Ceremonial Attire

문무백관(文武百官)이 국가 조회, 대사(大祀)나 정조(正朝), 동지(冬至) 및 조칙(詔勅)을 반포(頒布)할 때, 진연(進宴)에, 그리고 왕실 가례시에 예복으로 착용하였던 복식 일습.
왕이 면복(冕服)이나 원유관복(遠遊冠服)을 착용할 때 문무백관은 조복을 입었다.
조선 후기 이후 4품 이상의 신분에서 조복을 입을 수 있었으며, 조선 말기의 조복은 적초의(赤綃衣: 폐슬 부착), 청초중단(靑綃中單), 훈상(纁裳), 홀(笏), 양관(梁冠), 후수(後綬: 대대 부착), 패옥(佩玉), 말(襪), 품대(品帶), 화(靴)가 일습으로 구성되었다. 금칠한 양관(梁冠) 때문에 '금관조복(金冠朝服)'이라 부르기도 하였으며, 양관의 양(梁)의 수, 후수에 부착된 환(環)의 재료, 품대(品帶) 등에 따라 품계를 구분하였다.
신태관 일가에서 전해지는 조복은 금관, 적초의, 청초중단, 훈상, 후수, 홀 등이다. 구성 상태로 보아 1800년대 말에서 1900년대 초반의 유물로 보여진다.
조복의 착장 방식은 기본적으로 바지와 저고리, 두루마기 등의 간단한 포(袍)를 입는다. 중단(中單)을 입고 붉은색 상(裳)을 두른다. 폐슬(蔽膝)이 부착된 적초의(赤綃衣)를 착용한 후, 그 위에 대대(大帶)가 부착된 후수를 뒤에 착용한 후 대대의 끈을 허리에 둘러 앞에서 매어준다. 목화를 신고, 혁대의 양 허리에는 패옥(佩玉) 주머니를 걸고 양관(梁冠)을 쓴 후, 홀을 든다.

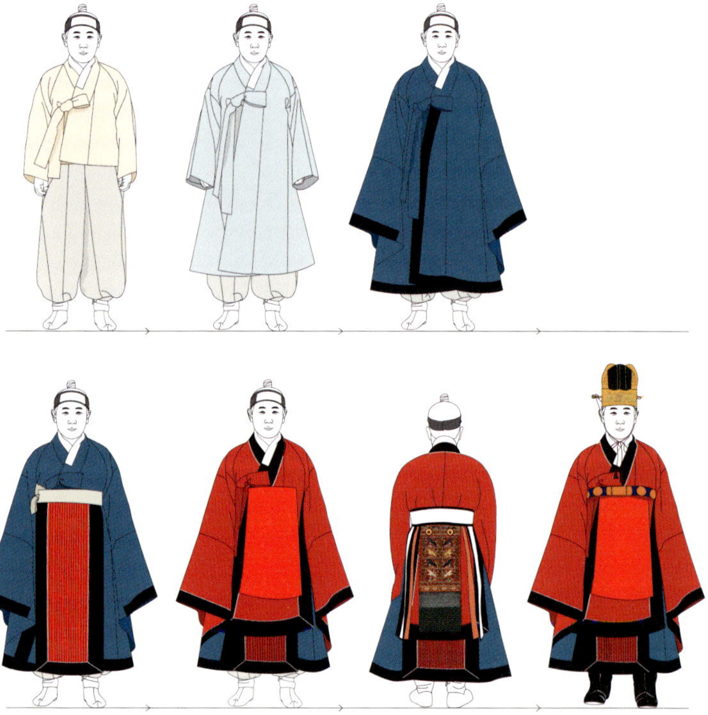

착장법

이준용(李埈鎔:1870~1917)
1918년 김은호(金殷鎬) 그림
서울역사박물관 소장

적초의赤綃衣

Official's Red Silk Robe

조복을 입을 때 가장 겉에 입는 홍색의 웃옷이다.
이 유물은 홍색 순인(純鱗)으로 만든 홑 옷이다. 겉깃이 목판 당코깃 모양이고 소매가 넓으며 직선형 도련의 겨드랑 아래로 긴 옆트임이 있다. 깃, 소매끝, 도련의 검정색 선장식이 특징이다. 겹으로 된 깃에는 순인에 한지 심을 넣은 동정을 달았으며 겉고름과 안고름이 모두 달려있다. 깃 아래 가슴 부위에 가로 29㎝ 세로 51㎝ 크기의 겹으로된 직선형 폐슬이 부착되어 있다. 가장자리의 선 장식은 7.5㎝ 너비의 순인으로 만든 검정 선단에 0.2㎝ 너비 흰색 실선을 겹쳐준 후 선단을 흰색 견사로 박음질한다. 완성된 선단은 몸판에 공그르기하여 부착하였다. 소매는 23.5㎝ 지점에 연봉 매듭을 부착하여 수구(袖口) 표식을 하고 아래로는 감침질하여 소매를 봉하였다. 뒷면 중심부에 쌍밀이 매듭 고리 3개를 부착하여 후수를 고정할 수 있도록 만들었다. 겨드랑 앞부분에는 품대를 고정할 수 있는 끈고리와 끈을 이중으로 달았다. 겨드랑 아래 3.5㎝ 내려온 지점부터 옆이 트여 있으며 고대 안쪽으로 어깨 바대가 부착되어 있다. 도련, 배래 등을 깨끼 바느질로 완성하였다.

1900년대 초
| 길이 94cm 화장 95cm 품 50cm 진동 29cm

청초중단靑綃中單

Official's Blue Silk Inner Robe

적초의 속에 입는 받침옷이다. 조선 초기에는 백색 중단을 입었으나 조선 후기에 창의를 받침옷으로 입게 되면서 순조대 이후에는 남색에 흑선을 두른 학창의 형태를 입기도 하였다.
이 유물은 남색의 2경 익조직으로 짜여진 은조사(銀條紗)로 만든 홑옷이다. 곧은 깃에 소매가 넓고, 무가 있는 옆선 아래쪽 양옆에 트임이 있으며 수구, 도련의 가장자리에 4.8~5cm 너비의 검정색 선단이 있는 것이 특징이다. 동정은 한지 심을 넣어 만든 소색 세주(細紬: 변화 평조직)를 달았다. 무가 달린 옆선 아래쪽에서 19cm 길이로 트임을 주고 트임보다 길게 24.5cm 정도의 선단을 달았다. 겉고름과 안고름은 중단과 동일한 색상이다. 중단의 앞면 중심부에 1개, 뒷면 중심부에 3개의 고리가 부착되어 있는데 이는 훈상(纁裳)을 고정할 수 있도록 한 것이다. 뒷길 중심선은 골선 바느질하여 홈질하였고, 배래, 섶, 무 등의 부위는 통솔로 시접을 처리하였다. 깃 안쪽으로 어깨바대가 있으며 겨드랑 안쪽의 앞, 뒤에도 바대를 부착하였다.

1900년대 초
길이 123cm 화장 98cm 품 50cm 진동 28cm

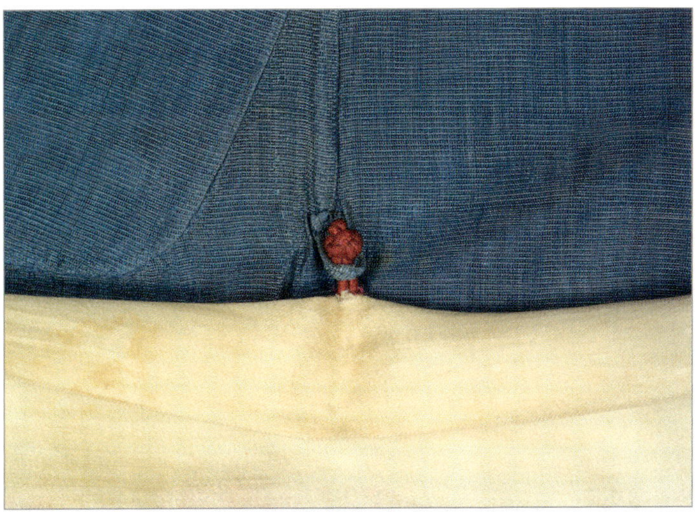

앞 중심에 달린 단추 고리에 치마[裳]의 단추를 끼운 모습

훈상纁裳
Official's Decorative Skirt

조복 또는 제복을 입을 때 받침옷인 중단(中單)에 두르는 의례용 치마이다.
이 유물은 홍색 순인(純鱗)으로 만든 의례용 홑치마이다. 허리에는 흰색 공단으로 만든 말기가 달렸다. 홍색 순인을 앞면에 3폭, 뒷면에 4폭의 옷감을 각각 이어붙여 너비가 37cm, 40cm가 되도록 위에서 아래에까지 칼 주름 잡아주었다. 주름은 너비 1.2~1.5cm의 좌향으로 잡아주었는데, 완성된 주름의 개수는 앞 20개이고 뒤 22개이다. 주름을 완성한 후 각각의 가장자리 겉쪽으로 8cm 너비 검정 선단을 둘러주었는데, 이때 선단에는 흰색 실선을 더하여 겉에서 흰색 견사로 박음질하여 사용하였다. 완성된 치마 주름이 흩어지지 않도록 5줄 간격으로 뒤에서 홈질로 징궈주었다. 허리말기는 흰색 공단으로 길이 84cm, 너비 9cm로 만들었으며, 완성된 앞과 뒤의 치마를 5.7cm 간격을 주어 허리 말기에 부착하였다. 말기 위쪽으로 쌍밀이 연봉 매듭이 앞면 1개, 뒷면에 3개가 부착되어 있다.

1900년대 초
| 총길이 86cm 치마 길이 77cm 허리둘레 84cm [고름 길이 81.5cm 너비 4cm]

중단에 치마를 걸친 앞 모습

중단 뒷면에 치마를 걸치기 전 모습

중단에 치마를 걸친 뒷모습

후수後綬

Official's Ceremonial Back Panel

조복이나 제복 등의 예복을 입을 때 뒤에 달아 늘어뜨리는 장식물이다. 품계에 따라 환(環)의 소재를 달리한다. 이 유물은 허리를 두르는 대대(大帶)에 뒤에 늘어트리는 수(綬)를 고정시킨 형태이다. 후수의 바탕은 홍색 융(絨) 바탕에 5쌍의 운학(雲鶴)을 황(黃) 청(靑) 황(黃) 청(靑) 백(白)의 순으로 중심수를 놓고 그 외에 구름, 금사환, 이화, 연꽃, 꼰사4줄 등의 무늬를 수(繡) 놓았다. 수 놓은 바탕은 두텁게 한지로 배접하여 힘을 받게 하였다. 뒷면 안감은 도련한 명주를 사용하였다. 그 아래에는 길이 23cm의 청사망수(靑絲網綬)를 맺어 부착하였다. 망은 정자, 골뱅이, 기러기, 빗살무늬 의 무늬로 두벌감기를 하였으며 망 아래의 술은 24합 8올(8겹)이다. 상부에 부착하는 환 2개는 현재 소실되어 없으며 바느질 흔적만 남아있다. 대대는 흰색 은조사(銀條紗)를 사용하여 한지 심을 넣고 9.8cm 너비로 길게 만든 후 가장자리에 남색 세주(細紬)로 만든 선단[緣]을 둘러주어 ㄇ 모양으로 만들고 좌우 끝에 남색 세주로 만든 길이 82cm, 너비 8cm 크기의 고름을 달았다. 완성된 대대에 후수를 감침질하여 부착하였다. 대대 윗부분에 쌍밀이 숫단추 3개를 중앙을 기준하여 18cm의 일정한 간격으로 달아주어 적초의에 후수를 둘러줄 때 고정하는 역할을 하였다.

1800년대 후반

| 총길이 79cm 총너비 73cm [綬 길이 66.7cm 너비 26cm]

후수後綬

Official's Ceremonial Back Panel

ㄇ 모양의 대대(大帶)에 홍색 신(紳:드림)과 후수를 고정한 형태이다. 후수 바탕은 홍색 융에 4쌍의 운학을 청(靑) 황(黃) 청(靑) 백(白) 순으로 수놓고 기타 연꽃 등의 무늬를 수 놓은 후 두텁게 배접하고 은조사(銀條紗) 안감으로 뒷면을 마무리하였다. 상부에는 4㎝ 크기의 동환(銅環)을 부착하였고 바탕 아래쪽에는 18.3㎝ 길이의 청색 망수를 견사로 짜서 늘어뜨렸다. 허리 부분에 해당하는 대대는 흰색 공단으로 바탕을 만들고 가장자리를 은조사 검정 선단[緣]으로 둘러주었다. 이때 한지 심은 사용하지 않았다. 완성된 대대에 후수를 부착하고 그 좌우에 홍색 은조사로 만든 길이 59㎝ 너비 7.5㎝ 크기의 드림[紳]을 늘어뜨렸다. 완성된 대대의 뒷면 중앙 부위에 매듭 단추를, 좌우에는 매듭 고리를 부착하여 뒤쪽 허리에 둘러줄 때 보조 고정되도록 하였다.

1900년대 초

총길이 66cm 총너비 64cm [綬 길이 58cm 너비 25cm]

후수後綬

Official's Ceremonial Back Panel

ㄇ 모양의 백색 대대(大帶)에 두록색 신(紳)과 후수를 고정 시킨 형태이다. 중앙에 놓인 후수는 홍색 융 바탕에 4쌍의 운학 등을 수 놓았으며 두텁게 종이 배접한 상태이다. 안감은 도련한 명주를 사용하였다. 후수 끝에 달린 망수는 길이 19.5cm이다. 후수 좌우에는 두록색 화문주(花紋紬)로 만든 길이 63cm 너비 7.8cm의 드림[紳]을 늘어뜨렸다. 허리에 두르는 대대는 흰색 공단 바탕에 가장자리를 검정색 공단으로 선단을 둘러주었으며 완성된 대대 뒷면 중앙에 쌍밀이 매듭 단추를 1개 부착하였다.

1900년대 초

| 총길이 65.3cm 총너비 62cm [綬길이 53.5cm 너비 21cm]

종묘 사직에 제사 지낼 때 입는 옷,

제복祭服

Official's Ceremonial Attire for the Royal Ancestral Rites.

문무백관이 종묘(宗廟)와 사직(社稷)에 제사를 지낼 때 입는 복식 일습.

왕, 왕세자가 방심곡령을 한 면복을 입을 때 문무백관은 제복을 입었다. 계급에 따라 제관의 양수(梁數)와 후수에 달린 환(環)의 재료를 달리하였다.

1884년(고종 21) 윤5월에 있은 갑신의제개혁(甲申衣制改革) 때에 관복(官服)과 사복(私服)의 개정이 있었을 때도 조복과 제복에 대한 제도는 변함이 없었다. 조선 전기의 제복은 청초의(靑綃衣)를 기본으로 하였는데, 『제기악기도감의궤(祭器樂器都監儀軌)』(1624, 인조 2년)에서는 '흑삼(黑衫)'이라 칭하여 검은 빛에 가까운 청색임을 짐작케 한다.

조선 말기의 제복은 흑초의(黑綃衣)에 훈색 폐슬과 방심곡령(方心曲領)이 부착되어 있으며, 제관(祭冠), 백초중단(白綃中單), 훈상(纁裳), 후수(後綬: 대대 부착), 패옥(佩玉), 홀(笏), 말(襪), 품대(品帶), 혜(鞋)의 일습으로 구성되어 있다. 이 가운데 훈상, 후수, 홀, 패옥, 품대는 조복과 공용으로 입었다.

신태관 일가에는 제관과 흑초의가 전해진다. 받침옷으로 입는 백초중단은 전해지지 않으며 나머지 부속품은 조복과 공용으로 사용한 것으로 보여진다.

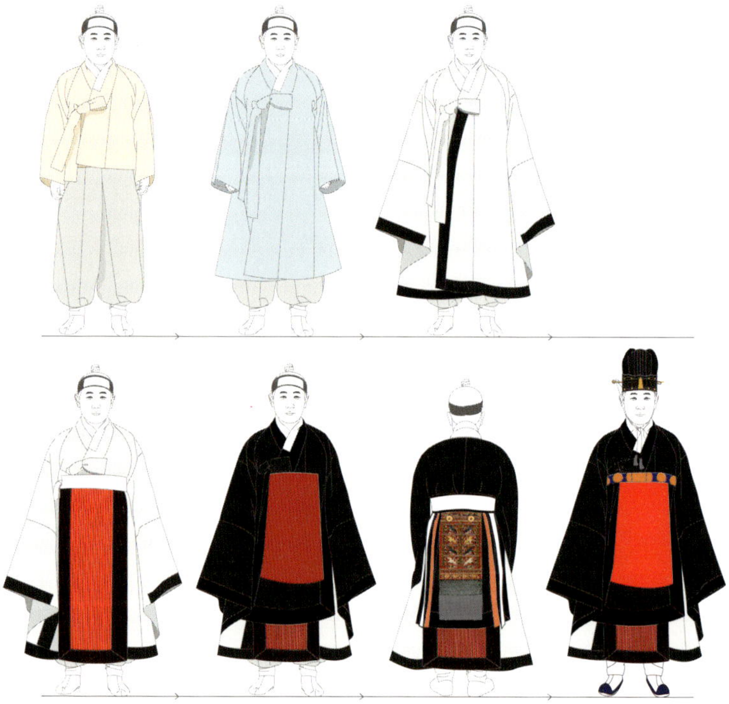

착장법

종묘 제례 관리, 1938년, 국립민속박물관 소장

흑초의黑綃衣
Official's Black Silk Robe

제복을 입을 때의 가장 겉옷이다. 조선 중기까지는 검은 빛에 가까운 청색이었으나 조선 말기 이후에는 검정색과 자주색이 전해진다. 이 유물은 검정색 은조사(銀條紗)로 만든 홑옷이다. 단령 깃처럼 만들어진 방심곡령이 곧은깃[직령깃] 위에 부착되어 있고 소매가 넓으며 직선형 도련의 겨드랑 아래로 긴 옆트임이 있다. 홑옷의 가장자리인 소매 끝, 도련을 흰색 실선이 부착된 검정색 선단으로 마무리 하였다. 겹으로 된 깃에 동정을 달고 그 위를 흰색 명주로 만든 고대 20㎝ 사선 길이 23㎝ 크기의 방심곡령을 시침하였는데 모양은 둥근 깃과 중심부에 작은 네모 조각을 연결한 형태이다. 깃 아래 가슴 부위에는 가로 28㎝ 세로 50.5㎝ 크기의 폐슬이 달렸는데 홍색 순인을 겹으로 한 직사각 형태이다. 소매 끝을 선단으로 완성한 후 위에서 24㎝ 내려온 지점에 쌍밀이 매듭을 부착하여 수구(袖口)를 표식하고 아래로는 공그르기하여 봉하였다. 겨드랑과 그 앞부분에 홍색 끈고리와 끈을 2중으로 달고, 뒷길 중심부에는 후수를 고정할 수 있도록 홍색 쌍밀이 매듭 고리 3개를 부착하였다.

1900년대 초
| 길이 89cm 화장 95.5cm 품 51cm 진동 31cm

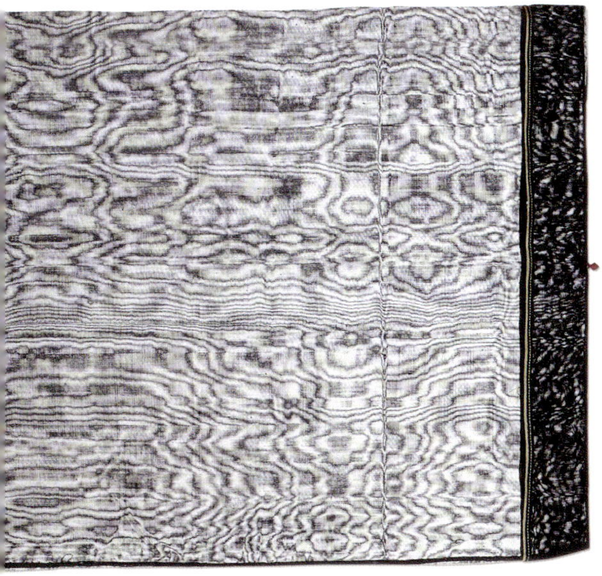

문무백관의 집무복,

상복常服

Official's Everyday Uuniform

조선시대 문무백관의 집무복(執務服).
조선시대에는 단령을 관리의 상복(常服)으로 제정하였다. 상복은 관리의 평상시 집무복을 뜻하는 것으로 사모(紗帽), 단령(團領), 흉배(胸背), 품대(品帶), 화(靴)로 구성된다.
상복은 착용빈도가 잦은 만큼 제도 변천도 다양하여 상복과 시복이라는 용도에 따라 단령의 색상 변화를 보여왔다. 15세기 상복은 홍단령, 시복은 흑단령으로 사용되다가 17세기에 『오례의五禮儀』 규정에 따라 상복은 흑단령, 시복은 홍단령으로 변화되었다. 조선 후기 흑단령은 당상관은 유록색(柳綠色: 현록색)의 무늬 있는 직물을, 당하관은 무늬 없는 직물을 사용하였다. 또한 사모에 달린 양각(兩角)에서도 신분을 달리하였는데, 『속대전(續大典)』에서 당상관 이상은 무늬있는 각[紋紗角]의 사모를 쓰고 당하관 이하는 무늬없는 각[單紗角]의 사모를 사용한다고 하였다. 1884년 갑신(甲申)년 의복제도 개혁을 기점으로 상복과 시복이 색상의 구별 없이 흑단령 하나로 통일되었으며 소매가 넓은 단령은 대례복으로, 소매가 좁은 단령은 소례복으로 착용하였다. 그림에 소개된 구한말의 초상은 무늬없는 흑단령을 입고 무늬없는 양각의 사모를 쓴 전형적인 당하관 관리 모습이다. 짙은 녹색 겉감과 남색 안감의 색상, 종선과 횡선으로 겹겹이 묘사 옷감의 모습에서 설한단[은조사] 유록색 단령의 가능성을 볼 수 있다. 신태관 일가에서 전해지는 상복에 해당하는 유물은 사모, 광수[廣袖] 단령, 흉배, 품대, 목화 등이 있다. 이 가운데 품대, 목화 등은 조복을 착용할 때에 통용되는 것들이다.

착장법

당하관 초상.
20세기초,
국립중앙박물관 소장

단령團領

Official's Robe with Round Collar

겉을 무늬없는 은조사 옷감으로 만들고 가슴과 등에 단학흉배(單鶴胸背)를 부착한 당하관(堂下官)이 입은 겹 단령이다. 은조사(銀條絲: 2경 익조직)로 만든 겉감과 안감 시접을 4겹으로 겹쳐 바느질하였다. 단령깃이 달린 겉감은 유록색[현록색]이고 직령깃이 달린 안감은 남색(藍色)이다. 흉배는 가로 17㎝ 세로 19㎝ 크기로 구름무늬 비단[雲紋緞]에 한 마리 학[單鶴]과 구름, 파도, 바위 등을 수(繡)놓았다. 완성된 안감의 곧은 깃에는 한지 심을 넣은 넓은 동정을 달고 안깃에 겉감 단령 깃을 함께 시침하여 고정하였다. 고름은 겉섶에 겉감과 안감 고름이 한 쌍으로 달렸으며 오른쪽 길에는 겉감 고름 1개 만 달렸다. 수구는 별단으로 달아주었고 밑 도련은 6.5㎝ 너비 제물단으로 접어 공그르기 하였다. 뒷길에 무를 상단 35.5㎝ 만큼 부착하였고 그 아래부터 트여있다. 겉감의 안쪽으로 어깨와 겨드랑에 바대가 있으며 안감에는 어깨 바대 만있다. 겉감의 겨드랑과 그 앞부분에는 품대를 지탱하기 위해 끈고리와 끈을 2중으로 달았다. 겉감과 안감의 시접은 마주한 채 4겹 바느질되어 있으며 밑 도련 부분만은 겉감과 안감이 각각 분리되어 있다. 신태관이 1898년(고종 35) 5월 9일에 당상관 통정대부(通政大夫)에 올랐으므로 그 이전(以前)에 입었을 것이다. 신태관 일가 유물 중에는 신정균에게 제향(祭享) 때에 왕실에서 하사한 것으로 보이는 단령감 포장지가 전해지는데, 겉면에 "외학흉배, 유록설한단 일필, 남설한단 일필"이라 쓰여있다. "설한단"이 무늬없는 사직물을 뜻하고 있는 것으로 보여진다.

1800년대 후반

길이 130cm 화장 94cm 품 49cm 진동 26cm

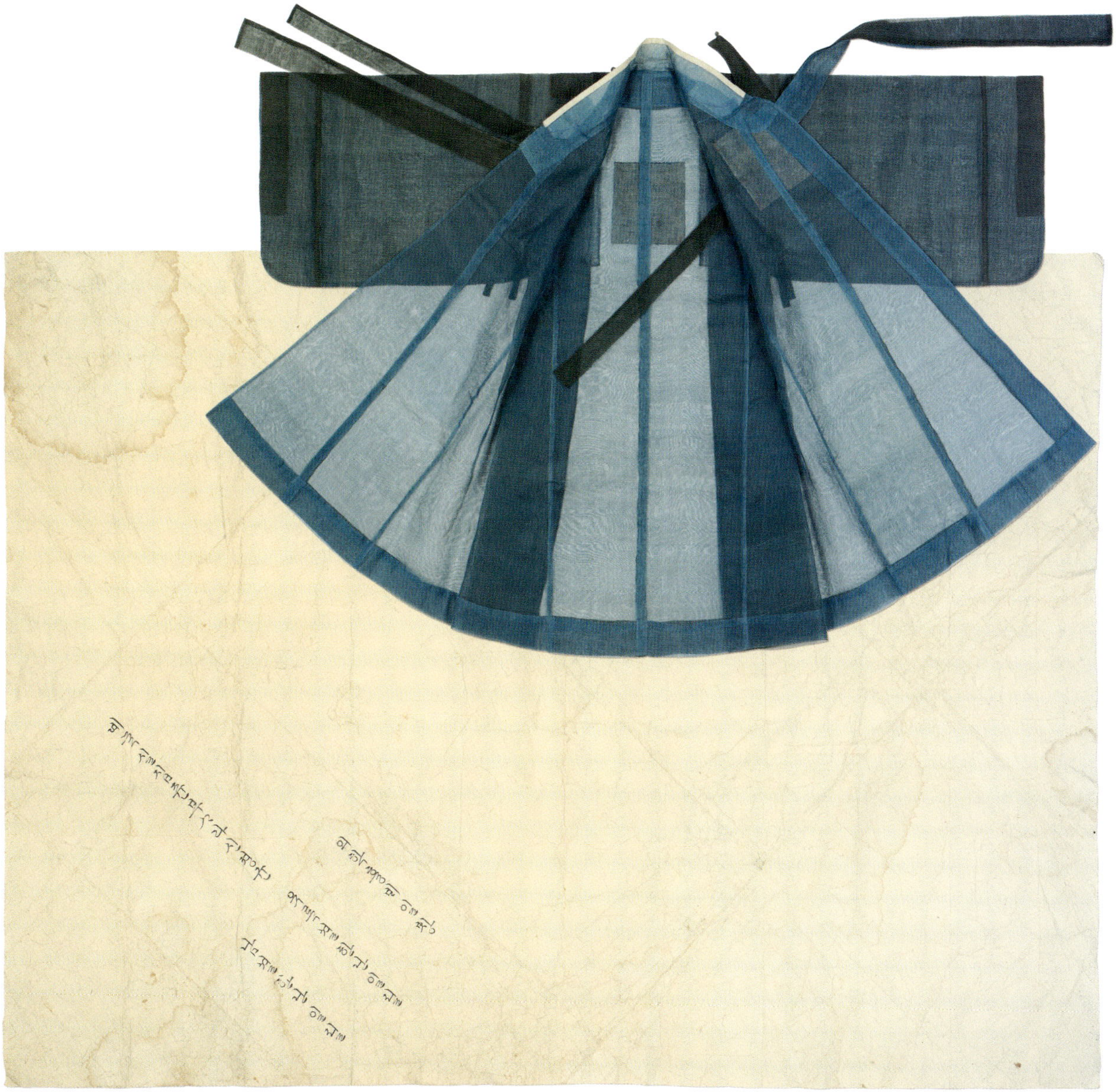

단령감을 쌌던 대호지大好紙

"데뉵실 집쥰 부ᄉᆞ과 신졍균(第六室 執樽 副司果) 외학흉비일빵(외학흉배 한쌍). 유록셜한단일필(유록설한단 1필). 남셜한단 일필(남설한단 1필)"

1800년대 후반
| 가로 114㎝ 세로 83.5㎝

융사에 입는 옷,

군복軍服

Military Official's Uniform

조선시대 문무백관이 거둥이나 융사(戎事) 등에 입었던 복식 일습.

조선 후기부터 무관(武官)의 상복(常服)이면서 문관도 무직(武織)을 띠고 임무를 수행하는 경우 군복을 입었다. 무관의 경우 갑옷을 입을 때도 속에 군복을 입었으며 왕실의 공식적인 자리에서도 단령 속에 군복을 입는 등 상시 군복 차림을 하였다. 군복 차림새는 전립(戰笠), 동다리(彤多里), 전복(戰服), 요대(腰帶), 전대(戰帶), 화(靴)로 구성되며 이외에도 병부(兵符), 팔찌[韝], 환도(還刀), 동개(筒箇) 등 채가 구비된다.

신태관 일가에는 동다리, 전복, 요대, 전대, 비구, 환도 등의 군복 관련 유물이 전해진다. 문관 신분의 신태관과 아들 신정균이 1880년대에 용양위(龍驤衛) 부호군(副護軍) 병마첨절제사(兵馬僉節制使) 용양위 부사과(副司果) 등의 무직에 종사한 사례가 있다.

착장법

신원 미상 초상.
1913년, 채용신 그림.
육군박물관 소장

쌍용문 갑사로 만든 동다리에 쌍용문 갑사 전복을 덧 입은 모습

동다리彤多里

Military Official's Robe

소매 없는 전복 안에 받쳐 입는 옷이다. 금향색(錦香色) 몸판에 붉은 소매[紅袖]가 달려 동다리라 하였으며 겉에 전복을 덧입었을 때 붉은 소매가 겉으로 드러난다. 이 유물은 겉감과 안감에 쌍용문(雙龍紋) 갑사(甲紗)를 사용하였는데, 안감의 색상은 남색이다. 동다리 소매 안감은 일반적으로 겉감과 같은 홍색 옷감을 사용하지만 이 유물의 안감 소매는 특별히 몸판과 동일한 남색을 사용하였고, 홍색 항라(亢羅)를 소매 부분에만 심감으로 넣어주었다. 겨드랑 아래, 옆선 아래, 뒷길 중심에 트임이 있다. 뒷길 고대 중심에서 36.5cm 내려온 부분부터 길게 뒤가 트였으며, 옆선에 달린 무의 아래쪽 좌 우측에 21.5cm 씩 옆트임을 주었다. 겨드랑 좌우 옆선 쪽에도 2cm 내려와서 3cm의 작은 트임 구멍이 있다. 이는 어깨에 걸치는 동개의 끈을 고정하기 위한 것이며, 동다리 속에 입게 되는 등거리[조끼류]와 연결된다. 등거리 옆구리 쪽에 금구[쇠고리]를 달아 동다리의 작은 구멍을 통해 동개끈과 서로 연결한 것이다. 함께 전해지는 전복에도 동일한 위치에 크기가 같은 트임이 있다.

1800년대 말
길이 126.5cm 화장 80cm 품 47cm 진동 33cm

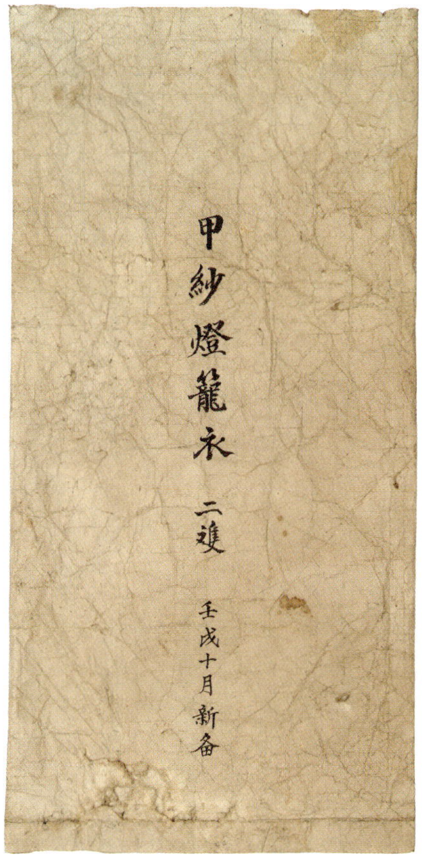

옷감 봉투

"甲紗燈龍衣 二雙 壬戌十月新备"
갑사등룡의甲紗燈龍衣라 쓰여 있으나 봉투의 크기 등으로 보아 옷을 만들 옷감을 넣었던 것이다. 승천하는 용무늬가 있는 갑사 옷감 2쌍을 포장하였던 것으로 보여지며 이 시기 전복, 동다리 등에 흔하게 사용되었던 원형무늬의 쌍용문 갑사 무늬 옷감이 이에 해당할 것으로 보여진다. 2쌍을 넣었다는 것은 겉감과 안감의 가능성을 볼 수 있다. 임술년 10월 새로 마련하였다는 기록도 함께 있다.

1800년대 후반
| 가로 26.5cm 세로 53cm

동다리와 같은 지점의
트임 구멍
[전복]

겨드랑 아래의
3㎝ 트임 구멍
[동다리]

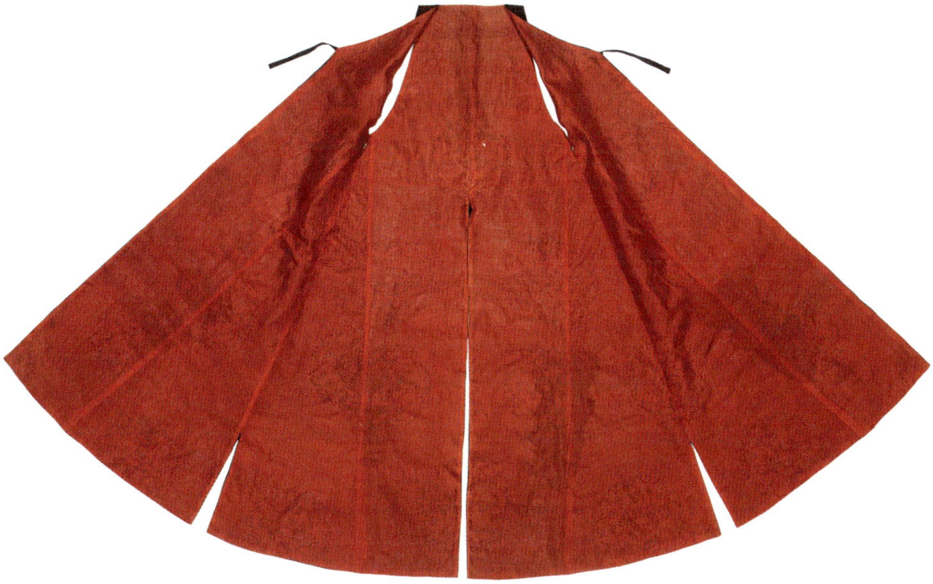

전복戰服
Military Official's Sleeveless Robe

동다리를 입고 그 위에 덧입는 옷이다. 검정색 겉감과 홍색 안감을 모두 쌍용문(雙龍紋) 갑사(甲紗)를 사용하여 만든 겹 옷이다. 깃, 소매, 섶이 없이 앞길이 중심에서 서로 마주보는 대금형(對襟形)으로 앞 중심에 끈고름과 단추를 달아 여밈하였다. 목둘레선 끝 좌우에 17cm길이의 좁은 고름을 부착하였고 13cm 내려와서 좌측에 숫단추, 우측에 암단추가 부착되었다. 깊게 파인 진동선 아래에 동다리와 같은 트임 구멍이 있는데, 겨드랑 아래 2cm 내려와서 3cm 트임 구멍이 있다. 동다리에 전복을 덧 입었을 때 같은 위치의 구멍 사이로 동개 끈 등을 통과할수 있다. 무가 달린 옆선 아래쪽으로는 21cm 옆트임이 있으며 뒷길에도 트임을 주어 뒷길 중심에서 32.5cm 부터 아래로 끝까지 트여 있고 시작점에서 13cm 내려온 지점에는 트임의 훼손을 방지하기 위해 매듭단추를 달아주었다.

1800년대 말
| 길이 124.5cm 화장 12cm 품 46cm 진동 31.5cm

의衣

일상日常에서 입는 옷,

편복便服

Man's Everyday Clothes

사대부의 일상(日常)은 조선시대 후기 풍속화 등이 회화류에 묘사되어 있어 옷 차림새를 알 수 있다. 조선 전시기(全時期) 동안 저고리와 바지 위에 포(袍)류를 입은 구조는 크게 다를 바가 없으나 시대에 따라 유행의 흐름이 있어 왔다. 조선 전기 남성은 너른바지와 저고리 위에 철릭 직령 답호 배자 등을 입었었다. 임진왜란 등의 변란은 복식 변화의 큰 변환점인데 사폭바지로 형태 변화된 남자의 바지가 변화의 시작이다. 조선 후기 저고리 위에 마고자 배자 조끼 등을 입었으며 소창의도 간편복으로 집에서 입었다. 조선 전기에 드물게 입었던 도포(道袍)는 사대부의 편복으로 보편화 되었고, 두루마기는 개화기 이후 오늘날까지 대표적인 남자들의 외출복이다. 전복(戰服)은 동다리 위에 덧입는 군복의 한 구성이지만 1895 을미년(甲午改革:고종 32년) 의제개혁 때에 궁중을 출입하는 통상 복색(通常服色)으로 주의(周衣:두루마기)와 답호[깃 달린 전복]에 사대(絲帶)차림을 허용하였다. 이를 계기로 조선 말기 이후에 남성들이 두루마기와 같은 착수형 포(袍)의 겉에 전복을 덧입어 외출복으로도 널리 이용했던 것으로 보여진다. 평상복 전복은 남색, 자색 등의 화려한 색상이다.

사대부들은 집에 있을 때에도 상투에 망건을 갖추고 관모류를 착용하였기에 다양한 일상복 만큼이나 관모류가 애용되었으며 안경, 허리띠, 부채 등의 장신구도 있다. 신발은 흑혜(黑鞋)나 태사혜, 운혜 등을 즐겨 신었다.

신태관 일가의 평상복은 두루마기, 남색 전복, 광다회 등이 전해진다.

착장법

고종과 순종의 편복 착용 모습, 국립고궁박물관 소장

두루마기周衣
Man's Overcoat

두루마기는 소매는 좁으며 곧은 깃에 무가 있고 트임은 없는 옷이다. 두루 막혀 있다는 것에서 명칭이 유래되었다고 한다. 유물은 겉감은 소색의 쌍용문 갑사이고 안감은 곱게 도련한 명주를 사용한 겹 옷이다. 곧은 깃에 달린 동정은 끝이 뾰족한 편이며 겉섶은 중심에서 4㎝ 정도 들여 달려 있다. 소매의 이음선은 가름솔기이며 배래는 겉감과 안감의 솔기가 각각 바느질된 2겹 바느질 형태이다. 옷감의 쓰임으로 보아 봄 가을에 입었을 것으로 보여진다.

1900년대 초
| 길이 125.5cm 화장 79cm 품 49cm 진동 31cm

전복戰服

Man's Sleeveless Coat

착수형 포(袍)의 겉에 덧입은 편복용 전복이다. 유물은 은조사(銀條絲: 2경 익조직)로 만든 홑옷이다. 깃, 소매, 섶이 없이 앞길이 중심에서 마주 보고 있으며 무가 달린 옆선 아래와 뒷길에 트임이 있으며 모든 가장 자리를 선단을 덧대어 마무리 하였다. 깃은 3.2cm 너비, 진동은 3.4cm 너비, 앞 중심은 4.5cm 너비로 별단을 덧대어 주었으며, 밑도련은 너비 4.7cm의 제물단을 접어 마무리 하였다. 깃 끝과 아래로 10cm 내려온 지점에 각각 연봉 매듭 단추를 만들어 붙였다. 옆선 아래의 트임은 15.5cm 정도이다. 뒷길 고대점에서 아래로 33.5cm 내려와서 도련 끝까지 트임을 주었다. 무의 이음선은 곱게 깨끼로 손바느질하였다.

1900년대 초
길이 126.5cm 화장 16.7cm
품 49.5cm 진동 31.5cm

국상복國喪服

Mourner's Robe

국상(國喪)이나 집안의 상을 당했을 때 또는 국가의 제향을 지낼 때 입는 옷의 총칭.

국상을 치르는 동안 관리가 관청에 나갈 때는 천담복(淺淡服)을 입는다. 이때의 천담복은 옅은 옥색의 단령이다. 천담복을 입을 때는 백색의 사모[白紗帽]를 쓰고 마대(麻帶) 또는 오각대(烏角帶)를 허리에 차고 백목화(白木靴)를 신었다. 천담복은 국상 때가 아니어도 국가의 제향, 능(陵)에 참배하는 의식을 지낼 때도 입게 되는데 왕이 흉배가 없는 천담복[참포黲袍]를 입고 행차할 때 백관은 천담복에 오사모(烏紗帽), 오각대, 백목화를 신었다. 천담복을 입고 능 참배하는 모습은 1918년 1월 17일 영왕(英王)이 명성왕후의 홍릉(洪陵)에 참배하러 가는 구한말 사진 자료에서 확인된다. 사진에서 영왕은 익선관과 이엄을 쓰고 있으며 흉배가 달리지 않은 천담복을 입었다. 허리에 두른 대는 옅은색으로 보이며 신발은 백목화를 신었다. 좌우에 보필하는 백관은 검정색 사모[오사모]에 이엄을 쓰고 천담복에 오각대를 둘렀으며 신은 백목화와 일반적인 목화를 각각 신고 있다. 상 중에 일상옷 차림은 백립을 쓰고 소색의 도포, 두루마기, 전복 등을 입었으며 허리에는 소색 띠를 둘러주었고, 신발은 소색의 백녹피혜 등을 신었다. 신태관 일가에 상복류로 전해지는 것은 천담복과 소색으로 만든 전복이 있다.

착장법

1918년 1월 17일
영친왕과 백관들이 천담복을 입고
홍릉에 참배하는 모습.
서울대학교 박물관 소장

천담복淺淡服

Jade-green Robe for Mourning

국상(國喪)을 치르는 동안 관청에 나갈 때 또는 제향 때 입는 관리의 상복이다. 이 유물은 옅은 옥색의 명주를 도련하여 만든 홑 단령이다. 단령 깃에 곧은 깃을 특별히 덧붙여 안깃을 만들었고 도련 선단, 바대 등의 시접을 풀칠하여 마무리 하였다. 겉 깃은 엇선을 둥글게 만들어 너비 4cm, 사선 길이 24cm 크기로 단령깃을 달았으며, 겉깃 길이 26cm 깃 너비 9cm 크기의 곧은 깃을 별도로 만들어 단령 깃의 안쪽에 성글게 시침하여 붙여 주었다. 이 때 단령깃과 약 3cm 정도 겹쳐진다. 뒷길 중심, 소매, 섶, 무의 이음선은 홈질로 하였으며 나머지 수구, 섶단, 도련단은 7.5cm 너비의 선단을 덧 붙인 후 시접을 풀칠하여 마무리하였다. 어깨 바대와 겨드랑 바대도 풀칠로 되어 있다. 뒤 길로 넘긴 무는 30cm 길이 정도 뒷길에 홈질로 부착하였다.

1800년대 후반

| 길이 126.5cm 화장 92.5cm 품 50cm 진동 29cm

안깃의 곧은 깃은 시침하여 주었고
섶단, 밑도련단, 수구선단, 바대, 고
름의 시접은 바느질 하지 않고 풀칠
하여 마무리하였다.

전복戰服
Sleeveless Coat for Mourning

착수형 포(袍) 위에 덧입는 편복용 소색(素色) 전복이다. 소색은 주로 봄, 여름, 그리고 상(喪) 중에 흔히 입는 색상인데, 받침옷의 색상에 따라 일상복이 되거나 상복(喪服)이 된다. 받침옷으로 소색의 두루마기를 겹쳐 입으면 국상(國喪)이나 집안의 상(喪)을 당했을 때 상중의 편복으로 입을 수 있었다. 이때 허리끈도 소색으로 매었다. 이 유물은 소색의 순인(純緣)으로 만든 홑 옷이다. 소매와 섶이 없으며 옆선에 달린 무로 인해 도련이 넓게 퍼진 형태이다. 앞길이 중심에서 마주 보고 있는 대금형이며 목둘레선 끝에 고름과 10㎝ 내려온 부분에 매듭 단추를 부착하여 여밈하도록 하였다. 무가 달린 옆선 아래와 뒷길에 트임을 주었다. 밑도련은 4㎝ 선단으로 접어 올렸으며, 나머지 가장 자리는 너비 4㎝ 별단을 덧대어 마무리하였다. 어깨 안쪽에 달린 선단은 명주를 사용하였다. 길의 시접은 4겹을 한꺼번에 박음질했으며 도련은 곱게 공그리기 해주어 마무리하였다.

1800년대 후반
| 길이 123cm 화장 15.5cm 품 47.5cm 진동 30.5cm

전복戰服

Sleeveless Coat for Mourning

은조사(銀條絲: 2경 익조직) 홑 옷

1800년대 후반

| 길이 126cm 화장 15cm 품 50cm 진동 30cm

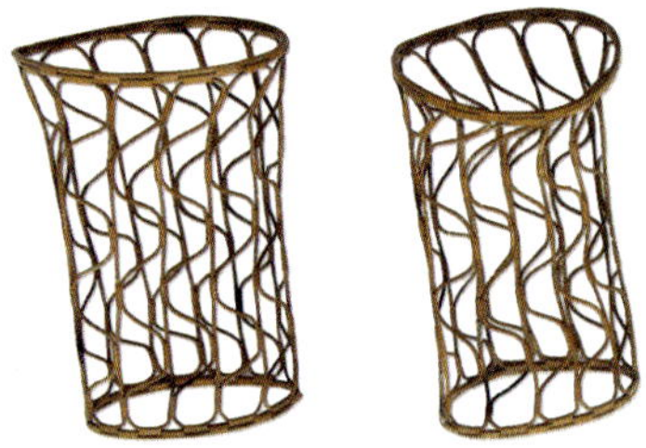

등토시藤吐手

Muff for Summer Use

| 길이 16.5㎝ 지름 8.5~9.8㎝

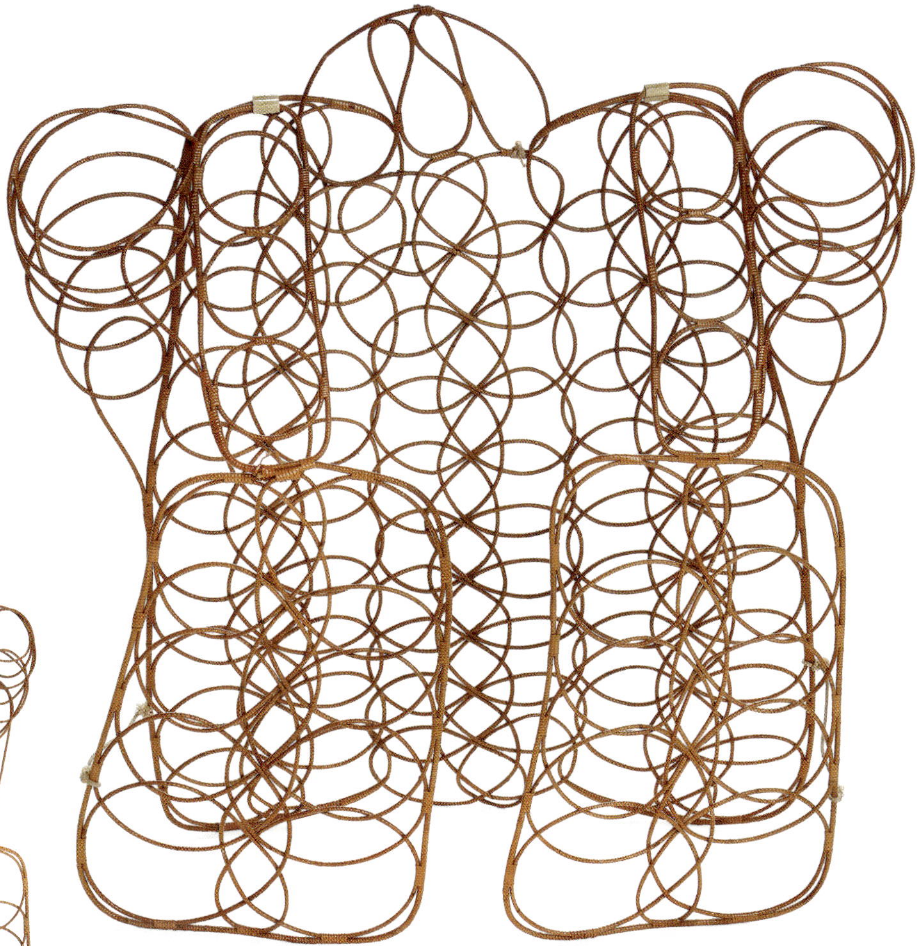

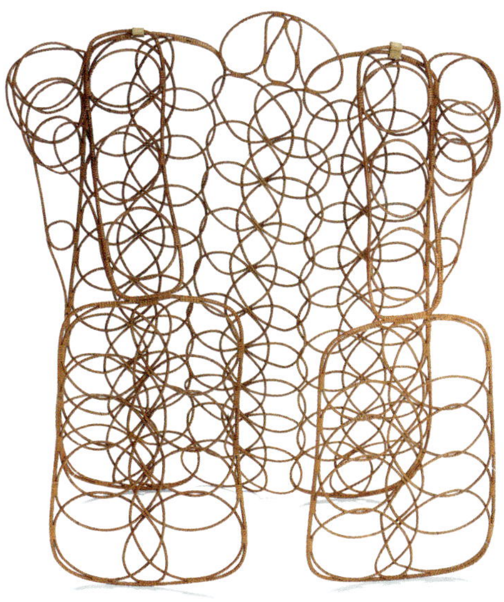

등거리藤背子

Vest for Summer Use

가는 대나 등나무의 가는 줄기를 성글게 만든 여름용 배자이다. 맨살에 입고 그 위에 적삼, 저고리 등을 입었다.

| 길이 44cm 앞길이 42.5cm 품31cm 어깨너비 40cm

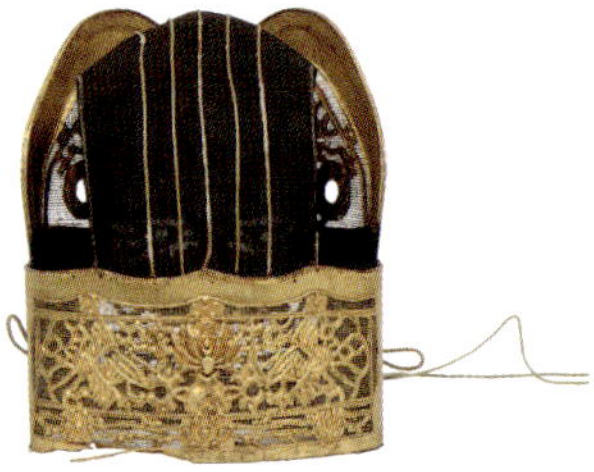

금관金冠

Official's Golden Coronet

조선시대에 관리가 조복 차림을 할 때 착용하는 금(金)칠된 양관(梁冠)이다. 제도상으로는 금관을 쓰는 자의 품계에 따라 양(梁)의 수를 달리하였지만 현재 전하는 유물은 대부분이 오량관(五梁冠)이며 소수의 삼량관과 대한제국(大韓帝國)의 제도인 육량관이 알려져 있다.

이 유물은 양이 5줄로 이루어진 오량관이다. 머리 앞 둘레를 싸는 관무(冠武)는 높이가 9cm이고 둘레가 41cm로 품 조절이 가능한 구성이다. 바탕을 세죽사(細竹絲)로 엮은 후 화조(花鳥) 무늬를 투조(透彫)하여 붙이고 관무 전체를 옻칠한 다음 금칠하여 장식하였다. 뒷부분을 병풍처럼 감싸는 배면(背面)은 높이 23cm이고 장식은 관무와 동일하다. 머리 위를 덮는 모(帽)는 세죽사(細竹絲)로 너비 16cm의 바탕을 만들고 검은색 추사(縐紗)로 싸준 후 금칠한 5줄[五梁]을 일정한 간격으로 종선(縱線) 배열하였다. 영(纓)의 길이는 술을 포함하여 225cm이며 남색이 심하게 변색된 상태이다. 금관을 착용할 때 좌우 끝에 달린 끈으로 관의 전체 둘레를 머리에 맞게 조일 수 있도록 되어 있다. 대한제국 시기에 3품 벼슬에 있었던 신태관 또는 신정균이 사용한 것으로 보여진다.

1900년대 초
높이 23cm, 지름 18cm, 둘레 57.5cm

금관함金冠函
Coronet Case

| 높이 25.5㎝ 지름 22㎝

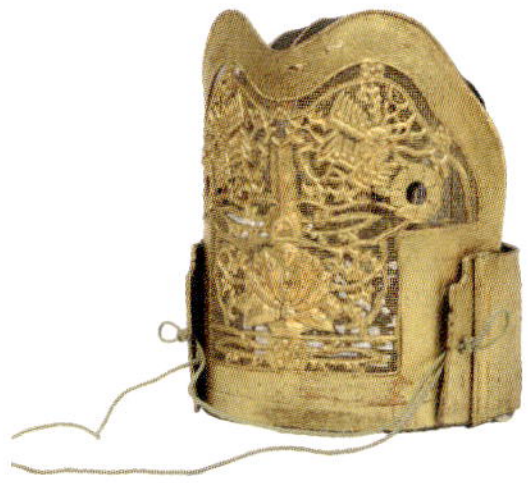

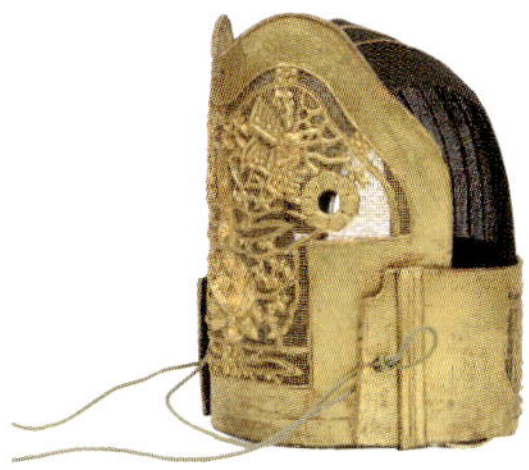

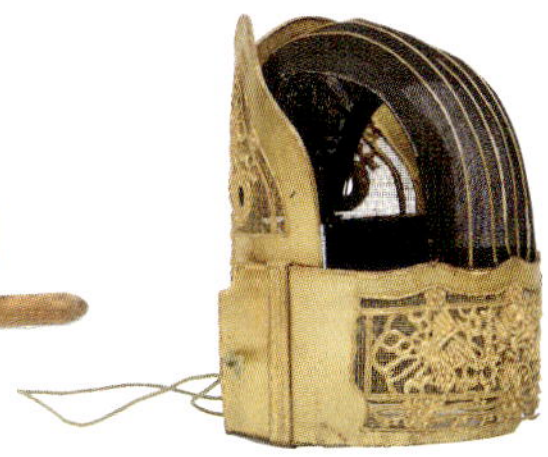

제관祭冠

Official's Coronet for Ancestral Rite

제복을 입을 때 쓰는 양관(梁冠)이다. 관무의 중심 부분과 목잠을 꽂는 구멍 둘레에만 도금하고 그 외의 대부분은 흑칠한 형태이므로 조복의 양관[금관]과 구분하여 제관이라고도 한다. 조선 중기 까지 조복과 제복의 양관이 통용되었으나 영조·정조대에 조복의 금관과 제복의 흑칠관(黑漆冠)이 분리되어 사용되기 시작하였다. 이 유물은 양(梁)이 5줄로 이루어진 5량관으로 5줄의 양이 놓인 모체, 앞 둘레의 관무, 뒷면의 배면으로 구성되었으며 배면에 목잠을 꽂고 116cm 길이의 자주색 영(纓)을 걸어 주었다. 몸체를 죽사(竹絲)로 얽어매어 만들고 그 위를 추사 옷감을 싸주었다. 전체를 흑칠하고 양, 관무, 배면에만 일부 금칠하여 주었다.

1900년대 초

높이 22.5cm, 지름 17cm, 둘레 58cm [관무 높이 10.5cm 둘레 43cm]

제관 속의 금관金冠

Official's Coronet for Ancestral Rite

1900년대 초

| 높이 20cm 지름 15cm 둘레 52cm 끈길이 200cm [관무 높이 9cm 둘레 40cm]

제관함 속에 금관과 제관이
함께 끼워져 보관된 모습.

제관함祭冠函

Coronet Case

1900년대 초

| 높이 28.5cm 지름 22cm

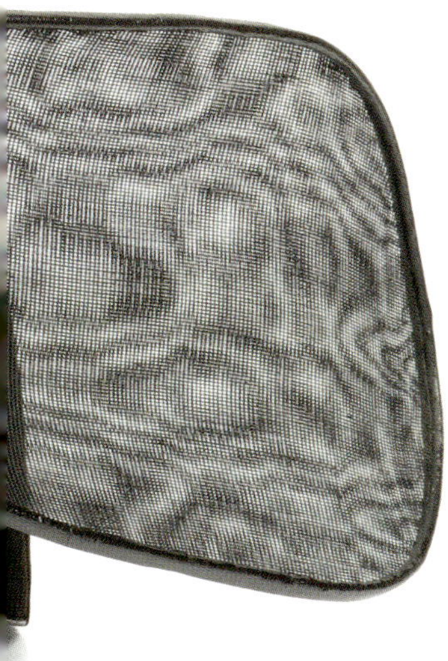

사모紗帽

Official's Hat

조선시대 관리들이 단령을 입을 때 착용하던 관모이다. 뒤가 높고[모체] 앞이 낮은[모정] 2단의 머리 부분을 이루며, 뒷면에는 각(角)을 달고 있다. 사모의 왼쪽에 있는 1쌍의 쇠고리는 진연 등의 축하 행사 때에 수화(首花)를 꽂는 구멍이다. 이 유물은 양각(兩角)이 모체를 감싸듯 앞으로 심하게 숙인 형태로, 양각은 은조사 옷감을 2겹 사용하여 물결무늬를 나타내어 당상관용 문사각(紋紗角)에 해당한다. 겉면은 대[竹]로 망(網)을 짜고 옻칠하여 그 위를 검정색 얇은 추사(縐紗 : 날실을 꼬임이 심한 강연사로 짠 평견직물)로 씌웠다. 모정에는 통기창과 직경 1cm 정도의 구멍이 있다. 모체 뒤쪽에는 날개 모양을 옆으로 펼친 형태의 양각(兩角)을 끼웠다. 각은 구리실을 가로 15cm, 너비 8cm 크기의 날개 모양으로 만들고 은조사(銀條紗) 2겹으로 감싸주었다. 각을 2개 만들어 모체 뒤쪽 중심에 부착된 대롱에 끼우도록 하였는데 끝을 자주색 끈으로 서로 연결하여 분실을 막았다.

1800년대 후반

| 둘레 57cm 지름 19.5cm 앞높이 9cm 뒤높이 16~17.5cm

쌍학흉배雙鶴胸背

Twin Crane Rank Badge

뒷면 배접 모습

흉배는 문무백관들이 관복 단령의 앞 뒤면에 부착하여 품계를 표시해 주는 표시이다. 대한제국 시기 이후의 문관 흉배는 문관 당상관은 쌍학(雙鶴), 당하관은 단학(單鶴)이며 크기도 매우 작다. 조선 말기에는 대부분 영지만 물고 있다. 이 유물은 유록색 운보문단 바탕에 영지를 물고 있는 쌍학흉배로 문관 당상관이 사용한 것이다. 바위를 하단 중심에 두고 물결무늬로 둘러싸였으며 중심부에 학 2마리가 날개를 펼치고 상하로 머리를 마주하고 학의 좌우와 상부에는 구름 무늬가 가로질러 수놓여 있다. 흉배에 사용된 자수 기법은 속수를 놓은 후 평수, 자리수, 자련수를 사용하였으며 학의 머리끝 학정에는 홍색의 씨앗수를 수놓았다.

1900년대 초

| 가로 16.7cm 세로 18.5cm

쌍학흉배雙鶴胸背
Twin Crane Rank Badge

1900년대 초
| 가로 16cm 세로 18.5cm

쌍학흉배雙鶴胸背
Twin Crane Rank Badge

1900년대 초
| 가로 17cm 세로 18.7cm

단학흉배單鶴胸背

Single Crane Rank Badge

당하관(堂下官) 신분에서 관복에 부착하였던 단학 흉배이다. 짙은 유록색 운보문단 바탕에 영지를 물고 있는 학 한 마리가 바위, 물결 위를 날고 있고 상하 주변에 구름이 둥실 떠 있는 무늬를 수놓았다. 전체를 흰색 견사를 사용하였으며 학의 정수리와 주둥이, 목 부분에만 홍색, 녹색, 자주색을 일부 사용하였다. 흰색의 성근 꼰사를 사용하여 평수, 자리수, 자련수 등의 기법을 사용하여 비교적 단순하게 수놓았다.

1900년대 초

| 가로 18.5cm 세로 20.7cm

삽금대鈒金帶

Official's Belt

조선 시대 정2품 관리가 사용하는 품대이다. 관복의 겨드랑 아래에 달린 고리에 끼워 가슴에 띠었다. 유물은 자색 띠바탕에 보문(寶紋)을 조각하여 도금(鍍金)한 띠돈이 부착된 삽금대이다. 띠바탕[鞓]은 자주색 띠바탕 2조각이 좌우에 자리잡고 남색 띠바탕 1조각이 속 둘레를 고정하고있으며 뒷면 안쪽에는 연한 녹색 배면이 자리한 구성이다. 자주색 띠바탕은 속심을 무명과 종이를 여러 겹 배접하고 겉을 자주색 문주(紋紬)을 씌워 배접하였다. 속 띠의 둘레를 유지하고 있는 남색 띠바탕은 명주로 만들었으며 뒷면 안쪽에 부착된 배면은 안에 여러 겹의 종이를 접어 넣어주었다. 완성된 띠의 크기는 둘레 121㎝ 높이 4㎝이다. 띠바탕에 금획(金劃)이 그려져 있었으나 현재는 금분이 없어지고 금획 흔적만이 남아 있다. 유물을 보관하면서 "金帶 自判書 所用"라는 묵서를 써 두어 신태관공이 사용하였던 것임을 알 수 있다.

1800년대 후반

둘레 122cm 가로 24cm~25cm 세로 44cm 높이 4cm [배면 길이 43㎝]

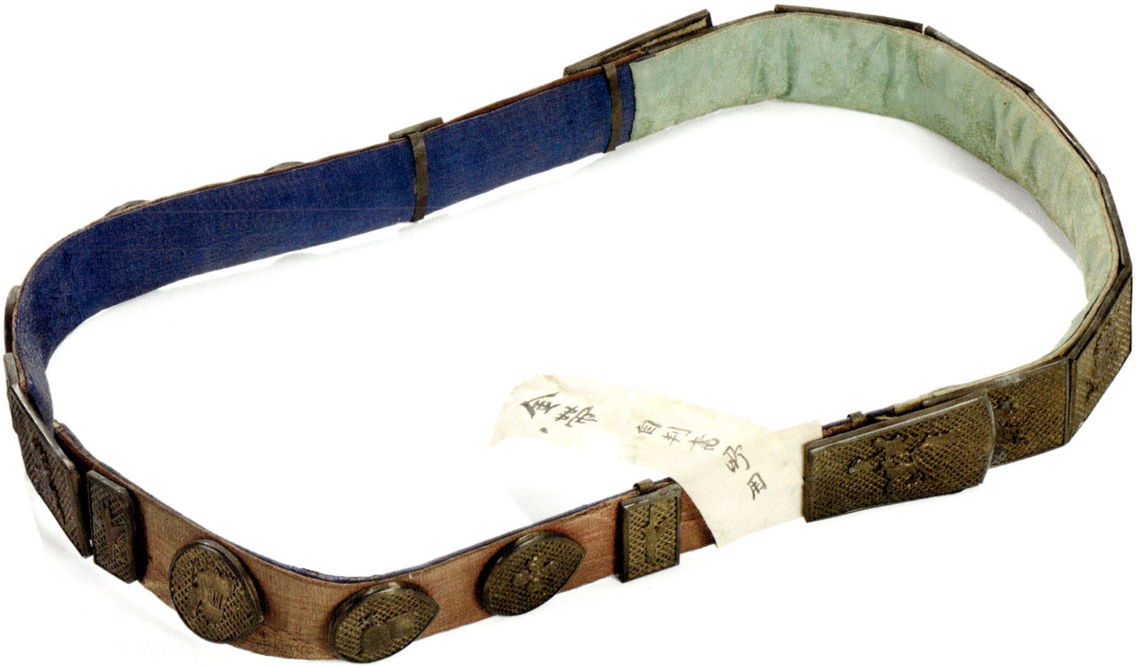

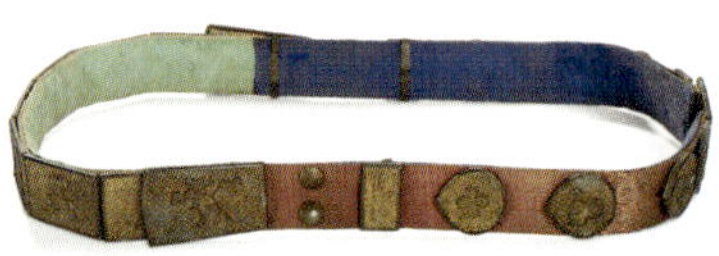

학정대鶴頂帶
Official's Belt

1900년대 초
| 둘레121cm 가로 27cm 세로 38cm 높이 3.7cm [배면 길이 44cm]

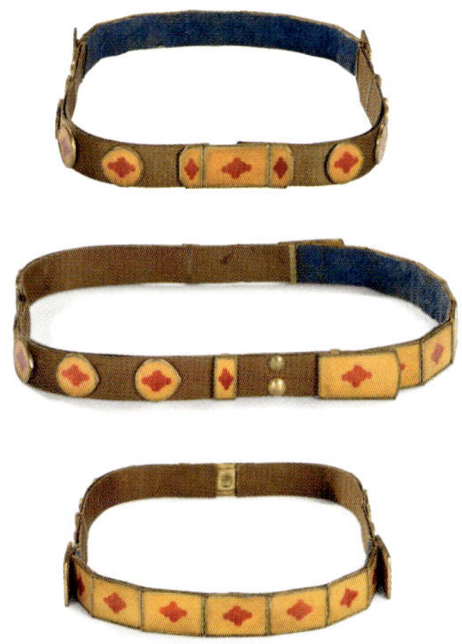

학정대鶴頂帶
Official's Belt

조선시대 종2품 벼슬에서 사용하는 소금대(素金帶)에 해당하는 품대이다. 띠돈이 노란색 바탕으로 되어 있고 중앙에 빨간 무늬가 있는 것이 특징이다. 학정대의 띠돈은 조각이 없는 대신 금테를 둘렀기 때문에 소금대에 해된다. 이 유물은 띠돈을 쇠뿔을 얇게 펴서 투명한 종이처럼 만든 후 안쪽에 빨강색과 노랑색의 순으로 채색을 하여 무늬를 만들었다. 삼태의 크기는 가로 10cm이며 복숭아 모양의 띠돈은 가로 4cm 크기이다. 띠바탕은 짙은 노랑색 비단을 사용하여 가죽 심을 싸주었다. 띠바탕에 금획은 그려져 있지 않다. 띠의 안쪽 부분에 남색 비단으로 배면을 싸 주었다.

1900년대 초
| 둘레 127cm 가로 30.5cm 세로 42cm 높이 4cm [배면 길이 43cm]

서대犀帶

Official's Belt

서대를 모방하여 만든 품대이다. 서대는 장식 띠돈을 무소뿔을 재단하여 만든 것인데, 이 유물은 띠돈을 서대의 느낌이 나는 가품재료를 사용하였다. 서대의 값이 비싸 대용으로 사용한 품대로 보여진다.

1900년대 초

| 둘레 120cm 가로 25cm 세로 43cm [배면길이 39.5cm]

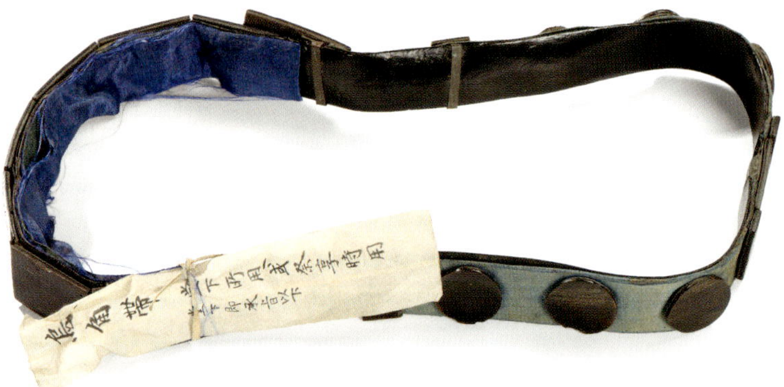

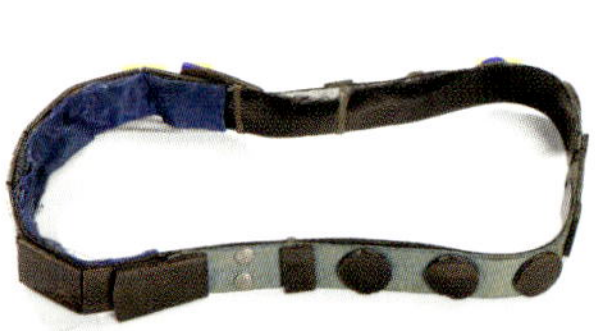

오각대烏角帶

Official's Belt

조선시대에 5품 이하의 벼슬에서 사용한 품대이다. 국상(國喪)을 치르는 기간 중 관리가 관청에 나갈 때, 제향시 등에 천담복을 입고 허리에 두르기도 하였다. 오각대는 띠돈을 소의 뿔을 모양내어 만든 것으로 검은색을 띄어 흑각대(黑角帶)라고도 한다. 탁지준절(度支準折)에는 1품의 서대[犀角帶]와 5품 이하의 오각대[黑角帶]의 가격이 제시되어 있는데, 서각대 1부(部)의 가격이 150냥인데 반하여 오각대는 2냥에 불과하여 가격의 격차를 짐작할 수 있다. 유물은 띠바탕을 가죽으로 사용하였다. 너비 4cm로 길게 3조각으로 재단하여 2조각은 남색 명주를 배접하여 좌우 띠바탕으로 하였고, 나머지 1조각은 가죽을 그대로 사용하여 띠의 기본 테두리로 사용하였다. 가죽 띠바탕의 뒷면 안쪽에는 남색 비단으로 만든 배면을 부착하였다. 완성된 띠 바탕에는 흑각의 띠돈을 모양내어 부착하였으며 띠돈에 테를 두르지 않았다. 띠바탕에는 금획(金劃)이 그려져 있었으나 현재는 금분이 없어지고 금획을 그리기 위해 표시해둔 올 자국만이 남아있다. 유물에는 "堂下所用 或 祭享時用 /堂下 卽 承旨以下"라는 묵서가 함께 있어 오각대가 제향시에도 사용하였음을 알 수 있다.

1800년대 후반

| 둘레 120cm 세로 44.5cm 높이 4cm [배면길이 48.5cm]

소례복대小禮服帶

Official's Belt for Semi-formal dress

소례복인 착수단령(窄袖團領)을 입을 때 허리에 띠는 관복용 허리띠이다. 유물은 자주색 견사(絹絲)를 여러 가닥으로 엮어 폭이 넓고 납작한 모양으로 끈목을 짠 후 양쪽 끝에는 띠돈을 달아 띠꽂이[날름쇠]를 사용하여 여밈할 수 있도록 하였다. 띠돈은 삼태(三台) 형식으로 달렸는데, 중앙에 가로3.2㎝ 높이 2.3㎝ 크기 띠돈 1개를 달고 그 좌우에 가로 1.5㎝ 크기의 작은 띠돈으로 구성되어 있다. 띠돈의 재질은 가품(佳品) 서대(犀帶) 무늬를 띈 바탕에 구리로 테를 둘렀다.

1900년대 초

| 둘레 99.5㎝ 너비 2.3㎝ 삼태 6.2㎝

소례복대 착용 모습

요대腰帶
Wide Fabric Belt for Military Uniform

군복을 입을 때 허리에 두르는 폭 넓은 띠이다. 군졸은 남색 전대 하나만을 묶었지만 군관은 허리에 넓은 대(帶)를 두르고 그위에 다시 남색 전대를 묶었다. 유물의 겉감은 둥근 쌍용무늬가 있는 장단으로 만들고 안은 남색 명주로 만들었다. 속에는 여러 겹의 한지로 심을 박아 빳빳하게 만들었다. 위쪽의 가장 자리에는 동개끈, 환도, 병부주머니 등을 걸 수 있도록 금구 고리가 달려 있다. 대의 안쪽에 길이 39cm 너비 2cm의 자주색 끈목이 달렸는데, 같은 위치의 겉면에 금구 장식을 사용하여 튼튼하게 끈이 고정되도록 하였다. 반대쪽 같은 위치 겉면에 달린 띠고리에 연결하여 허리 품 조절을 한 것으로 보여진다. 겉면의 왼쪽 끝에는 작은 금구 고리가 위아래에 달았고 반대 편에 길이 32cm 너비 2cm의 포백 끈을 반접어 달아 끈을 반대편 고리에 끼워 여밈할 수 있도록 하였다. 허리 품 조절 장치를 2단계로 한 것은 환도나 활 등의 무거운 물질을 허리에 걸게 되므로 허리띠를 튼튼하게 고정하기 위한 것으로 보여진다.

1800년대 후반
| 길이 106.5cm 너비 12cm

전대戰帶
Fabric Belt for Military Uniform

동다리와 전복의 군복(軍服)을 입을 때 사용하는 허리띠이다. 남색 쌍용문 갑사(甲紗) 옷감을 15cm 너비로 좁고 길게 재단하여 나선형으로 돌려 감으면서 솔기를 붙여 만들었다. 완성하면 마치 어슷 재단한 것과 같은 형태가 되며 띠 중간마다 사선의 바느질 선이 생기고 양 끝은 제비부리형으로 뾰족하게 만들어진다.

1800년대
| 길이 364cm 너비 12cm

병부주머니兵符囊

Order Tag Pouch

발병부(發兵符)를 넣고 다니던 주머니이다. 동다리와 전복을 입고 요대와 전대를 허리에 두른 후 허리띠 왼쪽 앞 부분의 위치에 끈으로 걸거나 띠돈[帶錢]으로 고정한다. 이 유물은 녹피(鹿皮)로 재단하여 만들었다. 속에 들어갈 병부는 현재 없는 상태이다. 주머니를 만들어 윗부분을 2.5cm 정도로 주름잡아 총길이 133cm 너비 5cm의 긴 끈을 만들어 길게 반을 접은 후 주머니 입구에서 고정하였다. 끈을 접은 골선 부분에 길이 57cm, 너비 0.5cm의 실끈을 만들어 전대 등의 허리띠에 고정하였다.

1800년대 말

| 총길이 76.5cm 끈길이 66.5cm [주머니 가로 11cm 세로 10cm]

미완성 비한臂捍

Armband

비한을 만들기 위해 수놓은 판이다. 비한은 흔히 완대라는 말로 쓰이는 것으로, 활을 쏘기 위해 팔에 둘러 일명 활팔찌라고도 한다. 활시위가 소매를 스치면서 생기는 부상을 방지하기도 하며 옷 소매 끝이 고정되도록 하기도 하였다.

1800년대 말

| 길이 13.5cm 너비 11.5cm

환도還刀

Sword

외날을 가진 단병기를 환도라고 한다. 유물은 칼날과 칼자루, 칼집으로 구성되어 있다. 칼집과 칼자루, 그 둘 사이의 코등이가 묘사되어 있다. 칼자루는 바탕이 점선으로 묘사되어 어피魚皮가 연상되며 끝에는 구리로 만든 장식이 달려있다. 자루 끝에는 수술이 달려 있다.

1800년대 후반
| 길이 64.5cm 너비 3.8cm

세조대細條帶

Waist Cords

견사(絹絲)를 사용하여 단면을 둥글게 짠 동다회(童多繪) 띠이다. 도포, 전복 등을 입을 때 허리에 둘렀다. 유물은 끈목을 짠 후 끝에서 가락지 매듭을 맺고 딸기 술을 단 것도 있으며, 끈목 끝에서 갈라짜기 하여 겹 딸기 술을 달아준 것도 있다. 겹딸기술 동다회의 경우, 연봉매듭, 가락지 매듭 연봉매듭의 순으로 매듭지었다.

1900년대 초

| 총길이 393~460cm [술 길이 9~12cm]

딸기 술 세조대

겹 딸기 술 세조대

광다회대廣多繪帶

Waist Bands

폭이 넓고 납작한 모양으로 짠 허리띠이다. 도포 등을 입을 때 허리에 둘러주었다. 유물은 견사(絹絲)를 여러 가닥으로 엮어 납작한 긴 띠 모양으로 짜고 양 끝에 가금사(假金絲) 가락지를 각각 끼우고 외딸기술 또는 겹딸기술을 달랐다. 겹딸기술 끈목 끝에서 갈라짜기를 하여 각각 딸기술 2개씩을 맺어준 것이다.

1900년대 초

| 총길이 359~365cm 너비 0.6~1cm [술 길이 10~12cm]

상례용 광다회대喪禮用廣多繪帶

Waist Bands

나라나 또는 집안의 상(喪) 중에 외출 시 흰색의 도포 등을 입을 때 흰색의 띠를 허리에 두른다. 이 유물은 견사를 여러 가닥 엮어 납작하게 짠 후 끝 부분의 견사를 여러 가닥으로 풀어 술로 만들었다.

1900년대 초

총길이 345~368cm 너비 1~1.2cm [술 길이 4.2~6cm]

호패 뒷면

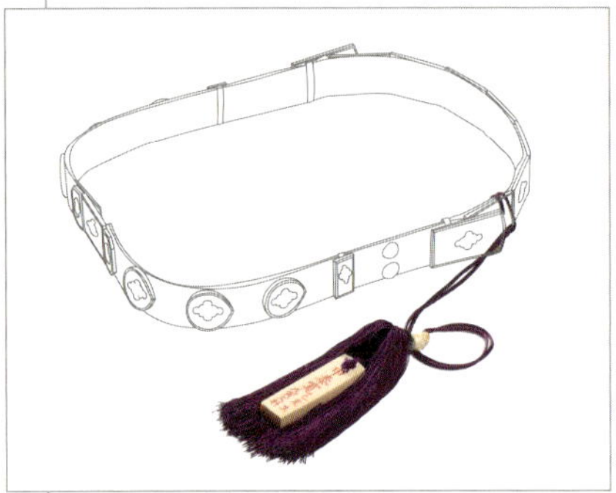

호패끈 술 장식

신태관호패申泰寬號牌

Identification tablet

신태관(1839~1913)이 신축(1901년) 5월 24일에 종2품(從二品) 가선대부(嘉善大夫)로 오르고 만든 신분 표식이다. 앞면에는 성명 '申泰寬'과 태어난 해인 '기해(己亥)' 그리고 1878년(고종15. 무인) 문과(文科) 병과(丙科)에 급제한 '무인(戊寅)'이 기록되어 있다. 호패에는 끈이 달렸는데, 붉은 자주색 견사(絹紗)를 사용하여 다회로 길게 겹으로 짜고, 방망이술을 만든 후 방망이술 안쪽으로 다회 끈을 끼워 넣어 호패와 함께 묶어서 마무리 하였다. 호패를 착용할 때는 품대의 뒤쪽면 왼쪽에 걸어서 찬다.

1901년

호패 : 길이 9.5㎝ 가로 2.5㎝ 두께 1.2㎝

호패끈 : 총길이 75㎝ 술 길이 19㎝ 끈 길이 56㎝

신정균호패申政均號牌
Identification Tablet

갑자생(甲子生) 신정균申政均(1864~1931)이 임오년(壬午年:1882) 11월에 문과(文科) 병과(丙科)에 급제(及第)하고 만든 신분 표식.

1882년
| 호패 : 길이 10.3cm 가로 2.2cm 두께 1.1cm
호패끈 : 총길이 62.5cm 술 길이 18.5cm 끈 길이 43cm

호패끈
String for the Identification Tablet

| 총길이 65cm 술 길이 16cm 끈 길이 49cm

호패 뒷면

호패號牌
Identification Tablet

조선시대 남성들이 허리에 차고 다니던 휴대용 신분증이다. 기본적인 인적 사항으로 앞면에는 착용자의 이름, 생년, 지위가 있으며 뒷면에는 제작년도가 기록되어 있다. 유물은 신태관 선조인 평산신씨 24세 구錸(參判公1646~1690), 25세 사영思永(1670~1736), 27세 광복光復(1721~1780) 그리고 신태관의 아버지 평산신씨 29세 석만錫萬(1802~1875)의 호패이다. 나머지 1점은 군영(軍營) 의 '대장(大將)' 표식이다.

1600년대~1800년대
| 길이 7.3cm~9cm 너비 2.3cm~3cm

홀笏
Official's Hand-Hold Tablet

조복 또는 제복 차림을 할 때 손에 드는 의물(儀物)이다. 신분에 따라 차등을 두어 1~4품 벼슬은 상아홀(象牙笏), 5품 이하는 목홀(木笏)을 사용하였다. 이 유물은 0.6cm 두께 상아로 만들었다. 아래가 넓고 위쪽으로 좁아지는 직사각 모양이며 옆선에서 볼 때 완만하게 곡진 형태이다. 하단 손잡이 부분은 6.5~7cm 정도를 남색 갑사(甲紗) 옷감으로 감싸주었다.

1800년대 후반 이후
길이 27cm 너비 上 3.7cm 下 4.8cm
길이 32cm 너비 上 3.5cm 下 5cm

목화木靴
Official's Boots

문무 백관이 조복이나 단령 등을 입을 때 신는 신이다. 외피는 검정색 우단이고 내피는 흰색 융으로 되어 있다. 혜 부분을 다섯 조각으로 만들었으며 상부 입구의 도리는 홍색 융(絨)으로 선단을 둘러 주었다. 바닥 굽의 두께는 1cm이며 앞과 뒤축에 정(釘)을 박았다.

1900년대 초
발길이 24.5cm 너비 8cm 높이 29cm

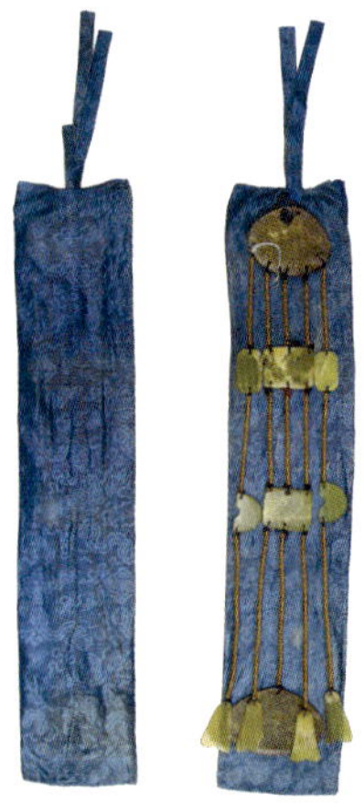

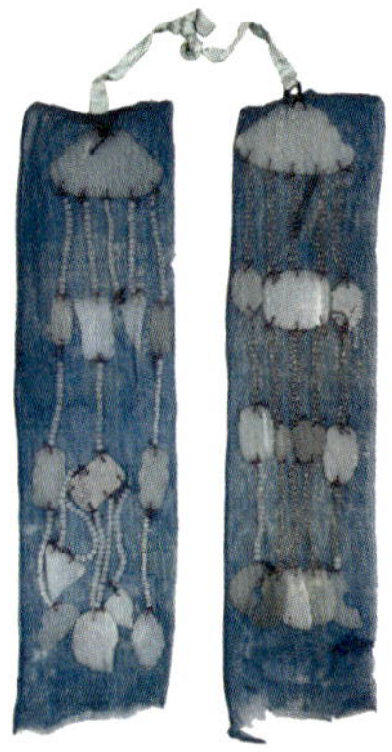

패옥佩玉
Ornament

패옥집 : 운문사, 생고사

패옥佩玉
Ornament

패옥집 : 은조사

패옥을 청색 옷감으로 만든 주머니에 넣은 것이다. 은조사 또는 운문사를 사용하여 홑으로 직사각형 청색 주머니를 만들어 패옥을 넣고 아래를 봉하였다. 패옥을 넣은 속이 드러나 보인다. 주머니 위쪽에 끈을 달아 품대의 양 옆에 걸어 찼다. 옥판에 옥주가 달려있는 등 기본적인 패옥 형식을 따라 만들었다.

1900년대 전반
길이 56.5cm, 너비 11.5cm

1900년대 전반
길이 49cm, 너비 12cm

관복함冠服函
Official's Uniform Case

관복을 넣어 보관하는 상자이다. 관모, 품대, 단령을 특성에 맞게 보관하도록 제작된 것이다. 관복함 뚜껑에는 사모를 보관하도록 하고 여닫이 장치를 달아 단령과 구분이 되도록 하였다. 겉에는 구리로 잠금 장치를 만들어 달았다.

1900년대 초
1800년대 후반

| 가로 61.5cm 세로 42cm 높이 34cm [帽 가로 26.5cm 세로 21.4cm]
가로 60cm 세로 41cm 높이 34.5cm [帽 가로 29cm 세로 22.5cm]

사모보자기紗帽袱
Wrapping Cloth

1800년대 후반

| 가로 54cm 세로 59.5cm 누비 간격 2.3~2.5cm

사모보자기紗帽袱
Wrapping Cloth

1800년대 후반

| 가로 51cm 세로 48.5cm 끈 길이 59cm 끈 너비 2.2cm

선추扇錘

Pendant for Folding Fan

선추는 조선시대 남성들의 대표적인 장식품이다. 부채에는 선추를 다는데 벼슬하지 않은 사람은 사용할 수 없었다고 한다. 이 유물은 주체를 향각으로 만든 선추이다. 향각 위쪽으로 15cm 길이의 매듭끈이 달려 부채에 연결하도록 하였으며, 향각 아래로는 길이 9cm의 술이 달려 있다.

1800년대 말
길이 20cm 향 길이 4.2cm

향각香刻

1800년대
가로 3.2cm 세로 4.3cm 두께 1.2cm
가로 2.3cm 세로 3.2cm 두께 1.2cm

안경眼鏡
Spectacles

안경은 초상화나 민화에서 서안(書案) 위에 올려놓은 모습이 있어 안경의 착용이 상류층에서 수용되었음을 알 수 있다. 조선 후기 정조가 특히 안경을 꼈던 것으로 유명하다. 유물은 둥근 모양이며 대모(玳瑁) 테와 소뿔을 사용하여 만들고 가운데를 접을 수 있게 되어 있는 것이 특징이다.

1900년대 초
| 가로 11cm~13cm 세로 4cm~5.5cm
다리길이 13.5cm~15cm

황현(黃玹:1855~1910) 초상.
1911년 채용신 그림.
개인 소장

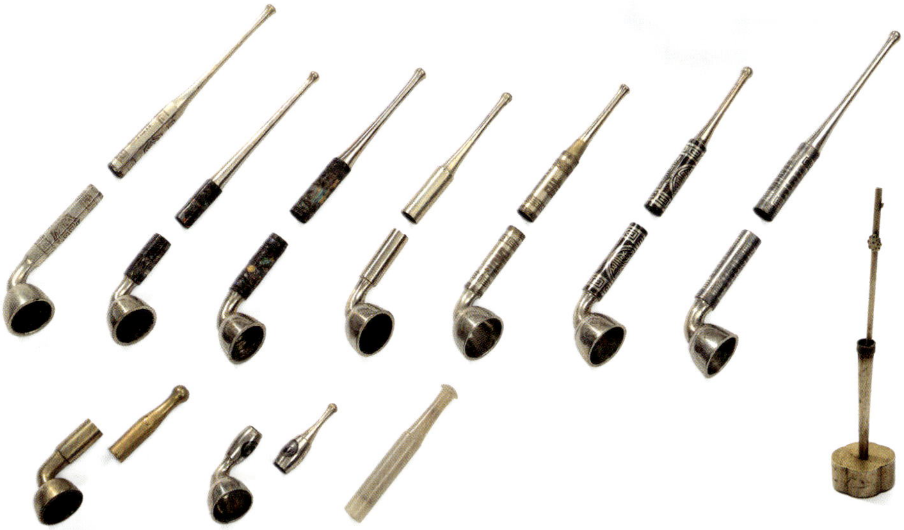

담뱃대의 안수(雁首)와 물부리
Tobacco Pipe

담뱃대의 구성 요소인 안수(담배 담는 부분)와 물부리(담배를 끼워서 빠는 부분인 물부리)가 은, 동으로 만든 것이다. 사이의 대통은 소실되어 없다.

1900년대 초
| 길이 8.5cm~20.3cm

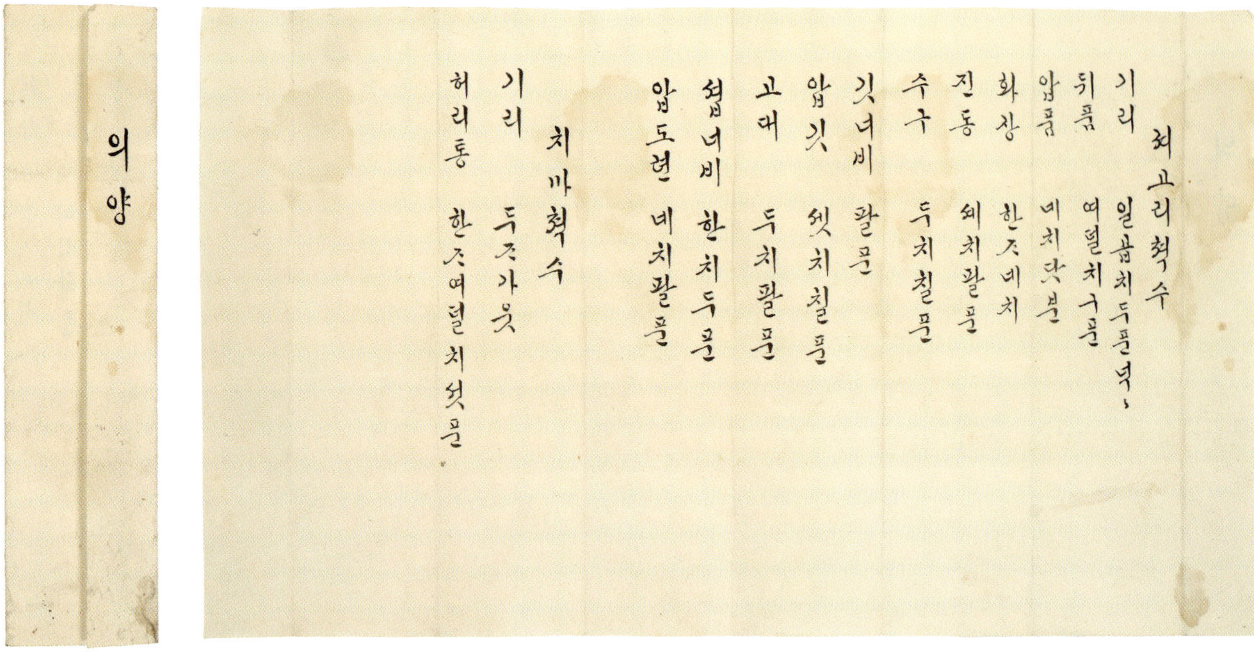

저고리와 치마 척수[衣樣]

Clothing Measurements

유물은 저고리와 치마감을 마름하기 위하여 적어 둔 옷 마름 치수이다. 옷감의 치수 마름에 사용하는 자를 포백척이라 하는데 조선시대에는 길이가 일정치 않았다고 하며 조선말기에 통용된 포백척은 51cm~60cm 크기이다. 광무 9년(1905년)에 도량형법이 제정되었는데 이에 따르면 1척은 약 52cm 정도이다. 아래 그림은 유물에 기록된 척수를 미터법으로 환산한 것이다.

1900년대 초
| 길이 28.5cm 길이 49cm

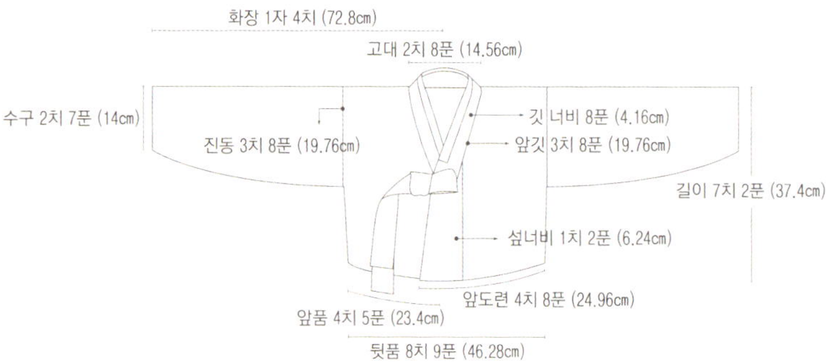

저고리 척수(尺數)
|기리 일곱 치 두 푼 넉넉 |뒤품 여덜 치 구 푼 |압품 네 치 닷 분
|화장 한 즈 네 치 |진동 세 치 팔 푼 |수구(袖口) 두 치 칠 푼
|깃 너비 팔푼 |압깃 셋 치 팔 푼 |고대두 치 팔 푼
|셥 너비 한 치 두 푼 |압 도련 네 치 팔 푼

치마 척수(尺數)
|기리 두 즈 가웃 |허리통 한 즈 여덜 치 섯 푼

여러 가지 서지書紙

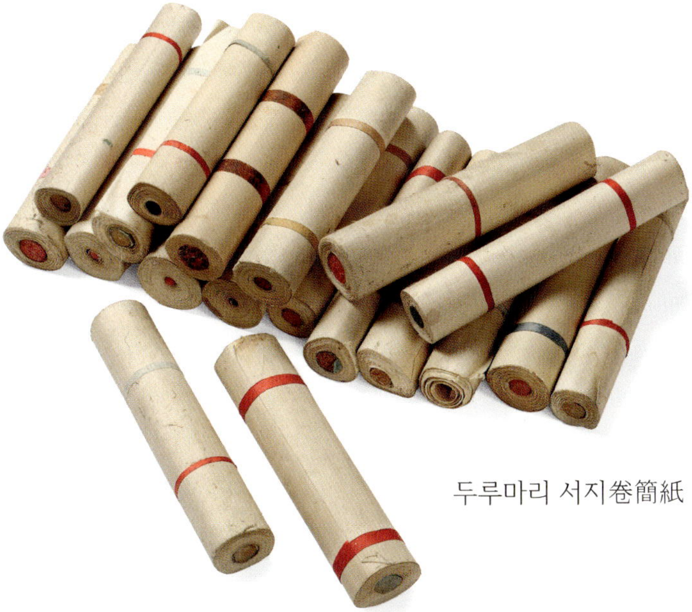

두루마리 서지卷筒紙

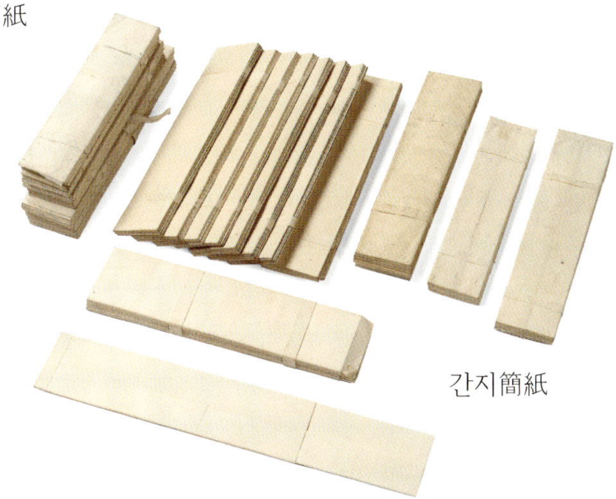

간지簡紙

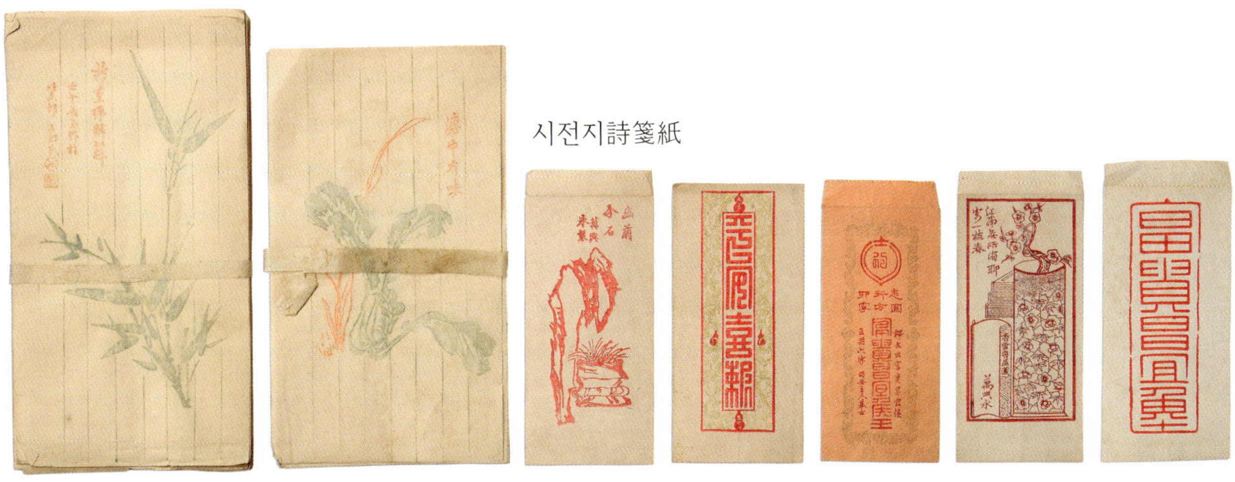

시전지詩箋紙

도식화
圖式化

적초의赤綃衣 _90p
| 길이 94cm 화장 95cm 품 50cm 진동 29cm

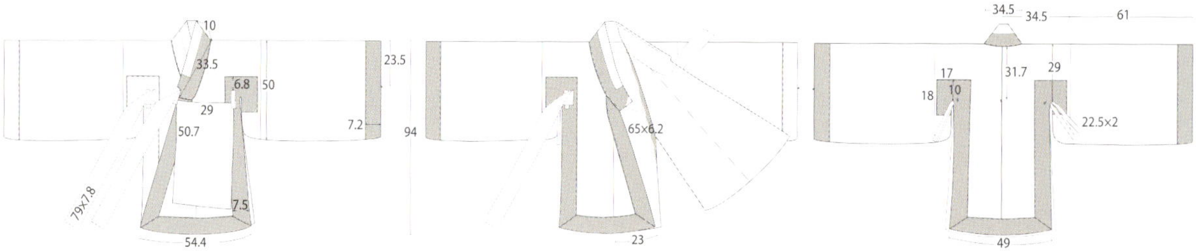

청초중단青綃中單 _92p
| 길이 123cm 화장 98cm 품 50cm 진동 28cm

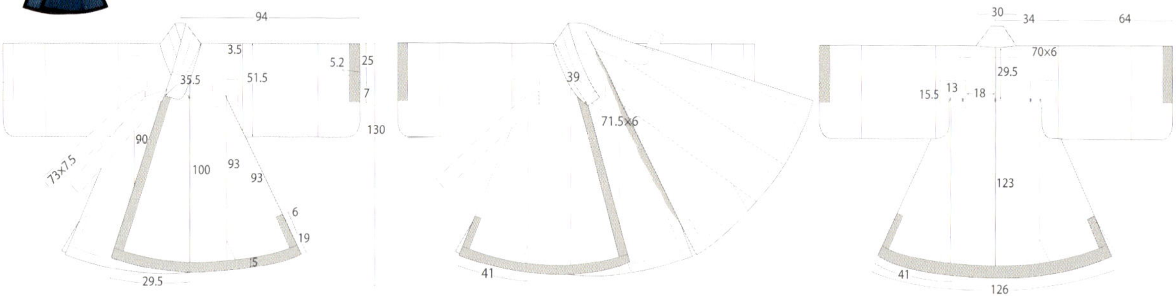

훈상纁裳 _96p

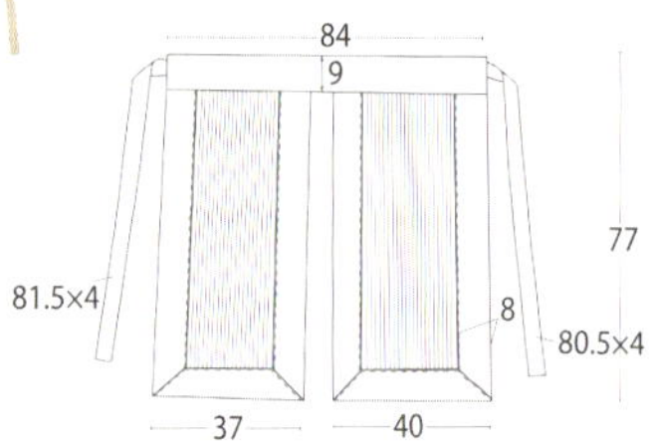

후수後綬 _98p

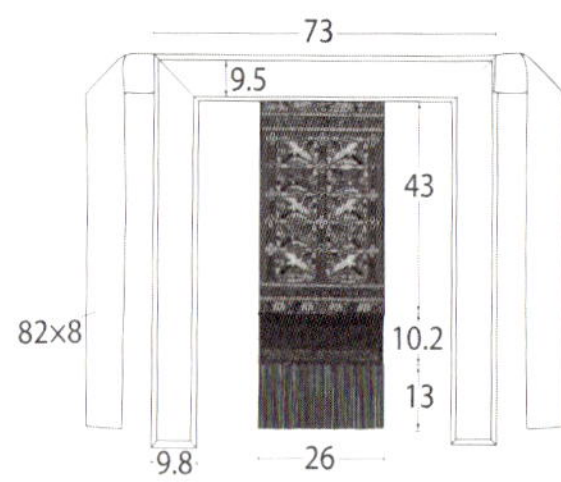

후수後綬 _100p

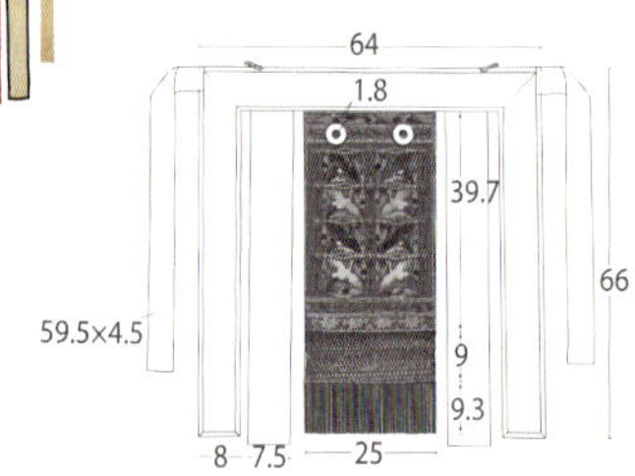

후수後綬 _101p

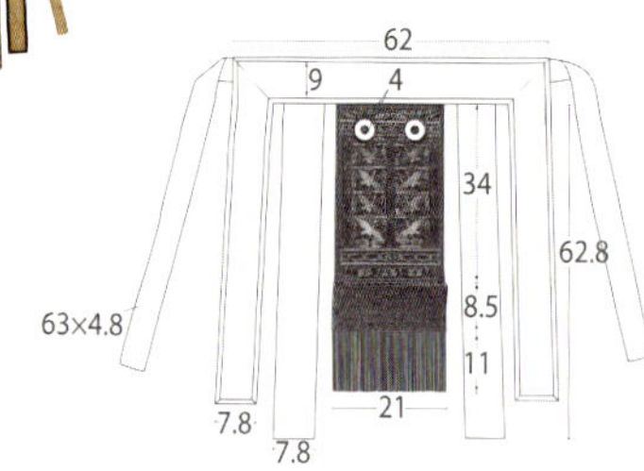

흑초의黑綃衣 _104p

| 길이 89cm 화장 95.5cm 품 51cm 진동 31cm

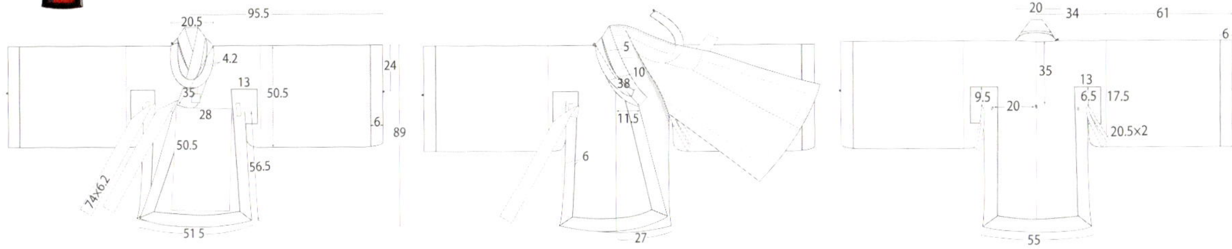

단령團領 _110p

| 길이 130cm 화장 94cm 품 49cm 진동 26cm

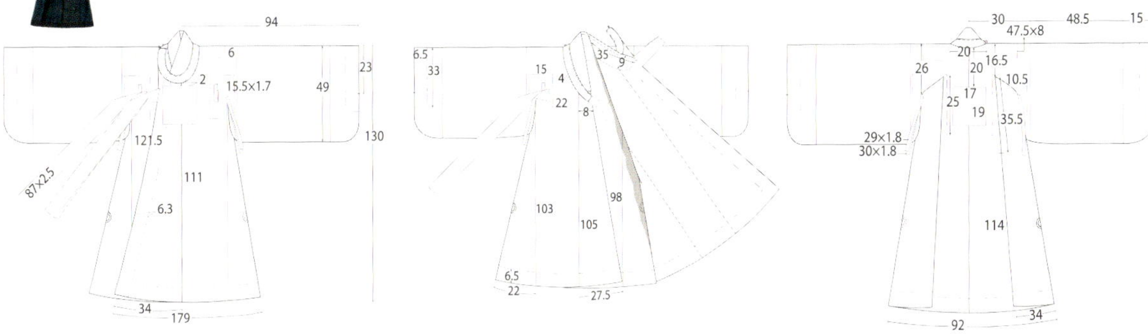

동다리彤多里 _116p

| 길이 126.5cm 화장 80cm 품 47cm 진동 33cm

전복戰服 _120p

| 길이 124.5cm 화장 12cm 품 46cm 진동 31.5cm

두루마기周衣 _124p

| 길이 125.5cm 화장 79cm 품 49cm 진동 31cm

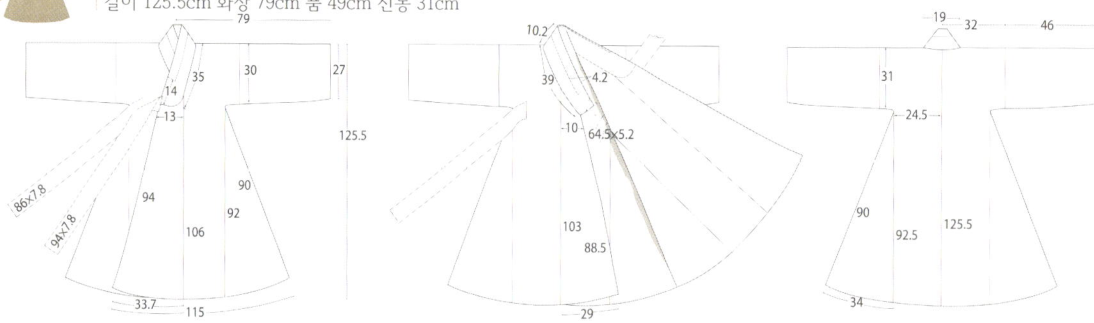

전복戰服 _126p

| 길이 126.5cm 화장 16.7cm 품 49.5cm 진동 31.5cm

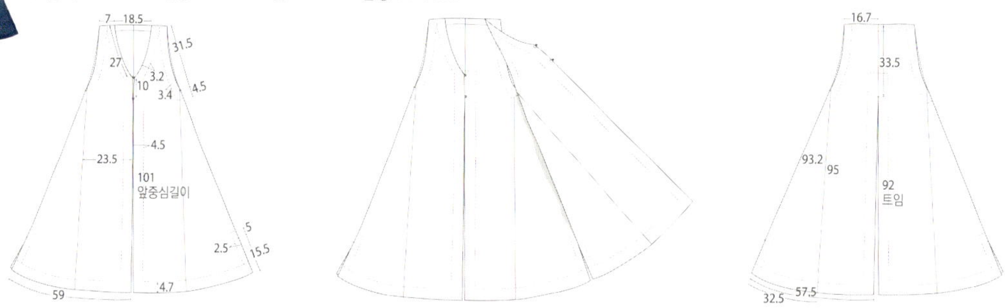

천담복淺淡服 _130p

| 길이 126.5cm 화장 92.5cm 품 50cm 진동 29cm

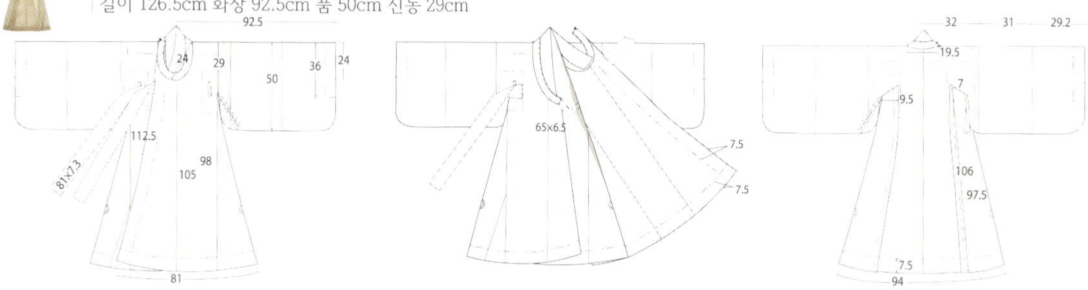

전복戰服 _134p

| 길이 123cm 화장 15.5cm 품 47.5cm 진동 30.5cm

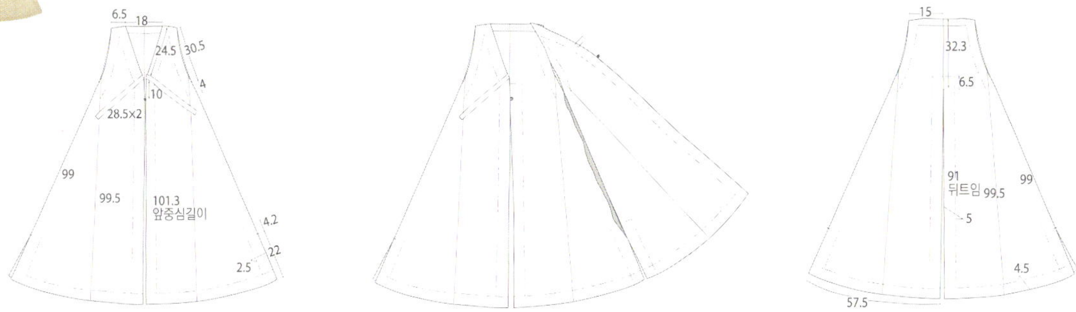

전복戰服 _136p

| 길이 126cm 화장 15cm 품 50cm 진동 30cm

금관金冠 _138p

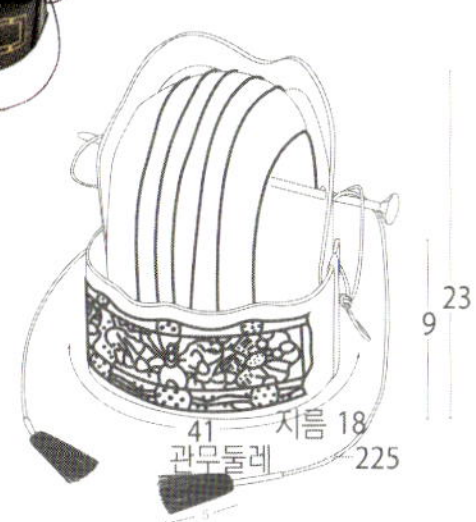

제관祭冠 _140p

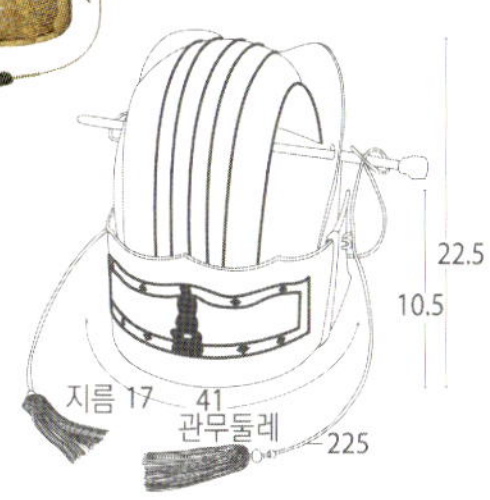

금관金冠 _141p

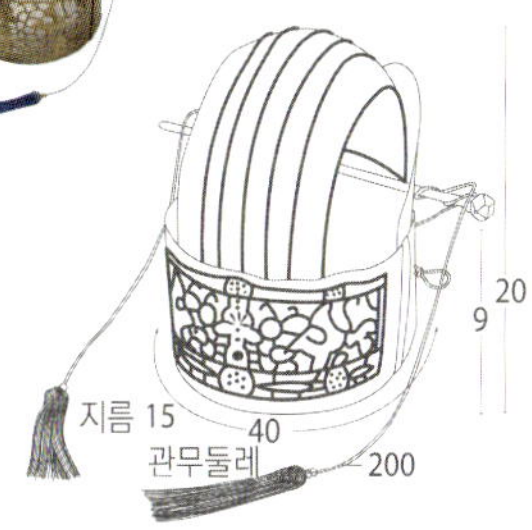

사모紗帽 _142p

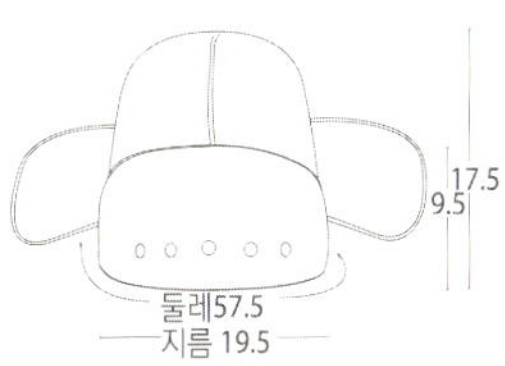

쌍학흉배雙鶴胸背 _145p

쌍학흉배雙鶴胸背 _146p

쌍학흉배雙鶴胸背 _146p

단학흉배單鶴胸背 _147p

삽금대鈒金帶 _148p

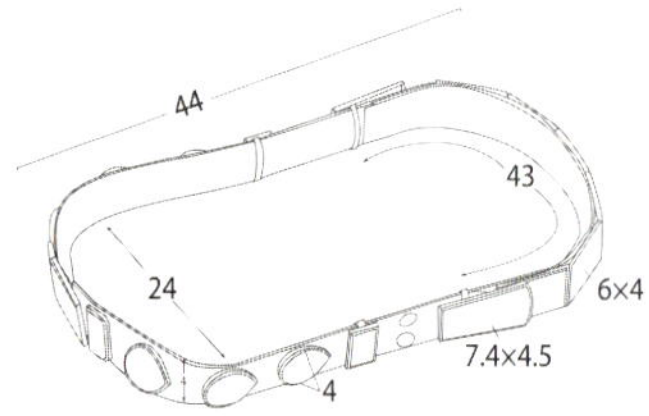

학정대鶴頂帶 _149p

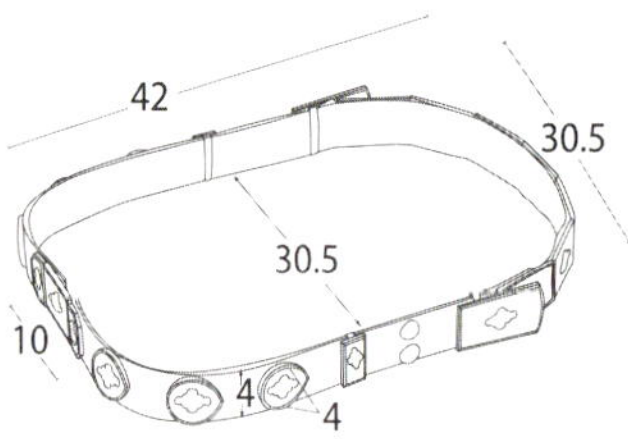

학정대鶴頂帶 _149p

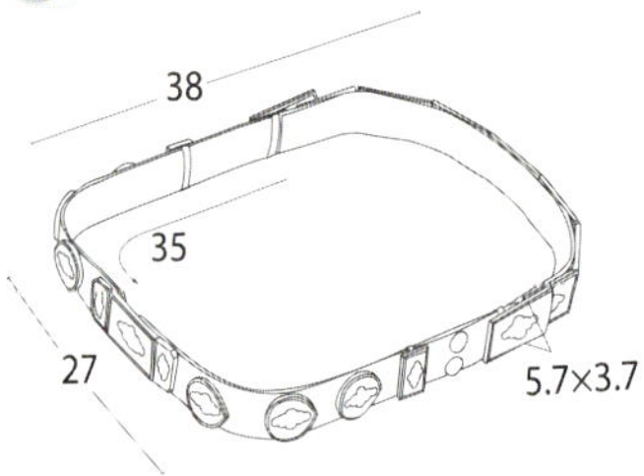

서대犀帶 _150p

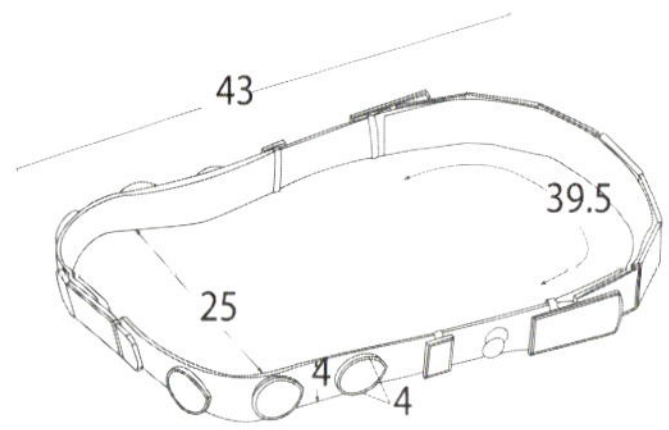

오각대烏角帶 _150p

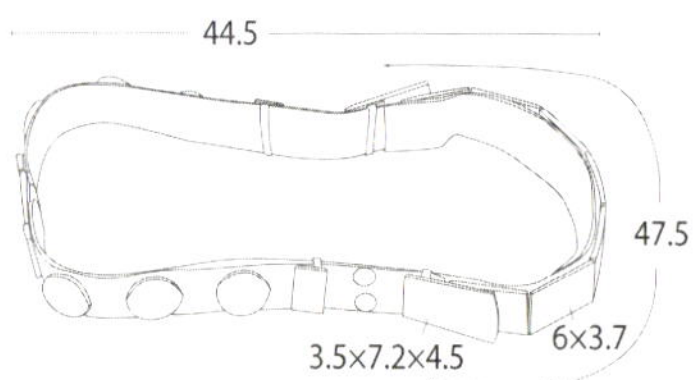

소례복대小禮服帶 _151p

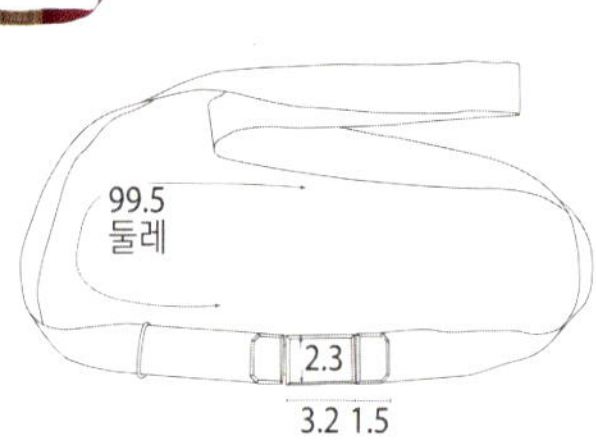

요대腰帶 _152p

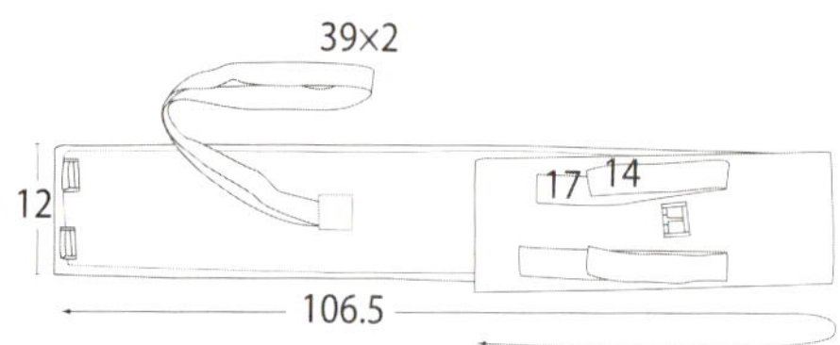

전대戰帶 _153p

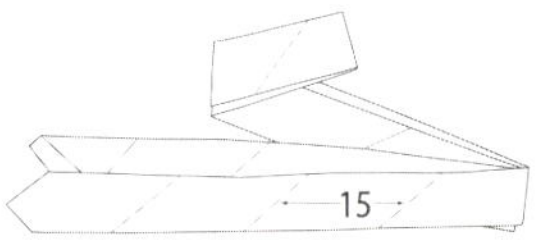

병부주머니兵符囊 _154p

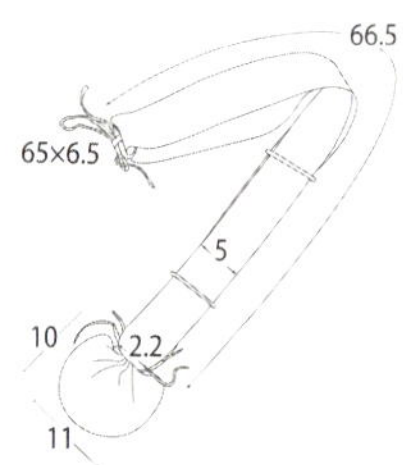

환도還刀 _155p

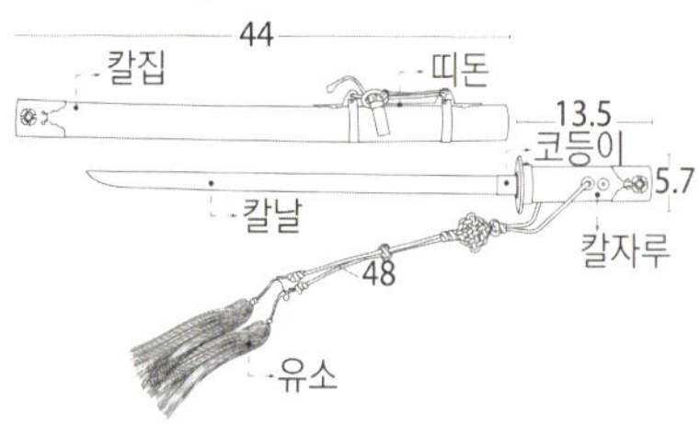

세조대細條帶 _156p

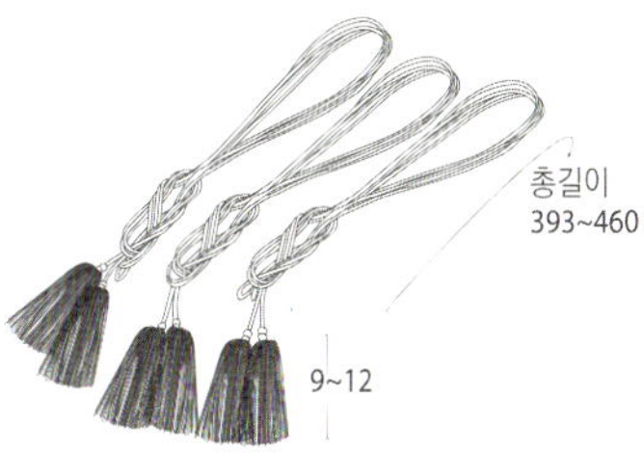

세조대細條帶 _156p

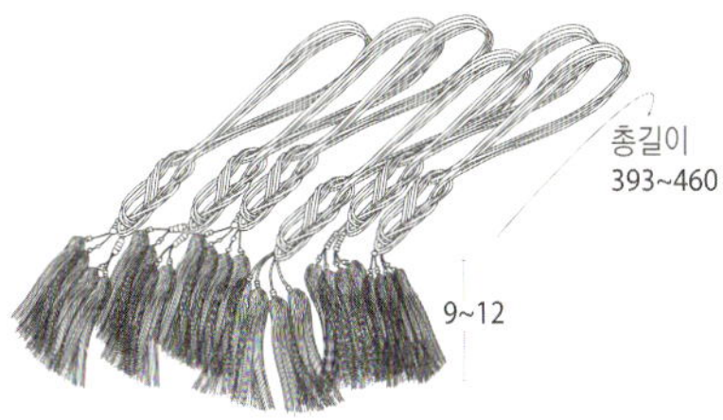

광다회대廣多繪帶 _158p

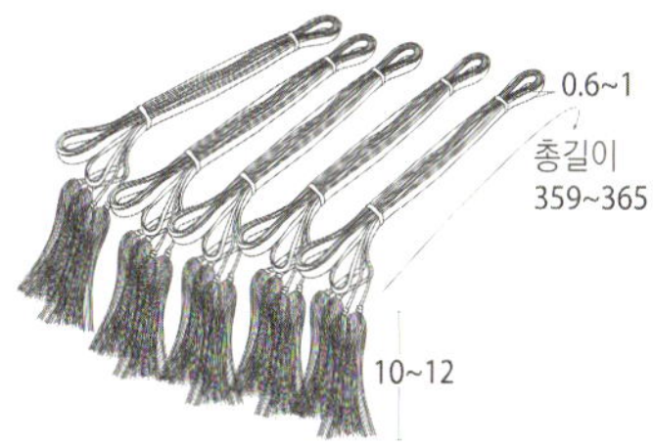

상례용 광다회대
喪禮用廣多繪帶 _159p

신태관호패
申泰寬號牌 _160p

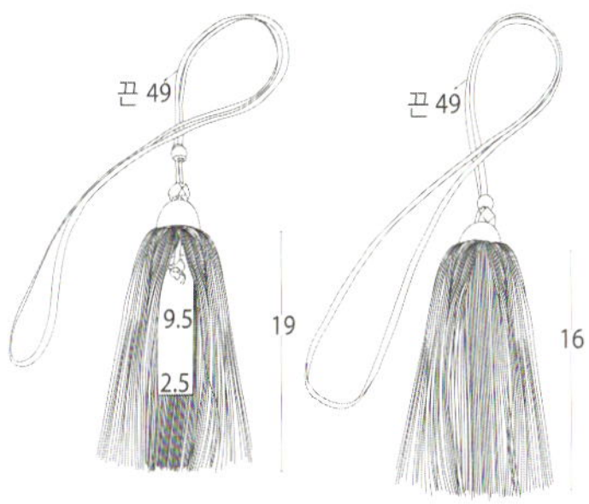

신정균호패
申政均號牌 _161p

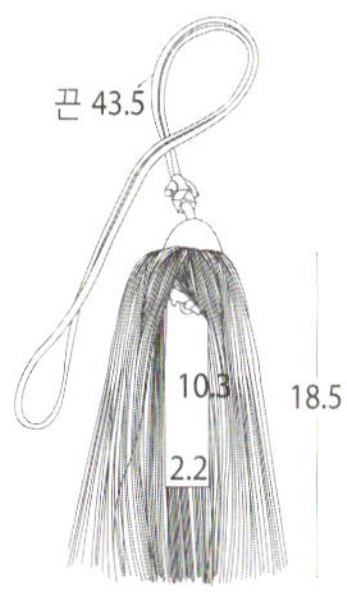

홀笏 _162p

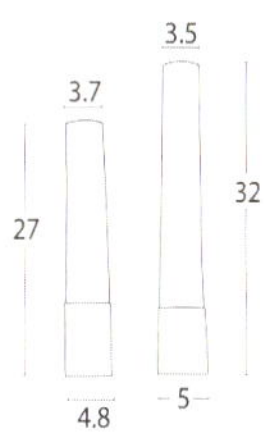

목화木靴 _162p

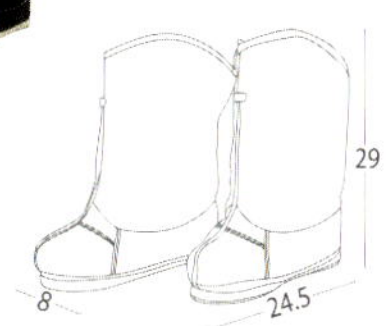

패옥佩玉 _162p

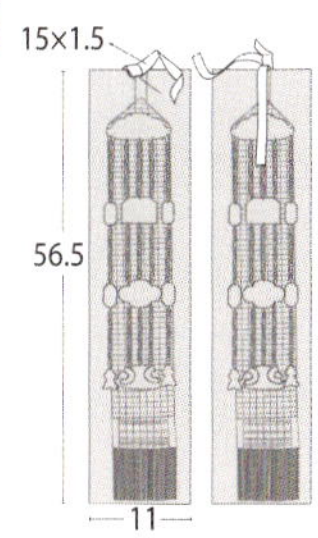

패옥佩玉 _162p

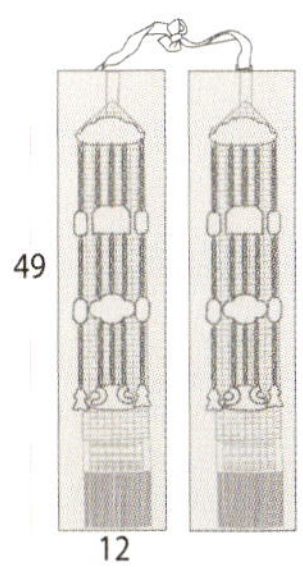

선추扇錘 _164p

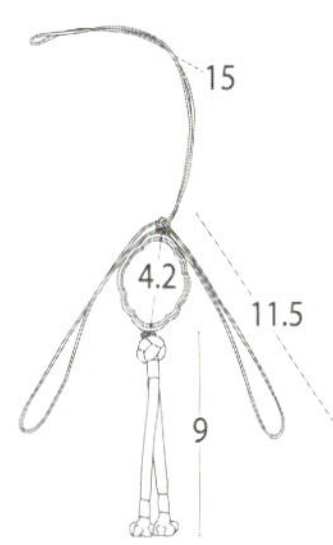

Seok Juseon Memorial Museum
Dankook University

논고

論考

유당 신태관 가계와 유문의 특징

조동영
단국대학교 동양학연구원, 연구원

우리나라 문관의 전통식 관복 착용 소멸에 관한 소고

최연우·조상준
단국대학교 전통의상학과 조교수, 박사과정

03

Ⅰ. 머리말
Ⅱ. 가계(家系)와 생애
Ⅲ. 유문(遺文)의 특징
Ⅳ. 맺음말

유당留堂 신태관申泰寬 가계家系와 유문遺文의 특징特徵

조동영
단국대학교 동양학연구원, 연구원

Ⅰ. 머리말

유당(留堂) 신태관(申泰寬:1839~1913)은 구한말(舊韓末) 관직 생활을 했던 인물로, 19세기 중반에 근기(近畿) 지역의 비중 있는 재야세력(在野勢力)을 형성했던 봉서(鳳棲) 유신환(兪莘煥:1801~1859)[1]의 문인(門人)이었다. 그는 봉서의 영향을 받은 온건개화파(穩健開化派)의 계열로 격변(激變)하는 당시 상황을 감내하면서 시대의 아픔을 시(詩) 작품 속에 담아 읊곤 하였다. 그의 손자 현세(鉉世)와 현주(鉉周)가 정리한 것으로 보이는 그의 문집『유당일고(留堂逸稿)』에는 시작품이 540여 제(題) 657수(首)에 달한다. 그리고 그가 관직 생활을 하며 응제시(應製試)의 부상으로 받은 책들도 원형 그대로 전해오고 있으며, 실제로 응시(應試)했던 시험답안지 등이 잘 보존되어 있어서 한 관리가 시험을 통해 출신(出身)하는 모습을 잘 보여주는 자료가 된다는 점에서도 흥미롭다.

뿐만 아니라 그 가문에는『평산신씨세보(平山申氏世譜)』,『파보(派譜)』,『족보(族譜)』등 18질에 해당하는 방대한 분량의 서책이 잘 보존되어 있으며 선대로부터 전해오는 여러 문헌(文獻)들이 적지 않다. 유물과 유문이 대략 1,000여 점에 이르는 것을 보면 그 가문이 300여 년 동안 유지해온 체계 있는 거대문벌(巨大門閥)임을 자랑할 만하다는 점에서 차별성을 갖는다. 게다가 그 내용들은 한결같이 선조를 위하는 후손들의 마음이 곳곳에 서려 있는 것이어서 주목해 볼만한 가치가 있다.

[1] 유신환(兪莘煥:1801~1859): 시남(市南) 유계(兪棨)의 아우인 유비(兪棐)의 6대손으로, 안으로는 기계유씨(杞溪兪氏) 집안의 학풍을 잇고, 밖 으로는 신독재(愼獨齋) 김집(金集)과 우암(尤菴) 송시열(宋時烈)의 학통을 이은 노주(老洲) 오희상(吳熙常)의 계보를 이었다. 이기신화론(理氣神化論)을 주장한 조선 후기 성리학(性理學)의 대가이며, 유학(儒學)뿐 아니라 사서(史書), 율력(律曆), 산수(算數) 등에 이르기까지 다방면의 학문에 정통하였다. 구한말에 온건개화론(穩健開化論)을 폈던 윤병정(尹秉鼎), 서응순(徐應淳), 김락현(金洛鉉), 윤치조(尹致祖), 김윤식(金允植), 이응진(李應辰) 등의 인물들이 대부분 그의 문생들이었으며, 젊어서 파주(坡州) 봉서산(鳳棲山) 아래에서 살았다하여 봉서선생(鳳棲先生)이라 불리운다.《백과사전》

특히『동양가승(東陽家乘)』10권 6책은, 시조(始祖)인 장절공(壯節公) 신숭겸(申崇謙)으로부터 누대(累代)에 걸쳐 30여 명에 달하는 현조(顯祖)와 족형(族兄), 족제(族弟), 종형(從兄), 종제(從弟)와 관련된 행장(行狀), 묘표(墓表), 만사(輓詞)와 같은 문헌이 잘 정리되어 있어서 평산신씨의 가계(家系)와 문헌(文獻)을 살피는 데 중요한 자료가 된다는 점을 주목하지 않을 수 없다. 또한 1878년(고종15,무인) 5월에 유당이 40세의 늦은 나이로 급제하고 통사랑(通仕郎)직에 있다가 동년 10월에 승문원 부정자(承文院副正字)직을 명받은 기록부터 1910년(융희4) 8월에 정2품 자헌대부(資憲大夫)를 명받은 기록까지 총 53건의 교지(敎旨)가 고스란히 전해오고 있어서 유당의 관직 일대기를 한눈에 볼 수 있으며,『승정원일기』의 관직 기록과도 일치하여 사료적 가치가 높다는 점을 강조하지 않을 수 없다.

그리고 필사본으로 전해오는 선대(先代)의 문집 중에 신민일(申敏一)의『화당집(化堂集)』3책은, 300년 이상된 유일한 필사본으로 그 희귀성이 돋보이는 책이다. 그 밖에도『유당공간의(留堂公簡意)』와『유당공척독(留堂公尺牘)』과『경전(敬傳)』등은 유당의 아들 또는 손자가 작성한 보기 드문 자료로써 그 후손들의 선조에 대한 정성과 자부심이 한껏 느껴지는 서책들이다. 그리고『유당공훈제(留堂公訓題)』는 후손들에 대한 그의 유언을 담고 있어서 주목할 만하다.

또한 유당의 아들 신정균(申政均)은 1882년(고종19, 광서8) 11월에 18세 나이로 급제한 후, 통사랑(通仕郎)직에 있다가 1883년 2월 승문원 부정자(承文院副正字)직을 명받은 교지(敎旨)부터 1906년 고종43(광서10) 12월에 시강원 분시독(侍講院分侍讀)직을 명받은 교지에 이르기까지 총 49건의 교지가 전해오고 있다. 이는『승정원일기』의 신정균 관직 기록과도 일치하여 사료적 가치가 높다는 것을 확인할 수 있겠다.

유당이 구한말의 격변기를 살면서 그가 어떠한 정신을 구가했으며 또한 어떤 고민을 하였는가가 그가 남긴 문집에 잘 나타나 있다. 본고(本稿)에서는 유당을 중심으로 한 그 가문에 유전해 오는 문헌의 특성을 살펴보고 또한 그가 남긴 유문(遺文)을 통해 그의 성향을 유추해 보고자 한다.

Ⅱ. 가계(家系)와 생애

유당(留堂)의 본관(本貫)은 평산(平山)이요 자는 공오(公五)이며 석만(錫萬)의 아들이다. 그는 고려 초기의 무신(武臣)인 신숭겸(申崇謙)의 30세손이고, 화당(化堂) 신민일(申敏一)의 10세손이며, 사간공(思簡公) 호(浩)의 17세손이다. 1865년(고종2, 을축) 식년(式年) 진사시(進士試) 3등(三等)에 합격하고, 1878년(고종15, 무인) 정시(庭試) 병과(丙科)에 합격하여 출사(出仕)한 뒤 1881년(고종18, 신사)에 홍문관 교리(弘文館校理)를 거쳐 같은 해 11월에는 승정원 동부승지(承政院同副承旨)로 승직되었다. 이듬해 9월에는 다시 사간원 대사간(司諫院大司諫)에 임명되어 임오군란(壬午軍亂)과 관련하여 훈련도감(訓鍊都監)을 폐지할 것을 주청(奏請)하여 이를 관철시켰다.

그 뒤 안변부사(安邊府使)에 제수되었다가 안동부사(安東府使)로 전출되어 재직하던 중 1885년(고종22, 을유) 여름에 영남지역에 큰 수해(水害)가 나자, 위유사(慰諭使)로 임명되어 피해지역 40여 고을을 돌며 주민들의 구휼(救恤)에 진력하기도 하였다. 영광군수(靈光郡守)의 재임시절에는 풍습을 개선하고『소학(小學)』과『효경(孝經)』을 교육하도록 장려하는 등의 선정을 베풀었던 사실이 선정비(善政碑)를 통해 확인된다. 1889년 5월 대사간에 복직된 뒤 1891년에는 성균관 대사성(成均館大司成)에 오르고, 1894년에 이조참의(吏曹參議)에 올랐다. 그 뒤 1902년(고종39, 임인)부터는 장례원 소경(掌禮院少卿)과 궁내부 특진관(宮內府特進官)을 역임하였다.

유당과 그의 아들 신정균(申政均)의 가계도(家系圖)를 정리해보면 다음과 같다.

平山(東洋)申氏 世系

世系	이 름	생몰년	비고
始祖	崇謙(壯節公)	? ~ 927	始祖, 高麗初의 武臣
…	…	…	…
20世	黯(贊成公)		左贊成, 廷美의 3남
21世	敏一(大成公, 化堂公)	1576~1650	大司成, 贈左贊成 , 黯의 3남
22世	恦(忠貞公)	1598~1662	8형제 중 장남
23世	命圭(執義公)	1630~1688	
24世	銶(參判公)	1646~1690	命圭의 4남
25世	思永(丞旨公)	1670~1736	
26世	晙(判書公)	1690~1771	
27世	光復(修山公, 洗馬公)	1721~1780	進士, 洗馬不仕, 晙의 2남
28世	在魯(丞旨公)	1764~1809	
29世	錫萬(協辨公)	1802~1875	
30世	**泰寬(判書公, 留堂公)**	**1839~1913**	吏曹參議, 大司成, 宮內府特進官
31世	**政均(丞旨公)**	**1864~1931**	承政院左副承旨, 太醫院副卿
32世	鉉世(參奉公)	1882~	육통정 희릉참봉
33世	長淳(春江公)	1925~	
34世	東孝-東善-東翊-東喜		

위의 표에서 본 바와 같이 신정균(申政均)은 유당 신태관의 장남이며 화당 신민일의 11세손이다. 관직은 대략 1882년 1월에 응제시(應製試)에서 삼하삼(三下三)을 받아 전시(殿試)에 직부하였고, 11월에는 승정원 가주서(承政院假注書)에 임명되었으며, 1886년 11월에는 친군좌영 군사마(親軍左營軍司馬)에 임명되고, 1887년 6월에는 진도부사(珍島府使)가 되었으며, 8월에는 홍문관 부수찬(弘文館副修撰)에 임명되었다. 1888년 1월에는 홍문관 부교리(弘文館副校理)에 임명되고, 1889년 1월에는 홍문관 교리(弘文館校理)로 임명되었으며, 11월에는 장악원 정(掌樂院正)으로 임명되었다. 1893년 2월에는 병조정랑(兵曹正郞)으로, 1894년 1월에는 통례원 우통례(通禮院右通禮)로, 1898년 12월에는 태의원 소경(太醫院小卿)으로 임명되고, 1902년 7월에는 비서원 승(秘書院丞)으로 임명되기도 하였다.

이상은『승정원일기』에 수록되어 있는 신정균의 관직 제수 기사를 요약해 본 것이다. 다음은 우선 유당 신태관의 연보만을 대략 정리해보기로 한다.

留堂先生 年譜

서기	간지	왕력	연령	관련 기사
1839	기해	헌종5년	1	
1864	갑자		26	人日製에서 次上,『朱書百選』부상으로 받음
1865	을축	고종2	27	進士試 3등 합격
1866	병인		28	
1867	정묘		29	有感, 書懷
1868	무진		30	
1869	기사		31	失意歸壽春山居
1870	경오		32	
1871	신미		33	
1872	임신		34	
1873	계유		35	人日製에서 次上, 부상으로『陸奏約選』부상으로 받음
1874	갑술		36	
1875	을해		37	

1876	병자		38	
1877	정축		39	
1878	무인	고종15	40	庭試 丙科 합격
1879	기묘		41	
1880	경진		42	
1881	신사	고종18	43	弘文館 校理, 承政院 同副承旨 제수
1882	임오	고종19	44	司諫院 大司諫, 壬午軍亂 관련 訓練都監 폐지 奏請上疏 올림
1883	계미	고종20	45	
1884	갑신	고종21	46	
1885	을유	고종22	47	慰諭使로 嶺南지역 40여 고을 구휼
1886	병술		48	
1887	정해		49	
1888	무자		50	
1889	기축		51	大司諫 복직
1890	경인		52	
1891	신묘		53	成均館 大司成 제수
1892	임진		54	
1893	계사		55	
1894	갑오		56	
1895	을미		57	吏曹參議 역임
1896	병신		58	
1897	정유		59	
1898	무술		60	靈光郡守 역임
1899	기해		61	
1900	경자		62	嘉善大夫, 嘉義大夫, 掌隷院 小卿, 宮內府 特進官 역임
1901	신축		63	
1902	임인	고종39	64	
1903	계묘	고종40	65	
1904	갑진	고종41	66	
1905	을사	고종42	67	
1906	병오	고종43	68	
1907	정미		69	8월 留堂公訓題 작성
1908	무신		70	留堂逸稿의 自敍 작성, 鉉世·鉉周 留堂逸稿 정리
1909	기유		71	
1910	경술		72	
1911	신해		73	2월 留堂公訓題 2차작성
1912	임자		74	
1913	계축	고종50	75	

Ⅲ. 유문(遺文)의 특징

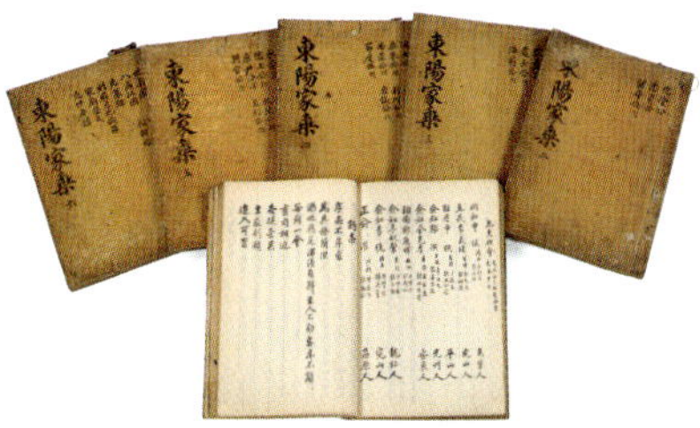

그림 1 『동양가승(東陽家乘)』

『동양가승(東陽家乘)』은 10권(卷) 5책(冊)과 보편(補編) 1책을 합한 6책(冊)으로, 장절공(壯節公) 이하 32명의 현조(顯祖)들과 관련된 비문(碑文), 제문(祭文) 만사(輓詞) 등 여러 문헌을 수록하고, 보편에는 세계도(世系圖), 팔고조도(八高祖圖), 선묘록(先墓錄), 별묘향사의절(別廟享祀儀節), 가묘제식(家廟祭式), 선세연보(先世年譜), 대소과방(大小科榜), 한림록(翰林錄) 등 여덟 항목으로 내용을 정리하여 수록하였다. 따라서 이 책은 평산신씨(平山申氏) 일가의 선대 행적 및 그들과 관련된 시대상황을 한눈에 볼 수 있는 자료가 된다. 다만 이 책을 누가 시작하여 누가 마무리했는지 서문(序文)이나 발문(跋文)을 남겨 놓지 않아 다소 아쉬움이 남는다. 그러나 수록한 내용을 중심으로 유추해 보면 대략 화당(化堂) 신민일(申敏一:1576~1650)의 증손인 참판공(參判公) 신구(申銶)를 중심으로 한 그 주변 인물에 의해 완성된 것으로 파악된다. 그러므로 이 책은 30여 명의 직간접 현조(顯祖)의 문헌을 한 곳에 모아놓음으로써 관직(官職)과 문필(文筆)이 끊이지 않은 최고의 가문(家門)임을 자랑하기에 손색이 없다. 필사한 글씨 또한 정갈한 해서체(楷書體)로 작성되어 있어서 그 정성이 돋보이는 자료라 하겠다.

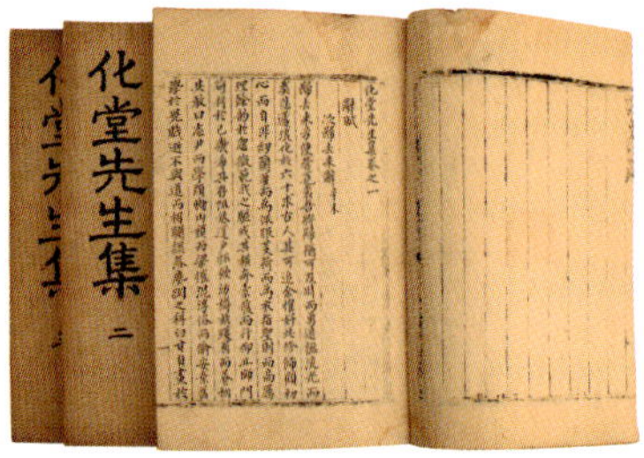

그림 2 『화당선생집(化堂先生集)』

『화당선생집(化堂先生集)』 5권 3책은, 화당 신민일의 시문집(詩文集) 필사본이다. 1688년 이전에 그의 아들 신양(申懹)과 손자 신명규(申命圭)가 상(上)·중(中)·하(下) 3책으로 정리한 정고본(定稿本)으로, 1720년(숙종46)에 전라도 관찰사로 부임한 현손 신사철(申思喆)에 의해 간행된 초간본(初刊本)의 대본일 가능성이 매우 높다. 유일 필사본으로 추정되는 이 문집에는 270여 수의 시(詩)가 수록되어 있고, 성리학(性理學)에 관한 논의(論議)가 들어 있으며, 「강도행재상봉사(江都行在上封事)」, 「논시세내수외양상봉사(論時勢內修外攘上封事)」 등의 상소에서는 정묘호란(丁卯胡亂) 당시의 정세와 화의(和議)를 반대하는 주장을 담고 있다. 또 『춘추쇄설(春秋瑣說)』에는 「초론(楚論)」, 「제환론(齊桓論)」, 「춘추론(春秋論)」, 「일식론(日食論)」 등 『춘추(春秋)』 기사의 내용에 관한 그의 견해를 피력했으며, 「논궁기면세계사(論宮家免稅啓辭)」에는 궁가(宮家)의 전답이 부당하게 면세(免稅)를 받고 있다고 지적, 그 시정을 주장하는 등의 다양한 내용을 담은 글이 수록되어 있다. 권말(卷末)에 1720년 화당의 증손 신추(申錐)가 쓴 발문(跋文)이 있다.

여기에서 화당을 잠시 주목해 보고자 한다. 그는 우계(牛溪) 성혼(成渾)의 문인으로, 월사(月沙) 이정귀(李廷龜)와 교의(交誼)가 두터웠다. 잠곡(潛谷) 김육(金堉), 동명(東溟) 정두경(鄭斗卿), 송곡(松谷) 조복양(趙復陽) 등의 만사(輓詞)가 있고, 계곡(谿谷) 장유(張維)의 「화당설(化堂說)」과 청음(淸陰) 김상헌(金尙憲)의 「화당찬(化堂贊)」이 있다. 계곡의 「화당설」에, "내 친구 평산(平山) 신공보(申功甫)는 순수하고 소박한 자질의 소유자로서 일찍이 우계선생의 문하에서 공부하였는데 세상 변고를 두루 거치면서도 평소에 지닌 뜻을 더욱 확고하게 가졌다. 그러다가 지난해에 임금에게 아뢴 일로 인하여 서쪽 변방으로 유배(流配)를 가게 되었는데 그때의 나이가 이미 60이었다. 괴로운 상념이 마음속에 교차하는 가운데에서도 '거백옥(蘧伯玉)이 60세에 자신을 변화시켰다[化]'는 말에 느낀 바가 있어 마침내 '화당(化堂)'으로 자신의 호(號)를 삼았다고 한다."[2] 라는 기록에서도 그의 성향을 짐작할 수 있겠다.

그리고 화당은 72세 되던 1647 정해년 봄에, 선고(先考)인 불여당 신암(申黯)이 만력 1614(광해6 갑인년)에 김극효(金克孝)·이의건(李義健) 제공과 함께 결성한 구로회(九老會)를 계승하여 33년이 지난 1647정해년(인조25)에 다시 구로연(九老宴)을 열고 그 감회를 읊은 시를 남겼다. 제목은 「속구로회록(續九老會錄)」으로 되어 있다. 아버지가 가졌던 모임을 아들이 이어서 개최하고 그 벅찬 감회를 시로 읊은 것이다. 보기 드문 사례가 아닐 수 없다.

醉中豪氣尙爭雄	취중에 호기가 발동하여 외려 웅지를 고집하니
未信人間七十翁	칠십 먹은 노인이라 누가 믿어 주겠는가
洛社風流今復見	낙사의 풍류를 이제 또 다시 보게 되었으니
古今好事豈無同	고금의 좋은 일이 어찌 같다 하지 않겠는가

이 시작품 하단에는 '동지돈령부사(同知敦寧府使) 이무림(李茂林)의 집에서 얻은 원본을 옮겨 적었다.'라고 기록하고

2) 『谿谷先生集』제4권, 「化堂說」: "余友平山申功甫 有醇深朴茂之資 早從牛溪先生有聞焉 經閱世變 雅志彌確 往歲坐言事謫居西塞 年已耆矣 困心衡慮之中 有感於蘧伯玉六十化之語 遂以化堂自號"

있다. 이 내용으로 보면 시작품이 중간에 분실되었던 듯하다. 그것을 가까스로 찾아서 기록해 놓은 것이다. 화당은 이 작품을 통해 향유하는 풍류가 결코 향산 낙사와 다를 것이 없다고 읊고 있다. 게다가 자신이 선친이 누렸던 풍류를 대물림하여 향유하는 데서 오는 기쁨을 이 시 작품에 담아 읊은 것이다. 뿐만 아니라 그 뒤에 또 화당의 10세손인 유당(留堂)이 이러한 내역에 대하여 또 시 작품을 남겼다. 「삼가 화당선생집 중 속구로회첩운을 따라 짓다[敬次化堂先生集中續九老會帖韻]」라는 제목으로 되어 있다.

酒情韻事任豪雄　술자리 분위기와 시 짓는 일 호탕함에 맞겼으니
省識畵中九老翁　그림 속 아홉 노인 누구누구인지 죄다 알겠구려
簪芾共躋仁壽域　고귀하신 분들 모두 인수의 영역에 오르셨으니
香山洛社與誰同　향산과 낙사[3]의 모임을 이젠 누구와 함께 할까

실제로 평산신씨 가문에는 「가장기영첩(家藏耆英帖)」이라는 제목의 장첩(粧帖)이 전해 온다. 이 장첩은 불여당 신암(申黯: 1537~1616)이 참여한 팔선계(八仙契)와 구로회(九老會)에다 그 아들 화당 신민일(申敏一)이 결성한 속구로회(續九老會) 등 세 종류의 기영회(耆英會)와 관련된 회약(會約), 시(詩)와 찬문(讚文) 등의 내용을 기록하고 그 장면을 그림으로 그려놓은 계첩이다. 그 내용 중 「팔선계좌목」에는 8인의 명단을 수록하고 그 말미에 '숭정기원후 3번째 기해년(1779년)에 불여당의 9대손 신석기로 하여금 써서 집에 보관토록 한다.'는 기록이 보인다.

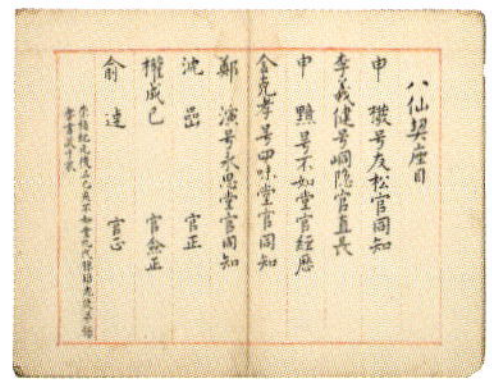

그림 3 「가장기영첩(家藏耆英帖)」

유당은 이 장첩에 수록된 그림 장면을 보고 당시에 참석했던 분들을 연상하며 그 감회를 시로 읊은 것이다 '그림 속 아홉 노인 누구누구인지 죄다 알겠구려'는 유당이 화당의 10세손인 것을 감안하면 상당한 거리가 있는데도 참석한 분들을 알겠다고 했으니, 이는 모사한 그림이 그만큼 구체적이고 사실적이라는 말이기도 하다. 다만 유당은 시(詩)의 결구에서 이 모임을 다시 이어가지 못하는 아쉬움을 읊고 있다. 그러나 여러 대에 걸쳐서 모임을 갖고 또 그것을 기록으로, 그림으로, 시(詩)로 남겨 놓은 경우는 매우 특이한 경우이며, 당시 상황과 그들의 활동 양상을 가늠할 수 있는 매우 중요한 자료라 할 수 있겠다.

『수산선생유고(修山先生遺稿)』 2책 중, 1책은 시(詩)와 부(賦)가 수록되어 있고 또 다른 1책은 서(序), 기(記), 서(書), 제문(祭文), 묘명(墓銘), 애사(哀辭) 등이 수록되어 있다. 그러나 『유고』가 작성된 연대를 정확히 추정할 만한 단서가 없다. 다만 이 『유고』 역시 수산의 후손에 의해 정성어린 정고본(定稿本)으로 만들어졌다는 것을 확인할 수 있다. 수산은 유당의 증조부 신광복(申光復)의 호이며 세마불사(洗馬不仕)라는 수식어가 붙어 있으면서 세마공으로 호칭되고 있다.

그림 4 『수산선생유고(修山先生遺稿)』

『선고(先稿)』 1책은, 참판공 신구(申銶)의 유고(遺稿)와 승지공 신사영(申思永)의 유고를 그의 후손이 정리해 놓은 것이며, 『선고편(先稿編)』 3권 1책은 판서공 신준(申晙)의 유고를 그 후손이 정리해 놓은 것이다. 판서공이 52세 되던 1742년에 그의 선고의 행장을 작성한 것이 책 말미에 수록되어 있는 것으로 보아 이 책의 제작 연대는 아마도 그 이후가 될 것이다. '소계병록(疏啓幷錄)'이라는 문구가 속지에 적혀 있는 것은 판서공이 당시에 조정에 올렸던 상소문을 함께 수록해 놓았다는 뜻이다.

그림 5 『선고(先稿)』

3) 향산(香山)과 낙사(洛社): 향산거사(香山居士) 백거이(白居易)의 구로회(九老會)와 문언박(文彦博)의 낙양기영회(洛陽耆英會) 또는 낙사기영회(洛社耆英會)를 말한다. 구로회는 당(唐)나라 백거이가 노년(老年)에 친구 9인과 향산에서 모여 결성한 모임이고, 낙양기영회는 송(宋)나라 문언박이 사마광(司馬光)·부필(富弼) 등 13인과 함께 백거이의 구로회를 모방하여 만든 모임이다.《舊唐書 卷166. 白居易列傳》·《宋史 卷313 文彦博列傳》

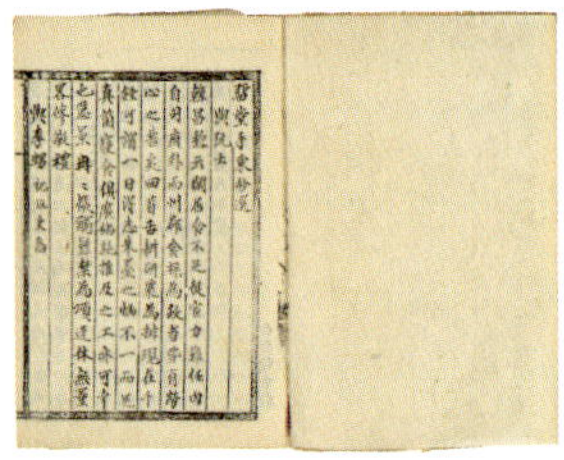

그림 6 『유당수간초선(留堂手柬抄選)』

『유당수간초선(留堂手柬抄選)』은 완성본이 아니다. 원본(原本)과 부본(副本)이 있는데, 그 내용은 시사적(時事的)인 사안이거나 의리(義理)와 관련된 심오한 내용을 담은 것이 아니고 당시 친교(親交)와 가까운 친척간에 일상적인 내용을 주고받은 것이며 관직 생활을 하는 동안 주변의 사소한 일과 관련하여 정리해 놓은 것이어서 유당의 또 다른 일상을 살필 수 있는 자료가 된다. 부본(副本)의 첫 장에 "이 책은 심상한 수간(手柬)이다. 그러나 문사(文辭)와 운의(運意)가 천학(淺學)의 미칠 바가 아니어서 유미(牖迷)하기 위하여 수집해 놓은 것이다."라고 부기(附記)해 놓은 것으로 보아 이 책은 아마도 그의 아들 신정균(申政均)이 정리한 것으로 보여지며, 전체가 24편이 수록되어 있는데 책이 마무리되지 않은 채로 중간 이후는 백지로 남아 있다.

『경람(敬覽)』은 신태관의 부친 신석만(申錫萬:1802~1875)을 기점으로 그의 선고(先考)인 재로(在魯:1764~1809)에서 5대조 구(銶:1646~1690)까지의 배위(配位)와 함께 기일(忌日)을 기록한 것이다.

『경전(敬傳)』이라는 소책자에는 첫 장에 '소행록서(素行錄序)'가 있는데 "내가 조부(祖父)에 대하여 소행(素行)과 실적(實蹟)을 기술한다[余亦於祖父 爲述素行實蹟]"라고 언급한 것으로 보아 이는 유당의 손자 신현세(申鉉世)가 직접 작성한 것으로 보여진다. 여기에 수록된 내용을 요약하면 다음과 같다.

> 성격이 원만하고 심지가 굳건하여 이익을 쫓기 위하여 의리를 망각하는 일이 없었다.4)
> 매사를 순리대로 하여 질서를 존중하였으며,5)
> 늘 책을 가까이하고 게으름을 피우는 일이 없었다.6)
> 남을 상대할 때는 반드시 말을 정중하게 하고 고개를 끄덕이거나 머리를 흔들거나 손을 휘젓는 일이 없었다.7)
> 남들과 사귈 때 처음 만났다하여 서먹하거나 친근하다 하여 함부로 대하는 일이 없고 시종일관 담담하였다.8)
> 사람을 훈계할 때 속담 활용하기를 좋아하여 사람들로 하여금 스스로 터득하게 하였다.9)
> 무슨 물건이던지 종이 조각 하나라도 잘 간직해 두었다가 꼭 필요할 때를 대비하였다. -남하산(南霞山)의 하수시(賀壽詩)에 이 말이 있다-10)
> 글자는 초서(草書)든 해서(楷書)든 늘 반듯하게 쓰기를 좋아하였고, 또 줄어들거나 좁아지는 것이 없이 처음과 끝이 일정하였다. 특히 옹방강(翁方綱)과 미불(米芾)의 서체를 익혀 자기만의 서체를 개발하였다.11)
> 문장은『맹자(孟子)』에서 득력(得力)하여 간결한 문장을 구사하고 의미도 원만한 것을 추구하였으며 겉으로만 화려하게 꾸미는 문장을 선호하지 않았다.12)
> 분수를 지켜 만족할 줄 알고 늘 차서 넘치는 것에 대한 경계를 염두에 두었으며, 사실과 맞지 않는 명예를 구하지 않았고 의리가 아닌 재물을 탐하지 않았다. 군을 맡고 있었을 때의 선정비가 있다.13)
> 과거시험에서 부(賦)로 이름을 얻었는데,「자하동승부(紫霞洞勝賦)」의 글씨는 별도의 한 필체를 완성한 것으로서 당대에 독보적이었다.14)

---

4) 『敬傳』, 性圓心固 不徇利而忘義 不所厚者爲薄
5) 앞의 책, 凡百做爲 大小先後 各得其序
6) 앞의 책, 手不釋卷 亦不以懷安放怠
7) 앞의 책, 對人酬答 必以言語行之 不以點頭 亦不以搖頭揮手
8) 앞의 책, 與人有交 不以初見爲疎 慣熟爲狎 終始淡淡如也
9) 앞의 책, 敎人 好用俗諺 令人心和 使之自覺自得
10) 앞의 책, 凡用物件 積於無用 以備不虞 而尺紙片鐵 分類寘之 以適用處(南霞山賀壽詩有此言)
11) 앞의 책, 字劃無草楷 平坦蘊藉 方正有力 且無狹隘處 首尾如一 體 用翁方米芾兩體 別作自體
12) 앞의 책, 文辭 得力孟子 平蘊不流 句作簡而無遺 頗有餘人不及處 運意圓而注意 不好虛張浮華之詞
13) 앞의 책, 守分知足 念在戒滿 不求過實之譽 不貪義外之財 往任字牧 樹碑稱頌
14) 앞의 책, 功令之文 以賦得名 紫霞洞勝賦 筆法別成一體 而獨步一世

이상의 내용은 『경전』에 수록된 것을 대강만 요약해 본 것이다. 그리고 이 책 말미에는 유당이 봉서(鳳棲) 유신환(兪莘煥)의 문인이라는 것도 밝혀 놓았다. 사소한 내용이긴 하나 손자가 조부에 대하여 작은 것 하나라도 놓치지 않고 기록으로 남겨 놓았다는 것은 조부에 대한 신뢰(信賴)와 존모(尊慕)를 바탕으로 한 선상에서 가능한 것이며, 그러한 경향은 유독 이 신씨의 선대 문헌에서 두드러지게 나타나는 부분이기도 하다. 다시 「유당공훈제(留堂公訓題)」를 살펴보기로 한다.

그림 7 『경전(敬傳)』

> 우리 가문이 5백여 년 동안 국가의 은혜를 후하게 받았으니, 이른바 세록신신(世祿藎臣)이라 할 것이다. 나의 부자(父子) 형제(兄弟)가 조정에 나아가 관직 생활을 한 지 40여 년 동안 종묘사직(宗廟社稷)이 조석간(朝夕間)의 위험에 처하였고 백성들이 수화(水火)에 곤란을 겪었다.
>
> 그런데 살아서 이미 아무런 도움을 주지 못하였으니 죽어서도 절통함을 느끼게 되었다. 나는 지금 병이 들었으니 머지않아 죽을 게다. 내가 죽거든 평상시에 입던 옷으로 염(殮)을 하고 거적[藁薦]으로 싸서 소달구지[板車]에 실어다가 선영(先塋)의 산소가 있는 근처에다 묻도록 하여라.
>
> 그리하여 내가 국가에 충성을 다하지 못하고 백성을 위하여 아무런 공을 세우지 못한 죄를 분명히 드러내도록 하라. 그리고 제사에는 생선과 과일과 채소 약간만으로 지내도록 하여 내가 평소에 검소함을 추구했다는 것을 보여주도록 하여라. 철없는 부유(婦幼)들이 도리가 아니라고 비난하거든 다만 유의(遺意)가 그러하니 따르지 않을 수가 없다고 하여라.
>
> 행여라도 구설(口舌)이 있을까 겁먹고 경계하는 말을 저버림으로써 지하에 있는 나에게 걱정을 끼치는 일이 없도록 하여라. 병든 몸을 가눈 채 이 글을 써서 너희들이 성찰할 수 있는 자료로 삼게 하는 바이다.
>
> 정미년(1907) 중추절에 병유(病留)는 쓰다.[15)]

이 「유당공훈제」는 유당이 직접 유언을 적어 후손들에게 남긴 글 2편을 수록해 놓은 것이다. 앞의 것은 69세 되던 1907년에 작성한 것이고, 뒤의 것은 세상을 뜨기 2년 전인 73세 되던 1911년에 적은 것으로, 앞의 내용을 요약한 것이다. 이 글에서 유당은 자신의 가문을 '5백여 년 동안 국가로부터 은혜를 입어온 세록신신(世祿藎臣)이라'고 했다. 한편으로는 대단한 자부가 아닐 수 없다. 그러나 자신은 국가에 이렇다할 보답을 하지 못했다는 회한(悔恨)을 안고 있는 것이 유당의 심정이자, 유언을 남긴 이유이다. 그가 자신이 죽거든 거적으로 싸다가 선영 근처에다 장사지내고 제사도 채소 몇 가지를 놓고 검소하게 지냄으로써 평소에 자신이 검소하게 생활하였다는 것을 보여주도록 하라고 재삼 당부한 것도 같은 맥락에서 이해할 수 있겠다. 이와 같이 작정하고 만든 유언장을 잘 배접(褙接)하여 첩으로 만들어 놓은 것도 보기 드문 사례이다. 이러한 일련의 사례들이 다른 가문에서는 흔히 발견되지 않은 특징적인 면모라 할 수 있겠다.

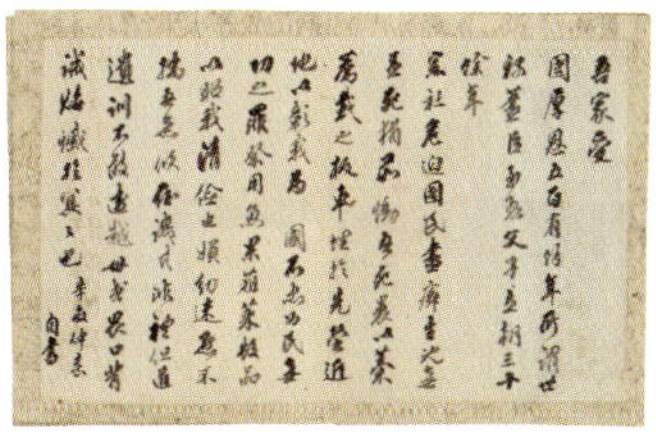
그림 8 「유당공훈제(留堂公訓題)」

이어서 『유당일고(留堂逸稿)』를 살펴보기로 한다. 『유당일고』는 유당(留堂)의 시문집을 필사해 놓은 것으로, 4언, 5언, 7언의 절구(絶句), 율시(律詩), 장편시(長篇詩)와 같은 다양한 문체를 구사하여 538제(題) 650여 수(首)에 달하는 시(詩) 작품을 창작 연대별로 정리해 놓은 초고(草稿)이다. 그의 아들 현세(鉉世)와 조카 현주(鉉周)가 흩어져 있는 글을 수집하여 유당의 검토를 거친 것으로 보이며, 이

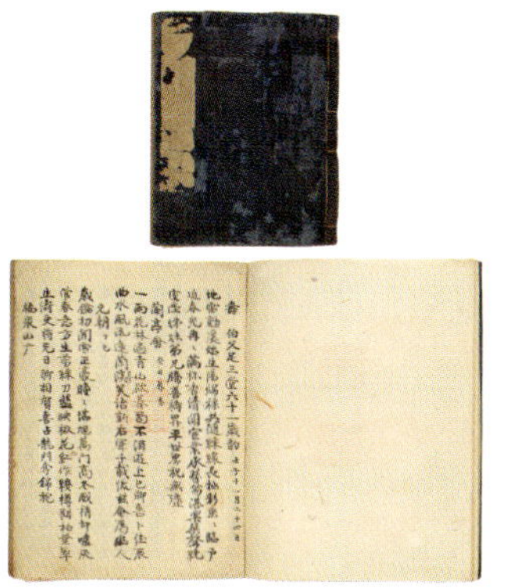
그림 9 『유당일고(留堂逸稿)』

15) 『留堂訓題』, "吾家五百餘年厚受國恩 所謂世祿藎臣 至吾父子兄弟 立朝四十年之間 宗社危迫朝夕 生靈重困水火 生旣無益 死猶茹慟 吾今病且死矣 死則殮以時服 裹以藁薦 載之板車 埋於 先塋近地 以彰我爲國不忠 爲民無功之罪 祭用魚果菹菜若干品 以昭我自守之素也 婦幼迷愚譏其非禮 但道遺意 不敢不從也 無或畏口背誡 貽憾於冥冥 力疾自書 爲汝曹省察之資言 丁未仲秋病留書"

『일고(逸稿)』에 대하여 유당이 70세 되던 1908년(무신)에 직접 「자서(自敍)」를 초하면서 이러한 내용을 구체적으로 기술해 놓았다. 겉표지에 제목을 쓰지 않은 채로 둔 것은, 유당의 생전에 정리하여 아직 제목을 붙이지 않은 것으로 보인다. 유당의 많은 작품 중에 몇 작품을 선별하여 살펴보기로 한다.

유당이 평소에 느꼈던 정서를 시 작품을 통해 읊곤 하였는데, 그 중에 「꿈속에서 짓다[夢中作]」라는 글을 우선 보기로 한다.

業做伊周聖做顔　사업은 이윤 주공 성인은 안자를 꿈꾸었건만
流光易得鬢毛斑　가는 세월 속절없이 귀밑털만 반백되었네
許多國家當年事　허다한 국가들의 당년 사업 살펴보노라니
人不虛生天地間　인재란 천지간에 그저 태어나진 않았더라

이 작품에서 느껴지는 분위기는 자신의 무력함이다. 젊은 시절에는 그래도 사업을 이윤(伊尹)과 주공(周公)을 목표로 설정하고 포부를 크게 가졌으나 어느새 귀밑머리가 반백이 될 정도로 세월이 흐르고 말았다. 세월의 덧없음이 느껴지는 대목이다. 또한 국가에 어려움이 닥쳤을 때를 살펴보면 그 난관을 극복해 가는 중대한 인물들이 있다는 것을 알 수 있다. 따라서 모든 사람은 그때그때 쓰일 곳이 있기 마련이다. 그런데 자신은 과연 '그런 인물에 속하는가?'라는 의문과 함께 자신을 성찰하기 위한 계기로 삼기 위하여 「꿈속에 짓다」라는 제목을 빌어 읊고 있는 것이다. 그뿐 만이 아니다. 다시 「일을 만나 스스로를 경계하다[遇事自警]」라은 제목의 시작품을 보기로 한다.

功名氣節莫相先　공명이냐 기절이냐 어느 것을 우선할까
臨事權宜道自全　일에 임해 잘 맞추어야 도가 절로 온전하리
要使此心能有定　이 마음 가져다가 확정할 수 있어야 하니
欺人不可況欺天　남 속이는 것도 불가한데 하늘을 속일 수 있나

유당은 당시에 벼슬살이를 하면서 공명(功名)과 기절(氣節)이란 두 갈래 길에서 갈등한 적이 있었던 듯하다. 이 시 작품에서는 상황에 걸맞게 '권의(權宜)'를 바탕으로 하여 무리가 없도록 해야 한다고 기술하고 있다. 그래야만 최소한 자신이 지켜가야 할 내면의 도리를 온전히 할 수 있을 것이라는 것이다. 내면의 심지를 굳혀 두고 그가 가야할 길에서 일탈하지 않아야 함은 그저 외형적인 한 방편이긴 하나 자신이 살아가야 함에 최소한 골몰하는 지식인의 번뇌일 수밖에 없다.

그러나 타인을 속이는 것이 불가하다는 것은 그것이 곧 죄를 짓는 일이기 때문에 해서는 안 되는 일이라고 강조하였다. 이는 곧 '하늘에 죄를 지으면 빌 곳이 없다[獲罪於天無所禱也]'라고 언급했던 공자(孔子)의 사상과도 직결되는 문제이며, 그것을 몸소 실천하고자 했던 것이 유당의 생각이었다. 유당은 또 69세 때 유언과 다를 바 없는 『유당공훈제』를 짓고 또 다음 작품을 남겼다. 제목은 「정미년 여름에 병세가 심해져 회복할 가망이 없자 시를 적어 아이들에게 남기다[丁未夏病劇回蘇無望書遺兒輩]」로 되어 있다.

一去亡羊已挾旬　일거에 정신을 잃고 벌써 열흘 되었다만
蔘苓無賴再回春　인삼 복령 약재로도 다시 회춘은 어렵겠다
安危立判惟竢命　안위란 바로 판단할 수 있어 운명을 기다릴 뿐이요
飮食頓抛何患貧　음식일랑 아예 포기했으니 어찌 가난을 걱정하랴
祖業相承傳有子　선조의 사업은 계승하여 전할 자손이 있거니와
國恩多負愧爲臣　국은을 등진 게 많아 신하 되기 부끄럽구나
板車藁殮君休笑　달구지 운구에 거적 염을 그대들아 웃지 말라
生以全歸是養眞　살아서 온전히 돌아가는 것 이것이 양진이란다

그가 이미 「유당공훈제」에서도 검소하게 장례를 치를 것을 유언하였는데, 시 작품에서도 다시 언급하고 있다. 이는 유당이 평소에 지니고 있었던 생각이 그러했다는 것을 알 수 있다. 『논어(論語)』에 '새가 죽을 때에는 그 소리가 애처롭고 사람이 죽을 때에는 그 말이 착해진다.[鳥之將死 其鳴也哀 人之將死 其言也善]'라는 말이 있거니와 병석에 있게 되면 누구나 마음이 약해지기 마련이다. '거적으로 싸서 염을 하고 달구지로 운구해도 좋다는 말을 비웃지 말라'는 말은 그의 진솔한 심경의 토로이며 '온전히 돌아간다[全歸]'에 대한 염원이 함께 담겨져 있다는 것을 알 수 있다.

그러나 유당에게 무엇보다 위안으로 여겨지는 것은 '선조의 사업을 계승하여 전할 자손이 있다'라는 것이었다. 다만 국가의 녹을 먹는 신하로서 국은(國恩)을 저버렸다는 것은 무엇을 지칭하는지 정확히 알 수는 없으나, 그가 평소에 이 점에 대하여 매우 번민하고 있었던 것은 사실인 듯하다. 아마도 당시의 격변하는 사회에 대한 자신의 불가항력적인 이러저러한 사건들에 대한 것이었을 것으로 추정할 뿐이다.

그렇다고 시 작품 모두가 이러한 내용만을 담고 있는 것은 아니다. 유당이 35세 때 대동보(大同譜)를 완성하고 기대감을 실어 읊은 시 작품도 있다. 제목은 「계유년에 대동보를 완성하고[癸酉大譜成]」로 되어 있다.

忠孝文章道學名　충효와 문장에다 도학의 이름으로
東陽三派繼家聲　동양의 세 파가 가성을 계승했네
庚申以降靡遑役　경신년 이후로 겨를 없던 역사였는데
壬癸之間克底成　임신 계유년 간에 완성을 보게 됐네
志述象村通譜誼　상촌 선조 뜻 기술에 보의가 순통하고
會開花樹敍倫情　화수회의 모임에 윤정을 펼쳤도다
聊將尊祖敦宗法　선조를 존숭하고 종족을 도타이하는 법으로
勿替相傳屬後生　교체하지 말고 후손들에게 전해 주어야 하리

이 시 작품의 제목 아래에 '위당(威堂), 계전(桂田), 위사(韋史) 세 분이 합보(合譜)에 주력하여 3년 만에 완성을 보게 되었다.[威堂·桂田·韋史三公 力主合譜議 始役三年乃成]'라는 소주(小註)를 붙여 놓았다. 이를 통해 알 수 있는 것은 평산신씨의 3파(派)가 이때에 합보(合譜)를 하게 되었고 또 상촌(象村) 신흠(申欽)의 뜻을 전승하게 되었다는 것에 대한 만족스러움을 기술하고 있다는 사실이다. 따라서 '선조를 존숭[尊祖]'하고 '종족간에 화목[敦宗]'해야 하는 정신을 변함없이 지켜가야 함을 간절한 바람으로 읊은 유당의 심경을 가늠할 수 있겠다. 유당은 이와 같이 어떤 일을 겪게 되면 그와 관련하여 반드시 기록으로 남겨놓는 세심함을 보였다. 그리고 서민들의 애환에 대하여도 간과하지 않고 시 작품을 남긴 것이 있다. 제목은 「농가에서 밤에 대화를 하다[農家夜話]」인데, 2수(首) 중 1수를 보기로 한다.

今春節氣晩　올봄엔 계절이 늦어선지
三月寒測測　삼월인데도 차겁더니만
雪霜無已時　때 아닌 눈서리가 내리고
紅紫皆失色　꽃들이 죄다 시들해졌네
我非獨憐花　내 유독 꽃만 가엽서 하는 게 아니라
花繁實可食　꽃이 무성해야 과일도 먹기 때문이네
來牟均受病　밀·보리가 죄다 피해를 입었다고
農夫發歎息　농부들 탄식만 늘어놓다가
揮淚荷鋤出　눈물 훔치며 호미 메고 나가보았으나
南畝日未昃　남쪽 이랑엔 해도 기울지 않았다 하네

서두에 이미 언급하였거니와 유당은 다양한 문체와 다양한 소재를 가지고 소회(所懷)를 읊었다. 이와 같이 사실적인 내용을 담아 읊은 시 작품이 적지 않다. 3월에 눈이 내려 꽃들이 죄다 얼어버렸고 농작물에 대한 피해가 극심하단 말을 듣고 유당은 그냥 있지를 않았다. 농민들과 그 고통을 분담하는 선상에서 함께 아파하는 모습을 여실히 보여주고 있는 것이다. 이러한 내용들이 그가 자서(自敍)에서 언급한 '나라를 걱정하고[憂國], 백성을 이롭게 하고[利民], 선행을 장려하고[獎善], 학문을 권장한다[勸學]는 내용을 담고자 하였다'는 것과 맥락을 같이 하고 있다고 하겠다. 그런가하면 유당은 사물에 대하여 매우 관조적인 시각을 시 작품에 담아 읊곤 하였다. 특히 매화꽃에 대하여 읊은 작품이 눈에 띄는데, 그 중 「침상에서 매화를 보다[枕上看梅]」를 보기로 한다.

白之千葉紅之單　흰 것은 천 개 잎 붉은 것은 하나인 채로
不向朱門向曲欄　주문 향해 피지 않고 곡란 향해 피었구나
非我好梅梅好我　내가 매활 좋아한건가 매화가 날 좋아한거지
起居相慰病懷寬　자눌 때면 서로 병든 마음 위로 해주네

위의 시(詩)와는 매우 대조적인 양상을 보여준다. 위의 시는 농가(農家)의 애환을 사실적으로 묘사한 작품인데 비하여 아래 작품은 사물에 대한 관조적인 견해를 보여주는 작품이다. 매화꽃을 의인화(擬人化)하여 부유한 집 문을 향해 피지 않고 가난한 자신을 위해 피었는가라는 세속적인 시각에서 일단 질문을 던지듯이 하였다. 그리고는 내가 매화를 좋아해서가 아니라 매화가 나를 좋아한 것이라고 자의적인 해석을 하였다. 이는 자신도 매화와 같이 청빈함을 자부하는 의사가 있는 것이다. 그런 때문에 자신과 물아일체(物我一體)의 경지를 보여주듯이 기거할 때 서로 위로를 받는다고 기술하고 있다. 공교롭게도 결구의 운자(韻字)가 유당(留堂) 자신의 이름 글자인 '관(寬)'자를 써서 의미심장한 여운을 주고 있다.

『유당공간의(留堂公簡意)』는 72장 3첩(帖)으로 된 장첩(粧帖)이다. 제1첩은 유당이 47세 되던 1885년에 위유사로 영남지역을 구휼하던 시절부터 60세 되던 1898년까지의 서간문을 모아놓은 것이고, 제2첩은 역시 1885년 9월부터 49세 되던 1887년까지의 서간문을 모아놓은 것이며, 제3첩은 1897년부터 75세로 별세하던 해인 1913년까지의 서간문을 모아놓은 것이다. 장남인 신정균이 맨 끝에다 발문을 붙여놓았는데, 그 발문에 "지금 이 장첩 3책은 나의 선군(先君)이신 유당 판서공이 내게 보낸 서찰들이다. 지금 37년이 지났지만 글씨가 아직도 선명하고 펼쳐보면 눈앞에서 직접 명을 듣는 것만 같은데, 지금 우리 형제가 벌써 나이 60이 되고 보니 더욱 추모하는 정을 가눌 수가 없다. 내용 중에 인척(姻戚)과 지인(知人)과 문하생 (門下生)들에 대하여 혹은 별호(別號)를 사용하기도 하고 혹은 자호(字號)를 쓰기도 하여 누구인지 알 수 없을 우려가 있다. 그래서 안동군(安東郡) 재임시에 위유사로 봉명(奉命)하던 시기의 글과 영광군(靈光郡) 재임시에 보내온 편지를 아들 현세(鉉世)를 시켜서 장첩의 윗부분에다 주석을 달아놓게 하였다."[16] 라고 기술하고 있다. 이 글은 신정균이 58세 되던 1922년에 쓴 글이다. 이렇듯 평산신씨의 선대에는 조(祖)·부(父)·자(子)·손(孫)이 대를 이어가며 수많은 문헌들을 정리하여 소중하게 여기고 잘 보존해 왔다. 또한 관직 생활을 하며 접했던 문헌도 사료적인 가치가 있는 것들이 적지 않다. 다음 문건을 보기로 한다.

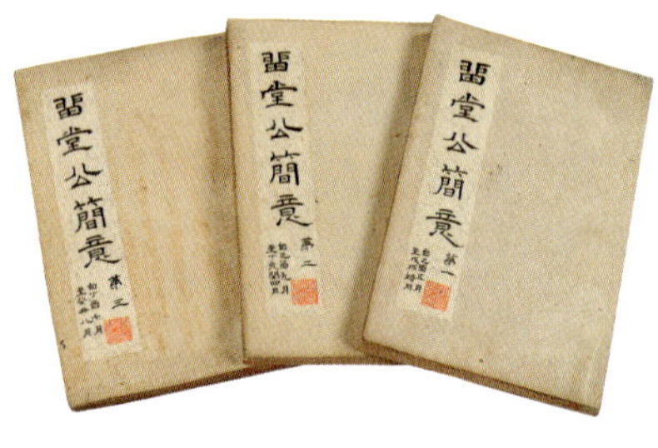

그림 10 『유당공간의(留堂公簡意)』

16) 『留堂公簡意』「跋文」"今此粧帖共三冊 卽吾先君留堂判書公書意 計今爲三十有七年 墨痕尙不渝 而謹閱所命 也在目前 今吾兄弟 亦皆至六十之年 尤不勝追慕之情也 近之以姻戚 乃至于知舊門下 而或書別號 或書字號 不無缺瞭之歎 故槩採其安東在任時 慰諭使奉命 及靈光在任時事 使委奉鉉世 謹錄于粧帖之頭也"

『인리안(人吏案)』은 유당이 영광군수(靈光郡守)로 재임할 당시에 관리가 작성해서 보고한 아전들의 명단이며, 호장(戶長) 정유섭(鄭有燮), 이방(吏房) 배격순(裵激純) 이외 인리(人吏) 50명의 명단과 그들의 직무가 기록되어 있다. '영광군인(靈光郡印)'이라는 인장이 곳곳에 찍혀 있고 맨 끝에는 보고자의 수결이 있다.

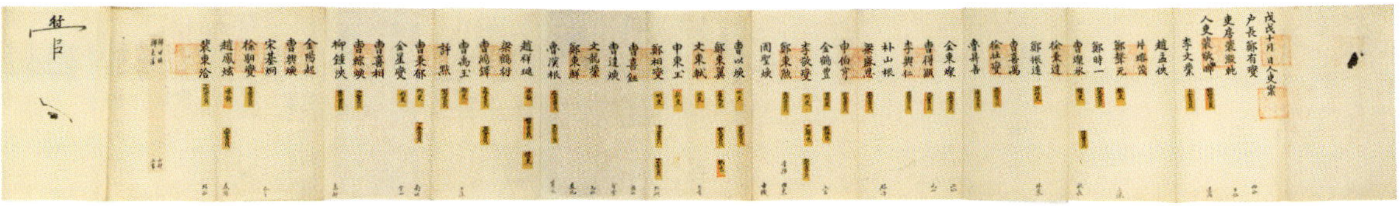

그림 11 『인리안(人吏案)』

『관노비안(官奴婢案)』은 신태관이 영광군수(靈光郡守)였을 당시의 관아에서 부리고 있는 노비들의 명단. 수노(首奴) 윤선(允善) 이하 16명, 방자(房子) 5명, 수급비(水汲婢) 5명의 명단이 수록되어 있다. 관련 지역의 사회상을 이해하는 데 그 사료적 가치가 높은 것으로 평가된다.

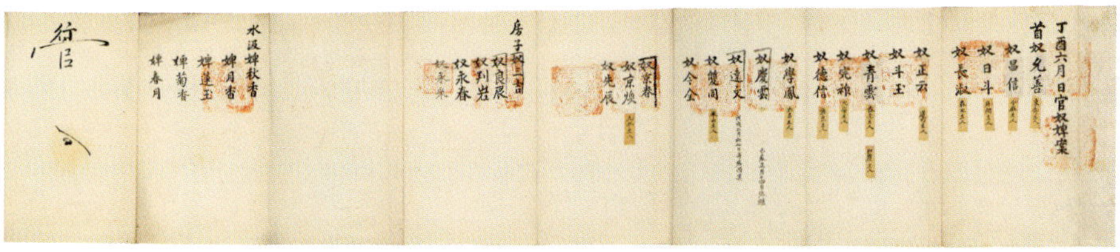

그림 12 『관노비안(官奴婢案)』

Ⅳ. 맺음말

이상에서 유당(留堂) 신태관(申泰寬)을 중심으로 한 평산신씨(平山申氏) 일가가 기증한 문헌자료에 대하여 그 특성을 살펴보고, 유당이 평소에 가져왔던 생각을 그가 남긴 시 작품 및 여러 문헌을 통해 고찰해 보았다. 그 결과 이 문중은 다른 문중에 비해 선조(先祖)가 남긴 문헌을 비교적 잘 보존해 왔다는 사실을 확인할 수 있었다. 그리고 유당이 명문가(名門家)의 후손으로 관직 생활을 하면서 갈등했던 모습과 여타 시골 생활을 하며 느꼈던 정서를 다양한 문체의 시 작품을 통해 기술해 놓은 것에 대해서도 대략 고구(考究)해 볼 수 있었다.

미쳐 다 언급하지는 못하였지만 이 문헌들 중에서는 사료적인 가치가 충분한 몇몇 귀중한 자료들도 있었다. 이번 논문에서는 이러한 자료들을 구체적으로 검증하거나 평가하는 것보다는 있는 그 자체를 학계에 소개하는 데에 더 많은 비중을 두었기 때문에 유물이나 서책이 지니는 충분한 가치를 드러내지 못한 한계가 있을 수는 있겠다. 그러나 그것은 또 다른 전문가의 안목에 맡기기로 하였다.

또한 신태관 부자가 관직 생활을 하면서 남긴 시 작품에 대한 것과 응제시(應製試)에서 부상으로 받은 『주서백선(朱書百選)』과 『육주약선(陸奏約選)』에 대한 언급도 그렇거니와 『유당일고(留堂逸稿)』에 수록된 640여 수에 달하는 시 작품을 좀 더 구체적으로 검토하여 유당을 폭넓게 이해하지 못한 점은 다음 과제로 두기로 한다.

아무쪼록 이번 논문이 계기가 되어 향후에 학계로부터 보다 많은 관심을 갖고 그의 학문과 사상에 대하여 새로운 연구가 활발하게 이루어질 수 있는 토대가 마련된다면 다행이겠다. 그리하여 그의 작품 경향과 시대정신이 높이 평가되기를 기대해 본다.

우리나라 문관文官의 전통식 관복 착용 소멸官服에 관한 소고小考

최연우·조상준
단국대학교 전통의상학과 조교수, 박사과정

Ⅰ. 머리말

2007년 6월 단국대학교 전통복식연구소(당시 소장: 전통의상학과 고부자 교수)에서 개최한 제1회 학술발표회에서는 근대 우리나라 문관복(文官服)의 체제 변화와 직접적으로 관련되는 중요한 자료가 처음으로 소개되었다.[1] 해당 자료는 한국학중앙연구원 장서각(藏書閣)에 소장된 『관복장도안(官服章圖案)』(李王室古文書 No4372~4375. 총4종)이다. 명칭에서도 나타나듯, 관복(官服)의 형태와 무늬를 도안으로 제시하였다. 이 자료는 후속 연구를 통해 No4372와 No4374가 1900년 우리나라에서 최초로 제정된 서구식 대례복 도안의 원본 및 복사본이라는 사실이 밝혀졌다.[2] 또 자료 소개 후 여러 편의 후속 연구논문이 발표되어, 최근 몇 년간 근대 관복 연구가 활성화되는 계기를 마련하였다.[3]

위에서 언급한 것처럼 조선시대 문관복이 제도상 서구식으로 바뀐 것은 1900년이다. 그렇다면 제도가 바뀜과 동시에 모든 관원들이 바로 서구식 복식을 입었겠는가? 근대의 사료(史料)를 보면 그 이후에도 단령을 입은 관원들을 심심찮게 볼 수 있는데, 그들은 언제까지 그 차림을 유지했겠는가? 이에 관해서는 그동안 여러 학자들이 궁금해하면서도 밝히기 쉽지 않은 문제이기에 본격적으로 다루어지지 않았었고, 최근 근대 관복에 관한 활발한 연구에서도 이 문제는 여전히 빗겨가고 있었다. 본 논문은 이 문제에 대한 해답을 찾는 것을 연구목적으로 한다. 그러나 본고에서도 전통식 관복 착용의 하한(下限)이 언제까지라고 명확히 선을 긋는 것은 어려울 것이다. 다만 여러 자료를 참고로 대략의 추정은 가능할 것이라 본다.

연구내용은 크게 두 부분으로 나뉜다. 먼저, 1876년 개항 이후부터 1900년 서구식 문관복이 제정되기 전까지의 관복 간소화를 제도 중심으로 정리한다. 다음, 1900년 서구식 문관복 제정 이후의 차림을 분석하여 단령이 실제 언제까지 입혀졌는가를 추정하고, 이전과 달리 변용된 양상에 대해서도 분석한다.

1) 최규순.김은정(2007), 「개항기에서 일제강점기 의생활연구의 현황과 전망」, 『단국대학교 전통복식연구소 제1회 학술발표회 논문집』, 단국대학교 전통복식연구소, pp.27~75. 이 논문은 같은 해 12월 연구소에서 발행한 학술지 『전통의생활연구』제1집(pp.29~80)에 정식으로 수록되었다.

2) 최규순(2008), 「藏書閣 소장 『官服章圖案』 연구」, 『藏書閣』제19집, 한국학중앙연구원, pp.223~251.

3) 최규순(2008), 위 논문; 최규순(2008), 「大韓帝國期 宮內府 大禮服 硏究」, 『정신문화연구』제31권 2호, 한국학중앙연구원, pp.3~39; 이경미(2008), 「대한제국의 서구식 대례복 패러다임」, 서울대학교 박사학위논문; 최규순(2011), 「1905~1906년 서구식 大禮服제도 개정에 나타난 일제의 한국병탄 준비-일본 서구식 대례복 제도와의 비교를 통하여-」, 『한국독립운동사연구』제39집, 한국독립운동사연구소, pp. 5~45; 최규순(2012), 「대한제국시대 관원의 예복」, 『대한제국 남성예복-새로운 물결, 주체적 수용』(2012년 가을 기획전 도록), 경운박물관, pp.122~153; 이경미(2012), 『제복의 탄생-대한제국 서구식 문관대례복의 성립과 변천-』, 민속원.

조선시대의 관원들이 착용한 복식은 제복(祭服), 조복(朝服), 공복(公服), 상복(常服)으로 나뉜다. 따라서 일반적으로 '관복(官服)'이라 하면 이들 복식이 모두 포함된다. 그러나 본고에서는 단령의 형태를 중심으로 살피고자 하고, 위 복식 중 공복과 상복이 이에 해당한다. 따라서 본고에서 '관복'이라 하면 협의의 의미인 공복과 상복으로 착용된 '단령옷'으로 한정하고, 제복과 조복은 필요시 간단히 언급하는 정도에서 그친다. 또 근대에 들어 외국에 파견되는 외교관들도 있고 그들의 복제 변화도 주목할 만하지만, 이에 관해서는 선행연구가[4] 있으므로 본고에서는 국내 문관으로 한정하여 고찰한다.

Ⅱ. 전통식 관복의 간소화와 폐지

1876년 개항 이후 우리나라는 서구 문화와 문물의 유입으로 사람들의 인식이 대변혁을 맞음과 동시에 제도에 있어서도 서구식을 적극 수용한다. 이 와중에 전통방식의 '지속'과 신문물의 '수용', 그리고 양자를 결합한 전통방식의 '변용' 등 다양한 사회적 변화가 일어난다. 관원들의 복식을 규정하는 관복제도(官服制度) 역시 거대한 흐름 속에 진행된 이 국가체제의 변화와 사회적 변화를 비켜갈 수는 없었다. 본 장에서는 이 시기에 진행된 전통식 복식의 간소화부터 폐지에 이르는 과정을 고찰한다.

1. 관복의 간소화

1) 갑신의제개혁(1884)

조선시대 관원들의 관복은 단령(團領)에 품대(品帶)를 두르고, 머리에는 사모(紗帽)를 쓰며, 화(靴)를 신는 것이 기본 차림이었다. 단령은 시기에 따라 조금씩 형태가 달라지는데, 대표적인 변화는 소매에서 나타난다. 전기에는 좁은 소매[窄袖]였던 것이 후기로 가면서 점점 넓어져 옷길이의 절반 정도까지 이른다.

조선말기에 서구 문물의 유입으로 사회 분위기가 점점 실용성에 가치를 두기 시작하면서 고종은 지금까지의 크고 넓은 옷을 개혁하여 간소화시키고자 한다. 고종이 추진했던 복식 간소화는 1884년(고종21)의 갑신의제개혁에서부터 시작한다. 갑신의제개혁은 1884년(고종21) 윤5월 24일에 내려진 고종의 흑단령(黑團領) 착용 전교(傳敎)로 시작된다.

> "전교하기를 '관복(官服)으로 오직 흑단령만 쓰는 것은 바로 옛날의 제도로서 일이 아주 간편한 것이니, 당상의 시복(時服)인 홍단령(紅團領)은 『대전통편(大典通編)』 원전(原典)의 예에 따라 착용하지 못하게 하라. 지금부터 무릇 조적(朝籍)에 이름이 올라 있는 사람은 평상시 흑단령을 착용하고, 크고 작은 조의(朝儀)에 진현(進見)할 때 및 대궐 안팎의 공적인 일[公故]이 있을 때면 흉배를 더하여 부착함으로써 문관(文官)과 무관(武官) 및 품계를 구별하도록 하라. 단령의 제도를 반령(盤領)에 착수(窄袖)로 하는 것도 한결같이 국초(國初)의 제양(制樣)을 따르도록 하라.' 하였다."[5]

관복으로 조복과 제복 외에는[6] 착수(窄袖)의 흑단령만 입게 하였고, 크고 작은 조의(朝儀)에 진현할 때와 대궐 안팎에 공적인 일[公故]이 있을 때에는 흉배(胸背)를 달아서 문관과 무관에 따른 품계를 구별하도록 하였다. 즉 평소에는 흉배가 없는 착수 흑단령을 입고 특별한 일이 있는 경우 품계에 따른 흉배를 부착하게 하였다. 또 6월 3일에는 '사복변제절목(私服變制節目)'을 마련하여, 관원의 사복(私服)으로 착수의(窄袖衣)에 전복(戰服)[搭護]을 덧입은 후 사대(絲帶)를 매게 하였다.[7]

---

4) 이경미(2009), 「갑신의제개혁(1884년) 이전 일본 파견 수신사와 조사시찰단의 복식 및 복식관」, 『한국의류학회지』33권 1호, 한국의류학회, pp.45~54; 이경미(2013), 「개항 이후 대한제국 성립 이전 외교관 복식 연구」, 『한국문화』63, 서울대학교 규장각 한국학연구원, pp.141~144.

5) 『高宗實錄』 21年(1884) 閏5月 24日(丁卯)

6) 고종은 "조복, 제복, 喪服은 모두 先聖의 遺制이므로 바꿀 수 없는 것이다"라고 하여, 관복 간소화에서 이들 복식은 제외한다. 『高宗實錄』 21년(1884) 閏5月 25日(戊辰).

7) 『高宗實錄』 21年(1884) 6月 3日(乙亥).

이로써 갑신의제개혁에서 시도한 관복 간소화에 관한 기본적인 규정은 일단락되었다고 볼 수 있다. 그러나 『고종실록』의 기사에 의하면 당시 고종의 강경한 태도에도 불구하고 개혁이 반포된 후 반대 의견이 매우 강하였고, 10년 후에 다시 간소화가 거론되는 것으로 보아 1884년의 개혁은 사실상 시행되지 않았던 것으로 보인다.

2) 갑오, 을미의제개혁(1894~1895)

실질적인 관복 간소화는 1894년(고종31) 6월의 갑오경장(甲午更張)에서부터 1895년(고종32) 8월의 을미복장식(乙未服章式)에 이르는 개혁에서 이루어진다.

먼저 1894년 6월 28일, 군국기무처(軍國機務處)에서 의정부 이하 각 아문(衙門)의 관제(官制)와 직무에 관한 의안(議案)을 올린다. 여기에서 관원이 폐하 알현 시의 의복으로 사모, 반령에 착수인 장복(章服), 품대, 화(靴)를 규정하고, 연거(燕居) 때의 사복은 흑색 갓[漆笠], 답호, 사대(絲帶)로 규정하였다.[8] 왕을 알현할 때의 관복에 착수 단령을 쓰게 한 것으로 보아, 1884년과 마찬가지로 이때도 단령은 착수 한가지로만 정하고자 한 것으로 보인다. 이어, 같은 해 12월에는 칙령 제17호가 내려지는데 이 때 '대례복' 용어가 등장한다.

> "조칙을 내리기를 '조신(朝臣)의 대례복(大禮服)은 흑단령을 쓰고, 궁(宮)에 들 때의 통상예복은 두루마기[周衣]에 답호인데 흑색 토산 주(紬)와 포(布)를 쓰며, 또 사모와 화(靴)가 있다. 명년 정월 초하루부터 시행한다.'라고 하였다."[9]

대례복은 흑단령만 언급했지만, 6월의 군국기무처 의안과 같이 흑단령에 품대를 두르는 것으로 규정했을 것이다. 또 궁에 들 때의 통상예복은 사모, 두루마기, 답호, 화로 규정된다.

위 갑오의제개혁은 칙령 제17호에서 1895년 1월 1일부터 시행한다고 했으나, 의제(衣制)가 1895년까지도 계속 수정되고 있어 실제 시행은 이루어지지 않았을 가능성이 크다.

1895년 을미년에는 3월 29일에 칙령 제67호로 공사(公私) 예복에서 답호를 제외하는 규정이 마련되었다.[10] 칙령 제17호의 차림에서 답호를 제외하면 사모, 두루마기, 화의 차림이 된다. 이어 8월 10일에는 아래의 '조신이하복장식(朝臣以下服章式)'이 반포된다.

> "궁내부 대신(宮內府大臣)이 조정 관리 이하의 복장 규정(朝臣以下服章式)을 봉칙(奉勅)하여 반포하였다.
> 【1. 조복(朝服)과 제복(祭服)은 이전대로 한다.
> 1. 대례복(大禮服)은 흑단령, 사모, 품대, 화(靴)의 차림으로 한다. 모든 동가(動駕) 때, 경절(慶節), 문안, 예의로 접견할 때에 착용한다.
> 1. 소례복(小禮服)은 흑반령착수포(黑盤領窄袖袍), 사모, 속대(束帶), 화의 차림으로 한다. 대례복을 입을 때에도 간혹 쓰고, 무시(無時)로 진현(進見)할 때 입는다.
> 1. 통상복색(通常服色)은 편리한대로 두루마기[周衣], 답호, 사대(絲帶)로 한다. 내관(內官)과 외관(外官)이 업무에 들 때에 구애 없이 입으며, 진현할 때에는 입지 않는다.】[11]

내용에 나타나는 특징은 다음 몇 가지로 정리할 수 있다.

첫째, 관원의 복식을 조복, 제복, 대례복, 소례복(小禮服), 통상복색(通常服色)으로 구분한다. 조복과 제복은 기존의 양관복(梁冠服) 제도를 유지하고, 그 외 '공복'과 '상복'이라는 구별 대신 대례복, 소례복, 통상복색으로 착용 상황을 구분한 것이다.

둘째, 두루마기에 답호를 덧입는 '통상복색'의 의미를 분명히 하였다. 의제에서는 대례복, 소례복, 통상복색의 착용 상황을 분명히 제시하고, 그 중 통상복색은 "내외관사진시(內外官仕進時)" 즉 "내관과 외관이 업무에 들 때(仕進)"라 하

---

8) 『高宗實錄』 31年(1894) 6月 28日(癸酉).

9) 『高宗實錄』 31年(1894) 12月 16日(戊午): 『法規類編』 「衣制」 (1908, 內閣記錄課, 『法規類編』, p. 305).

10) 『高宗實錄』 32年(1895) 3月 29日(更子): 『法規類編』 「衣制」 (앞의 책, p. 305).

11) 『高宗實錄』 32年(1895) 8月 10日(戊寅).

였다. 관원들이 평소 관청에 출근해 업무를 볼 때 입는 것으로 명시한 것이다. 그런데 차림을 보면 두루마기, 답호, 사대로 구성되고, 관모는 1894년의 통상예복을 참조하면 여기에 사모를 썼을 것이다. 이러한 차림은 다음 장(章)에서 서술할 1904년 촬영 '통신원 총판 민상호와 직원들' 사진에서도 확인된다. 중요한 것은 이로써 기존에 단령을 입던 관원의 상복(常服)이 두루마기와 답호를 입는 통상복색으로 바뀌어, 관원의 일상 업무복에서 단령이 사라지는 단초가 되었다는 점이다.

관복 간소화 과정에서 이 통상복색과 관련되는 내용은 1884년 갑신의제개혁에서 관원의 사복(私服)으로 착수의, 전복[답호], 사대(絲帶)로 규정한 것, 1894년 6월 군국기무처 의안 중 연거사복(燕居私服)으로 칠립(漆笠), 답호, 사대(絲帶)로 규정한 것, 1894년 12월 칙령 제17호에서 궁에 들 때의 통상예복(進宮通常禮服)으로 사모, 두루마기, 답호, 화로 규정한 것 등이 있다. 그런데 이들 규정에서 등장하는 '사복', '연거사복', '진궁통상예복'이 업무 수행과 상관없이 궁궐 밖에서 사적(私的)으로 활동할 때나 개인적으로 궁에 일이 있어 들어올 때를 말하는 것인지, 혹은 관원으로서 일상적 업무를 볼 때를 말하는 것인지 분명치 않다. 그런데 을미의제개혁에서의 '통상복색'은 관원들이 "업무에 들 때(仕進)"라는 점을 분명히 한다. 따라서 1884년부터 논의되어 온 두루마기에 전복[답호]을 입는 차림이 관원의 업무복 즉 기존 관념의 '상복'을 의미했을 수 있고, 혹은 1884년 당시에는 관원이 아닌 개인 신분으로 옷을 입을 때의 사적인 차림으로 논의되다가 1894년 12월과 1895년 즈음에 이르러 업무복으로 정리되었을 수도 있다.

셋째, 대례복 및 통상복색과 별도로 소례복이 신규 제정된다. 소례복은 진현할 때 입으므로, 규정을 따른다면 통상복색으로 업무를 보다가 왕을 알현할 일이 있으면 소례복으로 갈아입어야 했을 것이다. 또 소례복은 대례복 대신 입는다고도 했으므로, 조금 더 격식있는 상황에 착용되기도 하였다. 이 규정은 후술할 1899년에 대례복을 없애고 소례복으로 통용하는 단초가 된 것으로 보인다.

넷째, 대례복은 사모, 흑단령, 품대, 화(靴)의 차림이며, 소례복은 사모, 반령에 착수인 흑색 포(黑盤領窄袖袍), 속대(束帶), 화의 차림이다. 위 대례복 규정에서 흉배에 관한 언급은 없으나 후술할『대한예전』에서 "을미년에 대례복을 정했다"라고 하면서 '대례복' 도식 뒤에 '흉배' 도식을 함께 그렸으므로 흉배를 부착했음을 알 수 있다. 또 대례복의 품대와 별도로 소례복에 두르는 속대가 등장한다. 정리하면 대례복과 소례복의 차이는 단령과 반령의 형태, 소매 너비(광수와 착수), 흉배의 유무, 품대와 속대의 구분 등에 있다. 대례복은 광수의 단령에 흉배를 부착한 후 품대를 두르고, 소례복은 착수의 반령에 흉배를 부착하지 않고 속대를 두른다(그림 1~3).

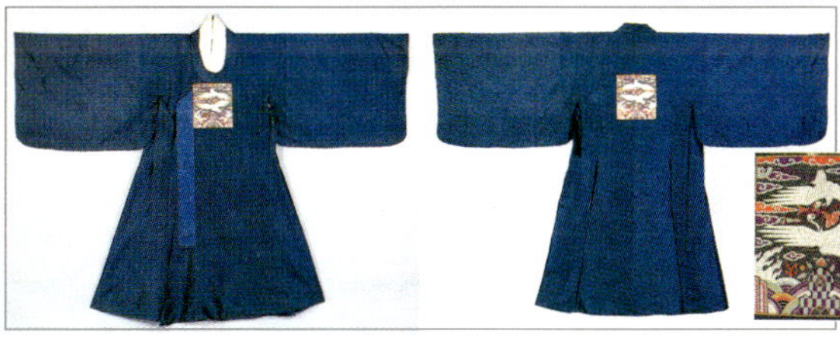

그림 1 쌍학흉배 부착 광수 흑단령 대례복
고려대학교박물관 소장(유물No: 2577-1)

그림 2 흑반령착수포 소례복
고려대학교박물관 소장(유물No: 2577-2)
『복식류명품도록』, pp.20~29.

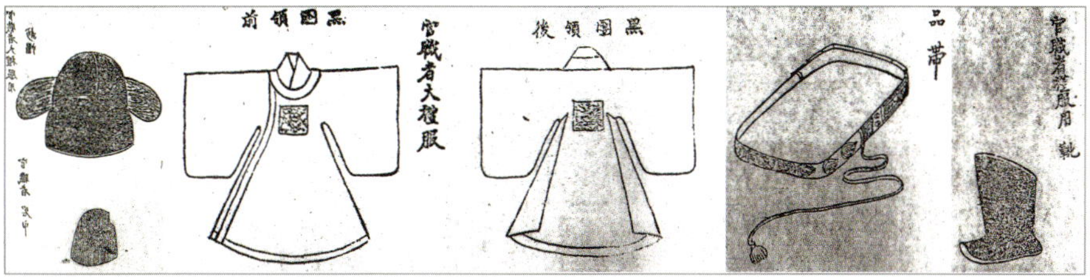

사모, 탕건 흑단령-전면 흑단령-후면 품대 화

그림 3 '관직자 대례복'
『禮服』, 「現行禮服」

다섯째, 1895년 3월에 공사 예복에서 답호를 제외한다고 했으나 여기서 다시 부활한다.

이상과 같이 서양식 관복을 채용하기 이전에 고종은 전통식 복식의 간소화에 대해 여러 차례 명을 내린다. 비록 초기에는 잘 시행되지 않았고 또 신하들의 강경한 반대에 부딪치기는 하였으나, 시간이 흐르면서 서서히 실질적인 복식의 간소화를 이끌어낸 것으로 보인다.[12]

2. 대한제국시대 관복의 변화와 폐지

1897년 10월 12일 대한제국이 개국한 이후, 복식에서는 이제까지 중국을 황제국으로 인정한다는 전제 하에 제후국의 복제를 적용하던 것을 바꿔서 황제국 복제를 시행한다. 그 내용은 대한제국의 전례서(典禮書)인『대한예전』에 잘 나타난다. 여기서 관원의 복식은 제복, 조복, 대례복, 소례복으로 구별된다. 제복과 조복은 이전과 같이 양관복 제도이지만, 황제국 복제를 적용하므로 기존에 5량(梁)까지만 규정하던 것을 바꿔 7량까지 규정한다.[13] 이에 비해 단령의 형태로 규정된 대례복과 소례복은 중국과 달리 학과 호랑이 흉배로 문·무관의 품계를 구분하는 전통이 조선후기에 자체적으로 정착되었기 때문에 황제국 복제로의 변화에 영향을 받지 않는다.『대한예전』의 대례복과 소례복에 관한 내용은 아래와 같다.

> "대례복: 무릇 신하의 관복은 조복 외에 오사모(烏紗帽)와 흑단령이 있어서 임금의 수레를 배종할 때, 임금을 문안할 때, 예를 갖춰 접견할 때 등에 착용했는데 금상(今上)께서 을미년에 (이를) 대례복으로 정하시고, 더하여 단령착수포(團領窄袖袍)를 만들어 '소례복'이라 이름하고 진현할 때의 편복으로 사용했다.…….
> 소례복: 오사모, 흑단령착수포, 품속대(品束帶)이다."[14]

위 내용 외에 대례복의 구성품인 오사모, 흑단령, 대, 화에 관한 규정이 있고, 오사모와 흑단령은 도식이 부수되어 있다.[15] 또 그 뒤에 흉배 도식이 있는데 쌍학, 단학, 쌍호, 단호이다.[16] 위 인용문 중 대한제국의 대례복과 소례복이 을미년의 제도를 따르는 것으로 언급하므로, 1895년의 의제가 이때까지 적용된 것으로 볼 수 있다. 또 기록에는 나타나지 않지만 대례복과 소례복 외에 통상복색 제도도 유지되었을 것이다. 그런데 이 상황은 1899년 8월 3일에 이르러 변화가 발생한다.

> "조령(詔令)을 내리기를 '조신(朝臣)들의 복장을 변통하는 일은 지난번에 조칙(詔勅)을 내렸으나 미처 거행하지 못하는 것이 있다. ……무릇 조정에 있는 대소 신료들은 소례복(小禮服)을 그대로 착용하고, 조근(朝覲), 참반(參班), 배종(陪從)에는 단지 품대(品帶)를 더하여 대례복(大禮服)으로 삼으라."[17]

> "조령(詔令)을 내리기를 '조신(朝臣)들의 복장을 변통하는 일은 지난번에 조칙(詔勅)을 내렸으나 미처 거행하지 못하는 것이 있다. ……무릇 조정에 있는 대소 신료들은 소례복(小禮服)을 그대로 착용하고, 조근(朝覲), 참반(參班), 배종(陪從)에는 흉배를 장식으로 더해서 대례복(大禮服)으로 삼으라."[18]

---

12) 김미자는 개화기 문관복 유물의 실측을 통해 단령과 반령은 둥근깃의 파임 정도에 따른 차이인 것으로 보이나 실제에 있어 차이가 나타나지 않는다고 하였다. 또 소매 너비는 대례복이 약40~48cm, 소례복이 약23.5~32cm라고 하였다. 金美子(1977),「開化期의 文官服에 對한 研究」,『服飾』, 創刊號, 한국복식학회, p.71.

13)『高宗實錄』32年(1895) 8月 10日(戊寅).

14)『大韓禮典』卷5「冠服圖說」'群臣冠服'.

15)『대한예전』의 흑단령 도식은 대한제국 당시의 단령이 아니라 明의『대명집례』와『삼재도회』에 그려진 도식을 轉載한 것이므로 (최규순(2010), 앞 논문, p.216), 형태에 있어 큰 의미를 부여하지 않는 것이 타당하다.

16) 武官은 1895년 '陸軍服裝規則'을 통해 정식으로 서구식 군복을 채택하고, 警官도 같은 해에 '警務使以下服制'를 통해 서구식 경관복을 채택한다. 따라서 을미의제개혁 당시부터 이미 서구식 제복을 착용했음에도 불구하고『대한예전』에 무관의 호랑이 흉배가 제시되는 것으로

17) 보아, 임금을 알현할 때 등의 예를 갖춰야 하는 경우에는 무관도 여전히 전통식 관복을 착용한 것으로 보인다.

18)『高宗實錄』36年(1899) 8月 3日(양력).

19)『增補文獻備考』卷79「禮考」26.

『官報』제981호(光武2年 6월 21일 게재).

두 사료의 기록에 약간의 차이가 있으나, 종합하면 관원들은 기본적으로 소례복을 입고, 대례복은 폐지하여 소례복으로 통용하되 예를 갖춰야 하는 경우에만 흉배와 품대를 더하여 대례복으로 삼으라고 한다. 대례복은 착수 반령포에 흉배와 품대를 더하고, 소례복은 착수 반령포에 속대를 더하는 것으로 차별화하는 것이다. 이로써 제도상 일반 관원의 광수 단령은 1899년에 폐지되고 착수 단령만 남게 된다.

한편 광수 단령 대례복을 폐지하고 착수 단령 대례복을 규정하면서 필요시 흉배를 부착하게 하는 것은 1898년(광무2) 6월 18일 칙령 제20호 '각국 파견 외교관, 영사관 이하 관원의 복장식'에서 "흉배가 있는 반령 착수포(有揚黑盤領窄袖袍)"[19]라 하여 외교관에게 먼저 적용된 것이었다. 1899년에 외교관에 이어 일반 문관까지 착수 단령을 대례복으로 정한 것이다.

그림 4 흉배 부착 착수 대례복 (1899년 8월 이후 규정에 부합) 단국대학교 석주선기념박물관 소장, 『衣』, p.32.

근대의 유물 중에는 <그림 4>와 같이 착수 단령에 흉배를 부착한 것이 있는데, 이들 유물은 착수 형태이기 때문에 지금까지 흔히 '소례복'으로 분류되어 왔지만 사실은 1899년의 대례복 규정에 부합하는 것임이 확인된다. 1899년의 규정이 실제로 시행된 것이다.

이상과 같이 근대 전통식 관복의 간소화에 관한 규정은 1884년부터 1899년까지 이어진다. 갑신의제개혁부터 시작된 이 과정은 '광수 단령의 착수화 시도'-'광수 단령과 착수 단령으로의 구분 및 각각에 대한 대례복과 소례복 명칭 규정과 시행'-'착수 단령인 소례복으로의

<표1> 전통식 관복 간소화 과정(1884~1899)

연대	복장종류	착용상황	복식구성	비고
1884.윤5.24 (甲申)	官服	대소 朝儀, 進見, 궐 내외 공적인 일	흉배 부착 흑단령(紗帽·品帶·靴)	*착수.
		평상시	흉배 미부착 흑단령(紗帽·品帶·靴)	
1884.6.3(甲申)	私服	·	窄袖衣, 戰服[搭護]	
1894.6.28(甲午)	陛見衣服	·	紗帽·章服(盤領窄袖)·品帶·靴	
	燕居私服	·	漆笠·搭護·絲帶	
1894.12.16(甲午) 칙령17호	大禮服	·	黑團領(紗帽·品帶·靴)	*1895년 1월부터 시행.
	通常禮服	進宮	紗帽·周衣·搭護·靴	
1895.3.29(乙未)	公私禮服	·	답호 제외(紗帽·周衣·靴 차림이 됨)	
1895.8.10 (乙未)	朝服	·	梁冠制(五梁~一梁)	*관원의 업무복 외에 대례복과 소례복 별도로 규정. *대례복과 소례복을 통용하여 1899년 대례복 폐지의 단초 마련. *'통상복색'이 출근하여 업무를 볼 때임을 명확히 함. *품대와 별도로 '속대' 등장. *常服으로서의 단령 폐지.
	祭服	·	梁冠制(五梁~一梁)	
	大禮服	動駕·慶節·問安·禮接	紗帽·黑團領·品帶·靴	
	小禮服	無時로 進見; 혹 대례복 대신	紗帽·黑盤領窄袖袍·束帶·靴	
	通常服色	출근[仕進]	周衣·褡護·絲帶(紗帽)	
대한제국초기 1897.10~1899	朝服	朝賀	梁冠制[七梁~一梁]	*조복, 제복에 황제국복제 적용. *대례복, 소례복은 1895년 제도 유지. *통상복색은 언급 없으나 유지했을 것임.
	祭服	황제를 따라 天地·宗廟·社稷 등에 제사할 때	梁冠制[七梁~一梁]	
	大禮服	陪賀·問安·禮接	烏紗帽·흉배 부착 黑團領(品帶·靴)	
	小禮服	進見	烏紗帽·黑團領窄袖袍·品束帶(靴)	
1899.8.3 (乙亥)	大禮服	朝覲·參班·陪從	소례복+흉배+품대(烏紗帽·흉배 부착 窄袖盤領袍·品帶·靴)	*예복에서 광수 단령 폐지.
	小禮服	조정에 있을 때	(烏紗帽·흉배 미부착 窄袖盤領袍·品束帶·靴)	

* 괄호안의 내용은 제도에서는 언급되지 않았으나 마땅히 일습을 이루었을 복식임.

통일과 시행'으로 정리할 수 있다. 또 이러한 예복과 별도로 상복 단령이 폐지되고 두루마기와 답호가 관복으로 등장한다(표 1). 그리고 전통식 관복은 이렇게 간소화의 과정을 거치기는 하지만 여전히 간편한 구조라고 보기 어려웠기 때문에 1900년 4월에 서구식 관복이 제정되면서 결국 제도상의 완전한 폐지를 맞는다.

Ⅲ. 단령 착용의 실제와 변용

우리나라에서 관원의 옷에 서구식을 채택한 것은 1881년 근대식 군대인 별기군(別技軍)을 조직하면서이다. 별기군은 근대식 무기를 갖추고 근대식 훈련을 받았으며, 복식 역시 서양식으로 바꾸었다.[20] 그런데 사진으로 촬영된 별기군의 복식[21]을 보면 모자와 허리띠, 상의의 단추 등은 서구식을 따르고 있지만, 상의와 바지는 여전히 전통식을 따르고 있다. 특히 상의는 맞깃에 동정까지 단 형태이다. 따라서 우리나라 별기군의 복식은 전통식과 서구식을 혼합한 절충형임을 알 수 있다.

별기군 복식 이후 관원의 복식에서 완전한 서구식을 채택하는 것은 1895년 무관복(武官服)과 경관복(警官服)에서이다. 그리고 문관복은 1900년 4월에 이르러 서구식으로 바뀌고, 1910년까지 몇 차례의 개정을 거치면서 정착된다.[22] 한편 단령은 빈도는 줄었으나 이전과 마찬가지로 '관복'으로 착용되기도 하고, 그 이외의 상황에 착용되기도 한다. 후자는 대표적으로 근대의 선각자인 유길준(兪吉濬: 1856~1914년)의 사례를 통해 파악할 수 있다. 아래에서는 관복으로서의 단령과 변용된 단령으로 나눠 착용과 소멸의 실제를 살핀다.

자료는 문헌, 사진, 신문자료를 종합적으로 활용한다. 그림 자료에서 기년작(記年作)이 사료로써 가치가 있듯, 사진은 가급적 촬영 시기가 명확한 자료를 중심으로 정리하였다.[23]

1. 1900년 이후 관복으로써의 단령 착용의 실제

문헌에서 전통식 관복 폐지에 관한 내용은 『대한계년사(大韓季年史)』에서 확인할 수 있다. 『대한계년사』 1907년 8월 기사를 보면 다음과 같은 내용이 있다.

> "○황제가 즉위하다.
> 8월 27일(음력 7월 19일이다). 황제가 즉조당(卽祚堂)에서 즉위했다. 머리카락을 깎고 군복[戎服]을 입었으며, 조정 신하들도 머리카락을 깎고 군복[戎裝]을 입었다. 지난날의 관복(官服)은 일제히 폐지하는 것을 영원히 법식으로 정했다."[24]

순종이 황제로 즉위하던 날, 이후로 전통식 관복을 착용하지 못하게 한다. 1900년 서구식 관복 채택 이후에도 이때까지 구관복(舊官服)이 여전히 착용되었음을 시사한다.

1900년 이후부터 1907년까지 구관복을 착용한 상황은 사진을 통해서도 확인된다. 먼저 1900년에 오늘날의 서울특별시청에 해당하는 한성부(漢城府) 청사(廳舍) 앞에서 관원들이 찍은 사진이 있다.[25] 이 중 두 인물이 전통식 관복인 사모에

20) 고부자(2001), 『우리생활 100년-옷』, 현암사, p. 60.

21) 한국사데이터베이스(http://db.history.go.kr/url.jsp?ID=NIKH.DB-fl_007_002_000_0025.) 자료 검색일: 2014.03.31.

22) 문관의 서구식 복식 제정 현황은 아래 논문 참조. 최규순(2008), 「大韓帝國期 宮內府 大禮服 硏究」, 앞의 논문; 이경미(2008), 앞의 논문; 최규순(2011), 앞의 논문.

23) 다만 사진의 사용은 저작권 관련 문제가 발생할 수 있어, 본 도록에서는 각주에 출처를 명시하는 외에 별도 사진 제시는 생략한다. 그러나 본 도록과 함께 출판되는 『한국복식』제32호(2014. 단국대학교 석주선기념박물관)에 모든 사진자료를 게재하므로 이를 참고할 수 있다. 앞서 본문에 언급된 별기군 사진도 마찬가지이다.

24) 鄭喬 著 · 趙珖 編 · 김우철 역주(2004), 『대한계년사 8』, 소명출판, pp.214~215.

25) 김원모 · 정성길 엮음(1986), 『사진으로 본 백년 전의 한국 -근대한국(1871~1910)』, 가톨릭출판사, p.98.

단령을 입고 있다. 한 인물은 사모, 흉배가 없는 착수 단령, 폭이 좁은 속대를 착용한 전형적인 소례복 차림이고, 다른 인물은 흉배 부착 여부와 대의 종류는 확인할 수 없지만 광수 단령을 입었다. 그리고 제도에서는 대례복과 소례복을 불문하고 화(靴)를 신도록 규정하지만, 이들은 신목이 없는 혜(鞋)를 신었고 그 위로 흰색 버선이 드러나고 있다.

1904년에는 통신원(通信院) 총판(總辦) 민상호(閔商鎬)와 직원들이 찍은 사진[26]이 있다. 민상호는 서구식 복식을 착용했지만, 직원들은 대부분 전통식 관복을 착용하고 있다. 전통식 관복은 두 종류가 보인다. 하나는 소례복 차림으로 사모, 흉배 없는 착수 단령, 속대를 착용하였고, 이들은 대부분 혜를 신었으나 민상호 뒤편의 한 인물만 화를 신었다. 다른 하나는 1895년 을미복장식에서 규정한 통상복색 차림으로 사모, 두루마기, 전복[답호], 사대를 착용하였다. 사모와 단령으로 구성되는 기존 관복의 시각에서 보았을 때 사모에 두루마기와 전복을 입는 차림이 낯설지만, 이 사진을 통해 제도대로 실제 착용되었음이 확인된다.

1905년에는 12월에 있었던 충정공 민영환(閔泳煥: 1861~1905년)의 장례 행렬 사진[27]이 있다. 발인(發靷)에 참석한 관직자들은 사모, 흉배 미부착 광수 단령, 품대 차림이다. 흉배를 부착하지 않은 점을 기준으로 보면 소례복에 해당하지만, 단령이 광수인 점과 속대가 아닌 품대를 두른 점을 기준으로 보면 대례복에 해당한다. 흉배가 없는 광수 단령은 유물에서도 종종 확인되는데, 근대의 관복제도에서는 이에 관한 규정을 찾을 수 없다.

1906년에는, 2층 건물에 테라스가 있는 돈덕전 앞에서 방한한 일본의 데라우치가 고종에게 대포를 헌납하는 장면을 촬영한 사진[28]이 있다. 고종 뒤편과 어린 영친왕의 주위에 내시로 추정되는 신하들이 있는데, 모두 사모, 흉배 미부착 단령, 속대 착용의 소례복 차림이다.

이처럼 1900년에서 1907년 순종이 황제로 즉위하기 전까지 관원들은 여전히 전통식 관복을 유지한다. 때문에 순종의 황제 즉위일에 '구관복을 일제히 영원히 폐지하라'는 명이 내려진 것이다. 그러나 전통식 관복은 이후에도 여전히 착용된다.

1908년 9월 8일에 고종의 탄일을 기념하여 열린 기로연 후에 고종이 기로소 대신들과 경운궁 준명당에서 촬영한 사진[29]이 있다. 고종은 익선관에 곤룡포 차림이고, 원로 대신들 모두 사모, 흉배 부착 광수 단령, 품대, 화를 착용한 대례복 차림이다.

또 1909년 순종의 서북(西北) 순행시, 1월 31일에 정주(定州)역에 마중 나와 있는 신하들의 사진[30]이 있다. 1900년에 규정된 서구식 관복을 입은 관원도 보이지만, 사진 앞쪽에 있는 원로 관원들은 사모에 광수 단령 차림이고 그 중 일부는 흉배를 부착한 것이 확인된다. 따라서 일부는 1899년 이전의 대례복을 입은 것을 알 수 있다.

1928년과 1935년에는 어진(御眞)을 모사하는 어용화사(御用畵師) 이당(以堂) 김은호(金殷鎬: 1892~1979)의 사진[31]이 있다. 1928년에는 창덕궁 인정전 동행각(東行閣)에서 순종의 어진을, 1935년에는 세조와 원종(元宗)의 어진을 모사(模寫)할 때의 상황이다. 사모, 흉배 미부착 착수 단령, 혜를 착용한 소례복 차림을 한 것으로 보인다.

이상과 같이 사진 자료를 중심으로 전통식 관복 착용 사례를 살펴보았는데, 이밖에 근대 신문자료를 통해서도 착용의 실제를 파악할 수 있다. 그런데 대략 1910년 즈음부터 1920년대까지의 신문에 게재된 사진을 확인한 결과 단령 착용 모습은 거의 확인할 수 없었고, 이는 1910년 이후가 되면 전통식 관복이 거의 착용되지 않은 것으로 이해할 수 있다.

다만 1921년에 <그림 5>와 같이 이왕직(李王職) 아악사장(雅樂師 長)이 소례복을 착용한 사진이 확인되었다. 사진 속 인물은 명완벽(明完璧: 1842~1929) 씨로, 이 해에 입사(入仕) 61년을 맞아 9월 11일에 '입사회갑' 기념 의식이 있었고

26) 박도(2012), 『개화기와 대한제국』, 눈빛출판사, p.445.

27) 박도(2012), 위의 책, pp.550~551.

28) 홍순민 외(2009), 『서울풍광』, 청년사, p.207, p.238.

29) 국립고궁박물관(2010), 『100년 전의 기억 대한제국』, 국립고궁박물관, p.197.

30) 국립고궁박물관(2011), 『하정웅기증-순종 황제의 서북순행과 영친왕 · 왕비의 일생』, 국립고궁박물관, p.24.

31) 김은호(1977), 『書畵百年-남기고 싶은 이야기들』4, 中央日報, 東洋放送, p.9, p56; 한국학중앙연구원(2012), 『왕의 화가들』, 돌베개, p.50.

그 기사와 함께 사진이 게재되었다(사진은 9월 12일 신문에 게재됨). 기사에 의하면 그는 '남색 구식 소례복[32]'을 입었고, 사진에 의하면 흉배를 부착하지 않은 착수 단령에 속대를 두르고 있다.

이상의 자료를 종합하면 대체로 1907년 이전까지는 전통식 관복을 착용한 사례가 비교적 빈번했었고, 1907년 순종황제 즉위 이후 그 빈도는 급격히 떨어진 것으로 보인다. 그러나 지방의 원로 관원들은 1909년까지도 착용 사례가 나타난다. 또 1910년 이후에는 거의 착용하지 않았으나, 궁중의 악사나 화사(畵師) 등이 1920~1930년대까지 착용한 사례가 나타나기도 한다.

그림 5 전통식 관복 차림
이왕직 아악사장과 명완벽(右)
<동아일보> 1921.9.12. 3면

복식의 구성을 보면 대부분 사모, 흉배 미부착 착수 단령, 속대, 화나 혜가 주를 이룬다. 이는 근대 관복 간소화 과정에서 규정된 소례복에 해당하지만, 화 대신 혜를 신는 것은 규정과 달리 변용된 모습니다. 이밖에 1895년 을미복장식에서 통상복색으로 규정된 사모, 두루마기, 답호, 사대 차림도 확인된다. 이 외, 원로 관원들을 중심으로 흉배를 부착한 광수 단령에 품대로 구성되는 대례복 차림을 한 경우도 있다. 또 제도에 보이지 않는 흉배 미부착 광수 단령에 품대를 두른 모습도 보인다.

2. 유길준의 사례로 본 단령의 변용

우리나라 최초의 양복(洋服) 착용자는 비록 외국에서의 일이기는 하지만, 1883년 10월 미국에 체류 중이던 유길준으로 추정된다. 그는 이 해 일본 유학에서 돌아와 처음으로 외아문(外衙門) 주사(主事)의 관직을 맡았고, 7월에 민영익(閔泳翊: 1860~1914) 등과 함께 보빙사(報聘使)의 일원으로 미국에 갔다가 그곳에 남게 되는데, 체류를 결정하면서 바로 단발을 하고 양복을 착용한다.[33] 유길준은 미국 유학 중이던 1884년 말 조선에서 갑신정변이 일어나자 귀국하는데, 귀국길에 일본에 들러 김옥균을 만났다는 이유로 체포되어 1892년까지 7년 동안 연금상태에 놓인다. 그러나 얼마 지나지 않은 1894년 6월부터 관직 생활을 시작하여 1896년 2월 고종의 아관파천과 함께 일본으로 망명하기 전까지 참의교섭통상사무(參議交涉通商事務), 내부협판, 내부대신서리, 내부대신 등을 역임한다. 그리고 1896년 2월 11일(양력)에 내부대신에서 면직되면서 관직 생활에 끝을 맺는다. 그가 관직을 역임한 기간은 갑오년과 을미년의 의제개혁 기간과 정확히 일치한다. 1894년 7월부터 1896년 2월에 이르기까지 의결되었거나 실행된 개혁안 및 제반 문건들이 대부분 유길준에 의해 기초되었으므로[36], 의제개혁에도 그의 견해가 적극 반영되었을 것이다.

유길준은 1896년 2월 일본으로 망명한 후 그곳에서 12년을 보내고, 1907년 8월 귀국한다. 귀국 후 10월에 특진관(特進官)의 관직이 내려지지만, 당시 황제인 순종을 알현하고 사은(謝恩)한 후 사직 상소를 올린다. 이어 고종을 알현한 자리에서 향후 관직에 인연을 끊고 국민계몽과 교육사업에 전념할 뜻을 밝힌다. 이에 고종은 노량진에 있는 행궁(行宮)을 하사하고, 그가 벌이는 사업을 경제적으로 지원하게 된다. 그는 실제로 이후 관직에 나가지 않고, 흥사단(興士團)과 학교 등을 설립하여 계몽운동에 앞장서다가 1914년에 사망한다.

현재 고려대학교박물관에는 유길준이 착용했던 단령 유물이 3점 소장되어 있다. <그림 6>은 겉의 단령깃 안에 흰색 직령깃이 달려있고, 1쌍의 긴 고름이 있으며, 사다리꼴무는 뒤로 젖혀져 고정되었고, 쌍학흉배가 부착되어 있다. 비록 소매가 좁아지기는 했으나 전체적으로 단령의 기본형태를 유지하고 있다. 이 유물은 흉배가 부착된 착수 단령이라는 점에서 1899년의 대례복 제도에 부합한다. 그런데 유길준은 1899년에 일본 망명 중이었으므로 1907년까지 이 옷을 입었을 가능

32) 『동아일보』 1921년 9월 11일 '入仕回甲의 餘榮' 기사: "……남색구식소례복을 입은 명완벽씨는……."

33) 兪東濬(1987), 『兪吉濬傳』, 一潮閣, p.98.

34) 홍순민 외(2009), 『서울풍광』, 청년사, p.207, p.238.

35) 쓰키아시 다쓰히코(2000), 「개화파의 세계인식」, 『역사비평』통권53호, 역사비평사, p.301; 兪東濬, 위의 책, pp.113~117.

36) 兪東濬, 앞의 책, p.195.

성은 없다. 그의 행적을 고려하면 1907년 귀국해서 고종과 순종을 알현할 때 착용한 것으로 추정된다.

이 유물에 비해 <그림 7>과 <그림 8>은 깃만 단령을 유지한 채 나머지 고름, 섶, 무 등은 모두 간략하게 변형되었다. 깃은 비록 단령의 형태를 유지했다고는 하나 변형되어 중심선 오른쪽으로 조금 나간 정도에서 겉길이 끝나고 매듭단추 1개로 고정하였다. 또 고름을 없앤 대신, 겉섶 가장자리와 안길에 작은 바대를 달고 그 위에 2개의 서양식 단추를 달아 채웠다. 섶도 일자형으로 달렸다. 특히 무는 두루마기[周衣]와 같이 삼각형무가 진동점 아래에 달려 있고, 그 옆선을 터서 주머니를 내기도 하였다.

한편 유길준의 사진 중에는 약식(略式) 단령을 입고 고종이 하사한 행궁에서 촬영한 사진[37] 및 흥사단에서 설립한 융희학교(1908년 설립. 1910년 9월 해체) 제1회 졸업식에 참석한 사진[38] 등이 있다. 여러 사진을 종합하면 유길준은 1907년 이후 평소 서양식 중절모를 쓰고, 전통식 바지와 저고리 위에 단령을 입고, 구두를 신은 것으로 정리할 수 있다. 그리고 행궁에서 촬영시 입은 단령은 <그림 8>의 유물인 것이 확인되고, 상반신만 촬영한 다른 사진[39]에서는 유물과 다른 약식 단령도 확인된다.

그런데 같은 시기에 약식 단령 차림은 다른 인물들에게서도 볼 수 있다. 1909년에 촬영한 대한협회 창립 2주년 기념사진[40]을 보면 사진 속 인물들 중 여러 명이 유길준의 약식 단령과 유사한 형태의 단령을 착용하였고, 한 인물은 손에 중절모를 들고 있다. 대한협회는 1907년 조직된 단체로 정치, 사상, 역사 등에 대한 교양교육을 통한 계몽에 힘썼다.

이상의 자료를 종합하면, 순종이 황제에 오른 1907년 이후에도 신하들이 고종이나 순종을 알현할 때 착수 대례복을 입었을 가능성이 있다. 또 단령은 형태와 착용 상황에 있어 변용이 일어났음을 알 수 있다. 형태는 깃만 단령을 유지한 채 두루마기와 유사한 형태에 서구식 단추를 다는 등 간편하게 입을 수 있도록 약식으로 바뀌고, 중절모와 구두 등 다른 서구식 복식과 함께 착용한다. 착용 상황은 더 이상 관복으로만 입지 않고 평상복 혹은 평상예복으로도 입는다. 1910년을 전후로 하여 단령이 관복에서 평상복으로 바뀌어 간 것이다. 착용자들은 의식있는 계몽운동가들이 중심이 되었던 것으로 보이고, 소멸되어 가는 단령을 평소에 착용함으로써 민족의식을 고취하고자 한 것이 아닌가 한다.

그림 6 유길준의 쌍학흉배 부착 단령(겹)
겉: 아청 雲寶紋紗. 안: 청색 雲寶紋紗.
길이 119cm, 화장 74cm, 진동 30cm, 뒷품 47cm

그림 7 유길준의 略式 단령1(홑) 길: 흑색 모시. 깃: 명주에 백비를 댐.
길이 119cm, 화장 74cm, 뒷품 48cm

그림 8 유길준의 略式 단령2(겹)와
겉: 흑색 명주. 안: 남색 명주. 길이 120cm,
화장 75cm, 진동 22.5cm, 뒷품 46cm

고려대학교박물관 소장
『服飾類名品圖錄』, pp.32~38, pp.231~232

37) 兪吉濬全書編纂委員會(1971), 『兪吉濬全書』4, 一潮閣, 도판.
38) 兪吉濬全書編纂委員會(1971), 『兪吉濬全書』2, 一潮閣, 도판.
39) 兪東濬(1987), 앞의 책, 도판.
40) 국립현대미술관 · 한미사진미술관(2012), 『대한제국 황실의 초상: 1880~1989』, 국립현대미술관 · 한미사진미술관, p.314.

Ⅳ. 맺음말

본고는 근대 사료를 분석하여 전통식 관복 중 단령이 소멸해 간 상황을 파악하고자 하였다. 그런데 연구결과 1900년에 서구식 관복이 제도화된 이후 단령의 본격적인 소멸이 진행되었다는 기존의 일반적인 인식과 달리, 그 전에 이미 단령의 착용 범위가 축소되고 있었다는 사실이 확인되었다. 동시에 '상복(常服)'으로 착용했던 단령 대신 두루마기와 전복[답호]이 관복으로 등장한다는 사실을 확인하였다. 또 1910년을 즈음하여 약식화된 단령이 평상복으로도 등장함을 알 수 있었다. 상세 연구결과는 다음과 같다.

근대 관복의 간소화는 1884년의 갑신의제개혁에서 시작해 1894년의 갑오의제개혁과 1895년의 을미의제개혁을 지나 대한제국기인 1899년까지 꾸준히 지속된다. 관복 간소화의 과정은 '광수 단령의 착수화 시도'-'광수 단령과 착수 단령으로의 구분 및 각각에 대한 대례복과 소례복 명칭 규정과 시행'-'착수 단령인 소례복으로의 통일과 시행'으로 정리할 수 있고, 이 외 '두루마기와 답호의 관복화'라는 특징도 나타난다. 간소화 의제(衣制) 중 단령 착용의 소멸과 관련하여 특히 주목되는 것은 을미의제개혁이다.

1895년 을미의제개혁에서 관복은 제복, 조복, 대례복, 소례복, 통상복색으로 구분된다. 이 중 대례복과 소례복에 단령을 착용하고, 통상복색에 사모, 두루마기, 전복[답호], 사대(絲帶)를 착용한다. 그런데 통상복색이 '관원이 업무에 들 때(仕進)' 입는 복식이라는 사실을 명시하였고, 이는 곧 단령을 더 이상 상복으로 입지 않게 된다는 것을 의미한다.

을미의제개혁에서 대례복은 사모, 흉배 부착 광수 흑단령, 품대, 화의 차림이고 동가(動駕), 경절(慶節), 문안(問安), 예접(禮接) 등 중요하게 예를 갖춰야 하는 경우에 입는다. 소례복은 사모, 흉배 없는 흑반령착수포, 속대, 화의 차림이고, 대례복 대신 입거나 왕을 알현할 때 입는다. 이로써 광수는 대례복, 착수는 소례복이라는 관념이 정착된다. 또 통상복색의 규정으로 관원이 일상업무를 볼 때의 단령 착용은 폐지되지만, 대례복과 소례복에 단령이 있어 전통식 관복에 단령은 여전히 포함된다. 을미의제개혁에서 대례복 대신 소례복을 입어도 된다고 한 규정은 1899년 대례복이 폐지되고 소례복만 입게 하는 규정의 단초가 된다.

1899년에 광수 대례복을 없애고 착수 소례복만 입되 특별한 경우 여기에 흉배를 부착해 대례복처럼 입게 하는데, 이는 1898년 외교관에게 먼저 적용된 제도가 일반 문관에게가지 확대된 것이다. 이 때의 규정으로 인해 착수 단령에 흉배가 부착된 옷이 탄생한다.

정리하면, 문관들이 일상 집무복인 상복으로서의 단령을 착용하지 않은 시점은 1895년의 을미의제개혁에 의해서이다. 또 예복에서 광수 단령이 폐지되고 착수 단령만 착용하는 것은 1899년의 일이다. 그리고 착수 단령마저 완전히 폐지되는 것은 1900년 4월에 서구식 관복을 채택하면서이다. 그러나 이는 제도상의 규정이고 단령은 1907년까지도 흉배가 없는 착수에 속대를 한 소례복 중심으로 자주 착용된 것으로 보이고, 원로 관원들은 1900년대 말까지도 간혹 흉배를 부착한 광수 대례복 차림을 하기도 한다. 또 궁중의 화사나 악사는 1920~1930년대까지도 착용한다.

한편 유길준의 단령 유물 3점과 사진 분석을 통해 1899년 대례복 규정에 부합하는 흉배 부착 착수 단령은 1907년 일본에서 귀국 후 착용했을 것으로 추정하였고, 약식 단령 2점은 형태가 간편하게 변용되고 착용 상황도 관복이 아닌 평상복으로 변용되었음을 확인하였다. 약식 단령은 유길준뿐만 아니라 같은 시기 계몽운동가들에게서도 확인되는 차림이었다.

참고문헌 參考文獻

유당 신태관 일가 유물

국립고궁박물관(2010).『영친왕 일가 복식』. 국립고궁박물관.
국립문화재연구소(2006).『우리나라 전통 무늬 1. 직물』. 눌와.
국립문화재연구소(2007).『국역 국혼정례』. 국학자료원.
국립민속박물관(2011).『머리에서 발끝까지』. 국립민속박물관.
국립현대미술관.한미사진미술관(2012).『대한제국 황실의 초상』.
강순제(1996).「관모 연구(Ⅲ)- 통천관. 원류관. 양관을 중심으로-」, 『생활과학연구논집16』. 카톨릭대학교(1996)
김영숙(1998).『한국복식문화사전』. 미술문화.
김은영(1989).『전통매듭』. 대원사.
단국대학교 동양학연구소 편(1997).『韓國漢字語辭典』. 단국대학교 출판부.
단국대학교 석주선기념박물관(1993).『冠帽와 首飾(민속학자료 제4집)』. 단국대학교 출판부.
단국대학교 석주선기념박물관(2004).『名選 (中)』. 단국대학교 석주선기념박물관.
단국대학교 석주선기념박물관(2005).『名選 (下)』. 단국대학교 석주선기념박물관.
단국대학교 석주선기념박물관(2004).『靴.鞋.履』. 단국대학교 석주선기념박물관.
박가영·이은주 (2004).「정조시대의 군사복식과 제도 개선에 대한 논의」, 『한복문화』제권3호. 한국문화학회.
박혜진(2005).「조선시대 후기 궁중패물 연구-궁중발기의 내용을 중심으로」. 단국대학교 석사학위논문.
문화재청(2006).『문화재대관 중요민속문화재 2 - 복식·자수편』
서울대학교박물관(2006).『마지막 황실. 잊혀진 대한제국』. 서울대학교 박물관.
소수박물관(2010).『과거, 몸을 일으켜 이름을 떨치다』. 소수박물관.
심연옥(2006).『한국직물문양 이천년』. 고대직물연구소 출판부.
이경미(2013).『제복의 탄생 - 대한제국 서구식 문관대례복의 성립과 변천』. 민속원.
이경자·홍나영(2000).『한국의 옛 주머니』. 이화여자대학교 출판부.
이은경(1993).「한국과 중국의 포백척에 관한 연구」. 서울여자대학교대학원 박사학위논문.
이은주(2006).「양반이 양반다운 옷을 입어야 양반이지」. 『안동양반 그 겉과 속』. 성심.
이은주(2011).「조선시대 품대의 구조와 세부 명칭에 관한 연구」. 『飾第』61卷 10號. 한국복식학회.
이현종(1998).『명미가례시일긔』. 大新堂筆房.
장숙환(2002).『전통 장신구』. 대원사.
한영화(1997).『전통자수』. 대원사.

유당 신태관 가계와 유문의 특징

『고종실록(高宗實錄)』
『승정원일기(承政院日記)』
『국조문과방목(國朝文科榜目)』
『평산신씨세보(平山申氏世譜)』
『동양가승(東陽家乘)』
『화당선생집(化堂先生集)』
『유당일고(留堂逸稿)』
『유당공훈제(留堂公訓題)』
『유당공간의(留堂公簡意)』

우리나라 문관의 전통식 관복 착용 소멸에 관한 소고

『高宗實錄』
『大韓禮典』
『法規類編』(1908, 內閣記錄課,『法規類編』)
『동아일보』
『增補文獻備考』
『官報』(1973,『舊韓國官報』(影印本), 亞細亞文化社)
『禮服』
고려대학교박물관(1990).『服飾類名品圖錄』. 고려대학교박물관.
국립고궁박물관(2010).『100년 전의 기억 대한제국』. 국립고궁박물관.
국립고궁박물관(2011).『하정웅 기증-순종 황제의 서북순행과 영친왕 · 왕비의 일생』. 국립고궁박물관.
국립현대미술관·한미사진미술관(2012).『대한제국 황실의 초상: 1880~1989』. 국립현대미술관·한미사진미술관.
단국대학교 석주선기념박물관(2004).『한국복식』제22호. 단국대학교 석주선기념박물관.
兪吉濬全書編纂委員會(1971).『兪吉濬全書』(全5卷). 一潮閣.
한국학중앙연구원(2012).『왕의 화가들』. 돌베개.
고부자(2001).『우리생활 100년-옷』. 현암사.
金美子(1977).「開化期의 文官服에 對한 硏究」.『服飾』. 創刊號. 한국복식학회.
김원모 · 정성길 엮음(1986).『사진으로 본 백년 전의 한국 - 근대한국(1871~1910)』. 가톨릭출판사.
김은호(1977).『書畵百年-남기고 싶은 이야기들』4. 中央日報, 東洋放送.
박 도(2012).『개화기와 대한제국』. 눈빛출판사.
석주선(1985).『衣』. 檀國大學校 石宙善紀念民俗博物館.
兪東濬(1987).『兪吉濬傳』. 一潮閣.
이경미(2008).「대한제국의 서구식 대례복 패러다임」. 서울대학교 박사학위논문.
이경미(2009).「갑신의제개혁(1884년) 이전 일본 파견 수신사와 조사시찰단의 복식 및 복식관」.『한국의류학회지』33권 1호. 한국의류학회.
이경미(2012).『제복의 탄생-대한제국 서구식 문관대례복의 성립과 변천-』. 민속원.
이경미(2013).「개항 이후 대한제국 성립 이전 외교관 복식 연구」.『한국문화』63. 서울대학교 규장각 한국학연구원.
鄭喬 著.趙珖 編.김우철 역주(2004).『대한계년사』. 소명출판.
최규순(2008).「藏書閣 소장『官服章圖案』연구」.『藏書閣』제19집. 한국학중앙연구원.
최규순(2008).「大韓帝國期 宮內府 大禮服 硏究」.『정신문화연구』제31권 2호. 한국학중앙연구원.
최규순(2010).「『대한예전』복식제도 연구」(『아세아연구』53권 1호. 고려대학교 아세아문제연구소.
최규순(2011).「1905~1906년 서구식 大禮服제도 개정에 나타난 일제의 한국병탄 준비-일본 서구식 대례복 제도와의 비교를 통하여-」. 『한국독립운동사연구』제39집. 한국독립운동사연구소.
최규순(2012).「대한제국시대 관원의 예복」.『대한제국 남성예복-새로운 물결, 주체적 수용』(2012년 가을 기획전 도록). 경운박물관.
최규순.김은정(2007).「개항기에서 일제강점기 의생활연구의 현황과 전망」.『전통의생활연구』제1집. 단국대학교 전통복식연구소.
홍순민 외(2009).『서울풍광』. 청년사.
쓰키아시 다쓰히코(2000).「개화파의 세계인식」.『역사비평』통권53호. 역사비평사.
<인터넷 자료>
한국사데이터베이스(http://db.history.go.kr/url.jsp?ID=NIKH.DB-fl_007_002_000_0025.)

Seok Juseon Memorial Museum
Dankook University

전시총괄 | 박경식(석주선기념박물관장)
전시기획 | 이명은 채정민
행정지원 | 김희영 이지영
진　　행 | 이명은 채정민 김연미 한광순 오호석 기수연
보존처리 | 채정민 정국진(수원박물관)
진행보조 | 김영숙 김지혜 배인숙

글 | 조동영, 윤진영, 박부자, 오호석, 이명은
일러스트 | 황진영(국립중앙박물관 보존과학실)
사진 | 서헌강(서헌강사진연구소)

자문 |
조동영(단국대학교동양학연구원)
심영미(동양매듭연구소장)
박부자(한국학중앙연구원)
윤진영(한국학중앙연구원)

엮은곳 | 단국대학교석주선기념박물관
전화 | 031) 8005-2390 **팩스** | 031) 8021-7157

펴낸곳 | 단국대학교출판부
등록 | 1968. 2. 27 : No. 제03-00095호
주소 | 경기도 용인시 수지구 죽전로 152
전화 | 031) 8005-2404 **팩스** | 031) 8021-7154

디자인 | 씨씨김아트밀
인쇄 | 세현C&P

2014년 5월 7일 초판 인쇄
2014년 5월 9일 초판 발행

[값 30,000원]

Published by Dankook University Press

Printed in Korea

| ISBN 978-89-7092-522-6 93380

유당 신태관 일가 유물
留堂 申泰寬 一家 遺物